U0927347

教师口语新编

JIAOSHI KOUYU XINBIAN

张华　杨薇　冯涛◎主编

中国社会科学出版社

图书在版编目(CIP)数据

教师口语新编／张华等主编．—北京：中国社会科学出版社，2015.2（2015.9 重印）

ISBN 978-7-5161-5571-4

Ⅰ.①教… Ⅱ.①张… Ⅲ.①教师-口语-教材 Ⅳ.①H193.2

中国版本图书馆 CIP 数据核字(2015)第 032712 号

出 版 人　赵剑英
责任编辑　任　明
责任校对　刘　娟
责任印制　何　艳

出　　版　中国社会科学出版社
社　　址　北京鼓楼西大街甲 158 号
邮　　编　100720
网　　址　http：//www.csspw.cn
发 行 部　010-84083685
门 市 部　010-84029450
经　　销　新华书店及其他书店

印刷装订　北京市兴怀印刷厂
版　　次　2015 年 2 月第 1 版
印　　次　2015 年 9 月第 2 次印刷

开　　本　710×1000　1/16
印　　张　20.75
插　　页　2
字　　数　360 千字
定　　价　65.00 元

凡购买中国社会科学出版社图书，如有质量问题请与本社营销中心联系调换
电话：010-84083683

教师口语新编

编　委　会

主　编　张　华　杨　薇　冯　涛

副主编　程　红　刘　虓　张　鹏

编写者（按姓氏笔画排列）

冯　涛　刘　虓　杨　薇　张　华
张　鹏　桑秋红　徐丽琍　程　红

序　言

张华同志是沈阳师范大学的副教授，今年她再次作为高级访问学者到我这里来学习，我希望她能够发挥国家语委普通话与文字应用培训测试中心特聘测试员的作用，鼓励她多出成果，以研促教。

使我感到欣慰的是，她勤于思考，刻苦钻研，今年成功申请了辽宁省教育厅（语言文字应用中心）委托课题《教师语言高效训练模式研究》。之后，又在辽宁省语言文字应用中心姚建华主任的带领下和同事共同撰写了高质量的教材《教师口语新编》，出色地完成了学习任务。

《教师口语新编》教材有如下主要特点：

一　创新

在教材编写中，突出了“新”字。首先，将普通话语音知识与科学发声知识有机结合；朗读知识与播音理论有机结合。其次，教师教育教学语言的编写，强调改进和杜绝传统教师教育教学语言中存在的弊端，倡导继承传统的教师教育教学语言的精华，使之与新课程改革理念下的教师教育教学语言有机结合，最大限度地调动学生学习积极性，使本书具有了区别于其他教材的特点。

二　务实

教师口语教学重在理论联系实际，达到提高师范生的教师口语能力之目的。本教材把教师口语的讲解、训练与学生的实际状况相结合，克服了笼统地、泛泛地讲解一些共同的规律，不能针对本校学生的实际层次的实际状况来进行有针对性的讲解与训练的情况。如普通话的学习，按照语言训练的规律，循序渐进展开理论讲解；训练上，能针对辽宁方言区普遍存在的问题进行辨正训练，并且配有相应的“思考与练习”，强化训练与实践，既让学生免除了泛泛学习、得不到有针对性的训练之苦，又使教与学的双方节省了许多必要的时间与精力，使本教材具有针对性与实用性的特点。

这里我还要强调说明的是：教师口语表达，不同于一般口语表达，它是在普通话、表达要求的基础上，增加了教育教学的要求，构成了自己独特的语言表达体系。这种口语不仅要求发音的规范性、表达的规范性，还要有教育教学等教育的规范性。因此，必须要遵循语言规律以及科学的教学原则与方法，才能使教师口语适应课程改革的要求。

教师的口语表达能否得到学生的喜爱、家长的尊重、社会的认可，固然与教师的知识等因素有很大的关系，但还需要教师掌握语言传播规律、表达技巧和在实践中磨砺。教师只有突破了发音难点，攻克了语言表达的障碍，才能达到理想的说话境界。

我对张华取得的成果表示祝贺，同时也希望能有更多、更好的成果问世。

姚喜双

2014年3月10日于教育部语用司

目　录

第一编　教师口语表达基础

第二编　教师通用口语表达

第三编 教师教育教学口语表达

绪论　教师口语概说

“工欲善其事，必先利其器。”以“舌耕”为业的教师，如能练就一副好的专业口头语言，必能在工作中如虎添翼，大显身手。

教师口语是指教师在从事教育教学活动过程中所使用的专业口语，是教师按照教育教学目标，针对特定的教育教学对象——学生，系统传授科学文化知识、技能技巧，进行思想品德教育、行为规范教育，培养学生探究精神以及各种能力的过程中所使用的专业口头语言。对于教师口语，古今中外教育家都给予了高度重视。大教育家孔子在《论语·雍也篇》说：“中人以上，可以语上也；中人以下，不可以语上也。”意思是说对中等水平以上的人可以讲高深的道理，对中等水平以下的人就不可以讲高深的道理。① 孔子根据不同对象，采用不同的口语表述内容的观点，体现了因材施教。我国清代王筠在《教童子法》中，也特别强调教师的语言不应训诫、呵斥，而应以启发诱导为主。② 国外的所罗门（Solomon）和希勒（Hiller）等人通过研究表明：“讲解的含糊不清则与学生学习成绩有负相关。”③ 可见，教师口语对于教师是何等重要，它是教师专业素养的重要组成部分。

1991 年，为适应新形势下的师范教育改革的需要，1991 年，原国家教育委员会下发文件，规定各级各类师范院校必须开设普通话课程。1992 年后国家教委决定把这门课定名为“教师口语”，并在系统总结成功经验、广泛征求意见的基础上，于 1993 年 5 月颁发了《师范院校“教师口语”课程标准（试行）》，要求各地试行。1994 年国家教委师范司组织专家学者编写

---

① 何书宏：《演讲与口才知识全集》，北京工业大学出版社 2005 年版，第 10 页。

② 魏丽杰：《高师“教师口语”课程建设的思考》，2013 年 4 月（http://www.doc88.com/p-0394736740578.html）。

③ 王新如：《心理学》，广州市新世纪出版社 1999 年版，第 342 页。

出版了第一套《教师口语》系列教材。至此，我国的教师口语课有了统一的课程标准和教材。教师口语课在全国师范院校中开始普及。

2001年6月，我国教育领域经历了新中国成立以来的第八次基础教育课程改革，新课改对基础教育课程体系、结构和内容作出了全面的调整。在新课改的大潮下，教师口语也正在历经着新的蜕变。

一 新课程改革的教育理念

《基础教育课程改革纲要（试行）》，阐述了新一轮课程改革的核心理念："是为了中华民族的复兴，为了每一位学生的发展。"

"为了每一位学生的发展"体现的新课程改革的基本价值取向是"为了人的发展"，其内涵主要有三点：其一，要着眼于学生的发展；其二，要面向每一位学生；其三，关注学生全面、和谐的发展。

为了实现"每一位学生的发展"，教师首先要树立"生本"教育观，在教育教学的过程中突出学生的主体地位。教师还要树立"人才多样，人人成才"的人才观。要把学生看作有着独立人格和鲜明个性的生命体，尊重并且保护学生的个体差异性，寻求"适合学生的教育"。在教育教学过程中要重视学生的情感、价值观和生活体验，使教育教学过程成为学生的一种愉悦的情绪生活和积极的情感体验。在师生交往中建立民主平等的师生关系，实现师生之间平等交流，让每一个学生都能够有机会发表自己的见解和主张，大胆地展示自我。

目前尽管新课程改革的基本理念已深入人心，但以往的教师口语的惯性依然存在，以致部分教师口语中，自然部分地充斥着单向传送和灌输强制等口语习惯，一定程度上影响了课程改革的实际效果。因此，认真研究符合课程改革理念的教师口语的特点和表达方式，对提高教师的口语应用技能具有十分明显的实用价值。

二 教师口语存在的问题

（一）师生话语权的不对等性

话语权，即说话权，包括谈什么和怎么谈的问题。每个学生都有表达自己观点的权利，然而在传统教育观念影响下，教师很大程度上掌握着话语权，在具体教育教学情境下，师生间的对话往往是在不平等的氛围中进行的，具体表现如下：

1. 教师剥夺学生的说话权

学生有对自己的行为作出解释并向教师提出质疑的权利，然而在以往的师生对话中，一部分教师在教育学生时剥夺了学生说话的权利，使整个教育过程变为“一言堂”，教育成了“填鸭式”教育，学生成了被动的接受者。例如，当学生犯错误时一些教师不问青红皂白，如疾风骤雨般把学生批评一通，以发泄自己的愤怒；当学生感到委屈为自己辩护时，教师却不听学生解释，一些教师用断然训斥的词句，诸如“你还狡辩什么?”“就你强词夺理。”“闭嘴，你没有资格讲话。”等等，剥夺了学生说话的权利，长此以往，学生渐渐失去辩解的欲望，形成了你说我听的现象。

2. 教师控制谈话内容

传统教育对话中的教师，不仅控制着学生的发言权，还主导着谈话内容。教师在事先设计的谈话框架下，决定着师生对话的话题，例如，我们经常看到一些教师在批评学生时，学生因不满教师的不公正处理，往往要质疑教师，对于学生的质疑，教师要么是不予解答，要么是怒火中烧。很多教师在与学生对话时，常采取问答式，一边是教师盛气凌人的责问，另一边是学生垂头丧气的答话，这种对话只能加深师生间的矛盾，给学生留下“专制”的印象。教师限制了与学生谈话的内容，学生失去了谈话内容的选择权，这正是以“权”为本的传统教育观念的体现。

3. 教师决定谈话方式

不同教育对象和教育内容，需要选择恰当的谈话方式，对于缺点多、自尊心强的学生应该选择接近式谈话方式；对于对抗性心理较强的学生应该采取商谈式谈话方式；对于那些不善言谈、有紧张心理的学生应该采用启发式谈话方式；涉及学生隐私的内容应该采取一对一的谈话方式。然而在现实中，许多教师不注意选择恰当的谈话方式，影响了教育效果，甚至给学生带来心灵伤害，例如，教师不顾学生的尊严在走廊、办公室大声地训斥学生。学生渴望与教师通过沟通来解决师生间的矛盾，教师却往往以居高临下的口吻代替平和的交流。有些教师在对学生进行德育教育时，不联系学生实际，一厢情愿地进行大道理灌输，学生们却无动于衷。传统的师生对话方式反映出以“教师为主体”的观念，带有“霸权”色彩。

（二）*表达方式的模式化、强硬化*

传统教育观念下，教师在班级管理中拥有绝对权威，教师是班级的决策者，命令的下达者，长期以班级指挥者、领导者自居的教师在与学生对话时，其表达方式呈现出一定的模式化特点。

1. 命令式、说教式语气

很多教师长期以来习惯于用命令式的口吻与学生讲话，诸如“不能……”“不要……”“禁止……”等等，在这种情况下学生们的表现要么是唯唯诺诺，要么是南辕北辙，致使教师威信扫地，不得人心。即使在做思想工作时，有些教师也是在唱主角，形成了“教师说—学生听”的固定模式，教师虽然苦口婆心，但并没有走入学生心灵。语言表达的程式化，使师生间的对话缺少了感染力，教师的教诲也失去了说服力。

2. 公式化的叙说方式

由于学生的家庭背景、性格爱好各有不同，教师在解决学生出现的具体问题时应联系实际，采取不同的谈话方式，然而由于教师缺少对学生差异性的分析，很多教师在与学生谈话时，形成了一定的思维模式，谈话表达就出现了固定的套路，如对学生进行批评教育时，经常采取三段式谈话模式，即首先批评学生的错误，然后要求学生承认错误并作出保证，最后提出警告和要求。这样公式化的谈话很难触动学生的心灵，学生可能会为了应付教师作出不切实际的保证。

（三）词语的重复、呆板化

1. 语词简单重复

学生的个性是千差万别的，班级中每天发生的事件各不相同，即使相似的事件也会因时间、程度的不同而存在差异，如果教师不重视这些差异性，在教育学生、处理事件时采用简单重复的语言，就会削弱教育的效果，甚至会适得其反，正像我们听到的一些教师的抱怨：“我都和他讲了 n 次了，但他就是不改。”学生不能改正不良的习惯，或者学生的改变与我们预期的效果差距很大，其中的原因是多方面的，但不能忽视的是，之所以出现这样的结果，可能与教师采用的教育词语不当有一定关联。教育者不能指望通过教育词语的重复来强化受教育者对正确观念的接受，这样做只能引起学生厌烦、抵触的情绪。例如，一些教师面对学生屡教不改的错误时说：“你看看你，没几天老毛病又犯了？”“你怎么又做错了？”“今天你怎么又迟到了？”面对学生经常犯的错误，教师只能用一个“又”字表明自己的无可奈何，显示出教育词语的匮乏。一个“又”字，说明教师没有忘记学生曾经犯过的错误，对学生的错误仍耿耿于怀，一个“又”字也给学生莫大的压力，让学生揣摩到自己在老师心目中的位置，而一次又一次的“又”字，又会让学生们失去信心、丧失希望。

2. 词句呆板乏味

过多地强调整齐划一，忽视了人的个性天赋，教师多以一个讲道者的形象出现在学生面前，教师们毫无个性的说教，很难打动学生的心灵，自然收不到理想的教育效果。在传统教育观念影响下，教育者缺乏创新意识，对学生个性发展关注不足，导致教育词句呆板乏味。有的教师在教育学生时，词句没有变化，学生听后无新鲜感，表扬学生时习惯用形式化的语言赞许，如"××同学爱劳动，他是我们的榜样。""××同学遵守纪律，大家要向他学习。"这种缺乏个性化的表扬，不能给学生留下深刻的印象，因此削弱了教育效果。尤其是一些教师在做学生思想工作时，以空话、套话为模式，动辄上纲上线，讲大道理，内容上缺乏针对性，语言枯燥乏味，很难起到鼓舞人心的作用，不能发挥教育语言应有的育人功能。

三　课程改革理念下的教师口语

（一）促进构建和谐师生关系的教师口语

按照新课程改革的精神，教师由传统的绝对权威角色转变为学生的指导者，学生学习的共同参与者，师生间应是一种平等和谐的关系。在新型师生关系下的教育对话，应该在尊重、民主、和谐的氛围中进行。教师必须改变"绝对权威"地位，放下训导者的架子，心平气和地表达自己的意见，学会"蹲"下身子与学生对话。

和谐师生关系的教师口语，应该充分信任学生。一个人只有被别人充分信任时才能感受到生命的尊严。随着年龄的增长，学生的独立性、自主性逐步加强，教师要给予学生充分的信任，尊重学生的看法。只有给予学生信任，才能调动学生的积极性，才能产生"期待效应"。在师生对话中，教师要有意识地用启发性的话语，鼓励学生发表自己的见解和主张，如"这件事，你是怎么看的?""如果你是教师，应该如何解决这个问题?"

和谐师生关系的教师口语，应该注意换位思考。把自己置于学生的位置去认识、体验和思考，要深入到学生中去，了解他们的心理活动，只有设身处地地了解学生的内心感受，才能为师生对话建立一个平等的沟通平台。多一点尊重，多一些商榷，能够消除师生间的心理隔阂，增强学生的主人翁意识。

（二）促进学生掌握学习方法的教师口语

新课程要求学生在学会知识的同时，还要学会学习。作为学生学习活动的传授者、参与者、指导者、评价者的教师，必须掌握知识学习和技能形成的基本方法，而且要了解学生的思维和学习活动情况，及时分析学生反馈的信息，针对学生遇到的具体障碍和难点，准确发出恰当的指导性语言。恰当的指导性语言是在倾听与理解的基础上给出的经过教师提炼和认真组织的，能够体现新旧知识的联系，能引起学生合乎逻辑的思考问题的语言。例如，政治课一位教师讲《主观符合客观》时，先给学生讲了一则《秀才过河》的笑话：

师：有一个秀才下乡，遇到一条水沟挡住了去路。他于是取出书来，仔细地翻看，却怎么也找不到关于如何过河的答案。这时有一位农夫经过，告诉他："你不用翻书，跳过河去就行了。"秀才听了农夫的话，双脚一蹬，往上用力一跳，却掉入水里。农夫说："不是那么跳，看我的。"说罢，他单脚起跳，纵身一跃而过。秀才看后埋怨道："单脚起步称为跃，双脚起步称为跳，你应该说跃，而不该说跳。"

（课堂气氛立刻活跃起来，学生们都为秀才的书呆子气感到好笑）

师：同学们，你们觉得秀才可笑吗？

生：（大家几乎同时回答）可笑！

师：为什么大家觉得可笑呢？秀才和农夫在思维方式上有什么不同呢？

生：秀才可笑是因为就知道看书，不能具体问题具体分析。

生：农夫有实践经验，重视对问题的解决，还能总结方法。

师：说得很好，如果我们从哲学的角度看应该怎么表达这些观点呢？

生：要学会理论联系实际。

生：要主观符合客观。

师：什么是主观符合客观呢？

（学生广泛表达，明确了本课的主题）①

在课堂教学中，教师能根据学生的思维和学习水平，准确发出经过精心设计、组织的引导语，收敛了部分学生不符合政治课程教学要求的思维方向，引导学生由浅入深、合乎逻辑的思考问题，避免了单纯对秀才书呆子气的好笑，提升了学生的政治素养。

① 小学思想品德和中学思想政治教材编写委员会编著：《思想政治》2003 年第 2 版，第29 页。

促进掌握学习方法的教师口语，要能够引领学生确定合理的学习目标，使学生在经历知识发现的过程和经验积累的活动过程中掌握解决问题的科学思考方法，获得达到目标的最佳途径，形成稳定的学习动机和学习兴趣，养成良好的学习习惯。

促进掌握学习方法的教师口语，还要重视人的个性天赋。首先，教师要做一个有“个性”的人，形成自己独特的语言风格。或是轻松幽默，或是庄重典雅，或是质朴平易……其次，教师口语要适应学生的个性特征，因人而异。在与学生对话时寻找适应学生特点的语气、语词和表达方式，对胆小害羞的学生，用鼓励赞扬的语言给他增添勇气；对自尊心强的学生，用委婉的语言保护他们的尊严；对缺少关爱的学生，用亲切柔和的语言温暖他们的心灵，使学生富有个性地学习。

（三）激发学生的情感世界的教师口语

新课程改革标准要求教师要关注学生的情感体验，教师在教育学生时，应该用饱含真情的话语，激发学生的情感世界，使学生成为一个感情丰富的人，一个具有完整人格的人。带有真情的话语，能够增添教师的语言魅力，让学生感动，正所谓“情深方能意切，感人全在真情”。例如一位女学生在学校组织的“献爱心”捐款活动中只捐了一本书，班主任老师看到同学们不屑的表情后，充满感情地说：“小玲同学家境不好，与她相依为命的爷爷没有经济来源，在这次活动中，她带来了一本书，你们看，这本书包着书皮，里面干干净净，一定是她最心爱的东西，她把自己珍爱的东西捐出来，正是‘书本有价爱心无价啊！’”小玲同学的脸上于是露出了喜色，“爱心”在真情中得到了升华。

谈心容易动心难，真情是打动学生心锁的钥匙。在学生内心深处隐藏着丰富的情感，教师要用自己的言语激起学生情感的涟漪，继而产生情感共鸣，达到教育的较高层次。要想打动学生心灵，教师口语还应该有感染力，富有文采的表达是增强语言感染力的重要因素。要想使教师口语富有文采，教师可以丰富自己的语汇，运用不同的表达方式，如用“被同一块石头绊倒两次，这是一种灾难”的比喻来教育学生不要重犯错误；还可以引经据典，借题发挥，用“一诺千金”来教育学生要诚信；引用一些富有哲理的格言警句让学生记忆深刻，用“天行健，君子以自强不息，地势坤，君子以厚德载物”激励学生要克服困难、勇往直前。

富有文采的话语比干巴巴的说教要深入人心，它能让学生情感飞扬，使其振奋。教师应加强对自己语言的修炼，丰富自己的语汇，掌握各种表达技巧，不断提高教师口语水平。

四 学习教师口语应注意的问题

教育教学过程是一个心灵沟通的复杂过程。如果我们把教师口语仅仅看作是一种口头语言表达能力，那么我们就只看到了它的表象，真正的教师口语还应是一种沟通的工具。教师口语的作用就是为了实现师生之间的信息互换、心灵对接、行为协调以及情感交流等，最终达到学生价值观念、认知结构和行为方式协调发展的目的。大家在学习教师口语的过程中，还应注意如下问题：

1. 发音规范训练的地位问题

《中华人民共和国国家通用语言文字法》中明确规定："学校及其他教育机构以普通话为基本教育教学用语。教师普通话应达到规定的等级标准(二级乙等及其以上)。"教师是语言工作者，要带头说普通话。尽管地方语言可能在特殊场合会起到亲切沟通的效果，但是我们还要注意普通话的易于理解和无歧义等特性。良好的教师口语必须以规范的普通话为基础，所以发音规范训练在教师口语训练中具有重要地位。

2. 交流意识的提升问题

教师的口语表达是和学生的平等交流过程。有效的口语表达必须是建立在交流的基础之上的表达。因此，教师不能只是想着自己怎么说，还必须顾及学生的反应，倾听学生准确的反馈信息，做到因人制宜、因事制宜、因时制宜、因地制宜。这些都必须通过有声语言和非语言表达的运用去感染学生，达到情感上的共鸣，从而赢得学生的心。

3. 和非语言表达的有机结合问题

非语言表达对口语表达能够起到辅助的作用。教师的教育教学工作是通过有声语言作用于人的听觉，非语言表达作用于人的视觉完成的。因此，教师还要重视非语言表达与口语的配合练习。使教师神态与口语协调运用，达到声情并茂和完美统一的效果。

4. 心理素质的辅助训练问题

教师的口语表达活动需要教师具备良好的心理素质。通常情况下，心理素质好的人，能在口语表达前把心理调节到最佳状态，因而在口语表达时就会使注意力集中，思维敏捷，动作协调，达到表达自如的效果。即使遇到突发事件时，也能处变不惊，灵活应对，较好地驾驭口语表达过程。相反，心理素质差的人，由于自信心不足、意志薄弱或自卑胆怯等问题，很容易造成临场发挥失常，特别是遇到意外情况时，更可能出现语调生硬，语无伦次等口语表达的情形。

消除上述心理障碍首先应正确认识、评价自己和他人，树立自信心。其次要排除各种干扰，保持头脑清醒、情绪稳定，培养自控能力。再次，掌握克服怯场心理的技巧。最后，要具有屡败屡战的勇气，培养自己的坚韧性。

5. 思维能力的配合训练问题

思维是人脑对客观事物本质属性与规律的概括的间接反应。思维与语言密切联系，语言是思维的外壳。通常情况下，一个人如果思维清晰、敏捷，口语表达往往条理分明、出口成章；如果思维混乱、迟滞，口语表达往往颠三倒四、语无伦次。因此，教师口语训练要重视思维能力训练，特别是重视聚合式思维、发散式思维及创造思维训练，培养思维的广阔性、深刻性、灵活性、敏捷性。教师要养成按照标准思维过程进行口语训练的习惯。特别是说话项的训练，一定要建立几个比较规范的表达结构模型，按照一定的思维流程进行有层次、有结构的表达，才能有条理清晰的口语表达能力。

6. 道德修养的养成与教师口语的关系问题

道德修养是教师内在素养的重要组成部分，是教师口语的表达习惯和个性特征的重要基础。教师口语的教育性是教师口语的灵魂。要想使教师口语达到教育效果，不仅要靠规范的语言表达技巧，更重要的是靠教师自身的内在修养。正所谓“其身正，不令而行，其身不正，虽令不从”。这就要求教师要加强自身的道德修养建设，以理服人，以德服人，做到言行一致。

尊重学生是教师修养的重要部分。优美的教师口语要以尊重学生人格，不说大话空话等为前提，教师应养成平等的交流分享和实事求是的语言修养。

7. 知识和阅历对教师口语的强化问题

巧妇难为无米之炊。教师的知识面越宽广，阅历越丰富，口语表达就容易达到“侃侃而谈”“滔滔不绝”的境界。教师的知识应当博而专。首先，教师要具有学科专业的知识。教师要精通自己所教学科的基础知识，知晓其基本结构以及各部分知识之间的内在联系，及时了解所教学科的最新研究成果与发展动向。对所教的内容不仅要知其然，而且要知其所以然。其次，要有教师教育专业知识。理解教育的本质、具备现代教育观念、掌握教育艺术。最后，教师还应了解社会历史知识、科学文化知识、文艺美学知识、社交礼仪知识等。这些知识是口语表达的内容和综合实力的体现，因此，教师必须注重各种知识的积累，才能更好地运用表达技能，达到教育的目的。

教师担负着教育人、塑造人的历史重任。教师在口语表达时应措辞贴切、表意准确、情感自然、说服有力。一个教师的思想情操、文化水准、思维品质、审美情趣等，都会在教师各项工作过程中，以教师独有的口语表达的形式对学生及其他受众产生影响。

思考与练习

1. 请对比说明传统教育理念下和课程改革理念下教师口语的差异？
2. 如何避免传统教师口语的弊端？
3. 应如何学习教师口语？

第一编　教师口语表达基础

普通话是教师口语表达的基础。《中华人民共和国新教师法》第十二条明确指出："学校及其教育机构进行教学，应当推广使用全国通用的普通话和规范字。"普通话即有明确规范（标准）的现代汉民族共同语。推广使用普通话有利于消除方言隔阂，沟通不同社会群体、不同的民族之间的交际，促进不断加深的国际交流与交往。

作为推广普通话的主力军——教师，其语言面貌、语言素养直接影响到自身的教育教学效果。标准或比较标准的普通话，可以帮助教师准确、高效地履行教师职责。

本编主要介绍普通话概述、语音构成要素与科学发声、普通话语音、朗读知识。通过强化练习与实践，使教师普通话水平能够达到国家规定的等级标准。

第一章 普通话概述

学习导航

普通话是现代汉民族最重要的交际工具、思维工具和认知工具，也是中华人民共和国国家通用的语言。本章的学习，需明确推广普通话的重要性，了解普通话的形成、普通话与现代汉语方言的关系、熟悉我国方言概况，掌握普通话的含义、特点，增强语言规范意识。

第一节 普通话的含义与作用

一 普通话的含义

普通话是以北京语音为标准音，以北方话为基础方言，以典范的现代白话文著作为语法规范的现代汉民族共同语。对于这个概念的理解需要注意以下几点：

1. 普通话的语音标准

普通话“以北京语音为标准音”，这是普通话的语音标准，也是普通话的语音规范标准。这个标准是就整体上的北京语音系统（即北京话的声、韵、调系统）而言的，不包括北京话中的土音。也就是说，并不是说每一个北京音都是标准的，都是普通话的成分。如北京话中的一些土音（如一些北京人把“办公室”的“shì”说成“shǐ”，把“淋湿了”的“lín”读成“lún”），声母“z”“c”“s”的发音近似“tθ”“tθ'”“θ”，就不宜轻易地进入普通话。

2. 普通话的语汇标准

普通话“以北方话为基础方言”，这是普通话的语汇（一些著述中习惯上称为“词汇”）标准，也是普通话的语汇规范标准。“北方话”是综合了以黄河流域为中心的广大的北方地区的汉语的许多特点而提出来的一个综合性的概念，并不存在具体的一种话叫北方话。普通话的语汇以北方话的语汇为基础，并不等于说凡是北方话中的语汇都能进入普通话，也不等于说不是北方话中的语汇就一个也进不了普通话。一方面，北方话中一些地方性强、只有一小部分人能懂的语汇，不宜轻易地被吸收进普通话；另一方面，普通话为了丰富自己的语汇，有时也需要从北方话以外的方言、外来语及古汉语中适当地吸收一些自己所需要的、有特定表现力的语汇，以为己所用。

3. 普通话的语法标准

普通话“以典范的现代白话文著作为语法规范”，这是普通话的语法标准，也是普通话的语法规范标准。“以典范的现代白话文著作为语法规范”的标准，主要指的是以现代名作家的优秀白话文著作中的一般用例作为语法规范的标准，而不是以文言文、1919 年五四以前的早期白话文、不典范的现代白话文、方言作品、特殊用例等作为语法规范的标准。这当中的“现代白话文著作”，不仅包括文艺著作，而且也包括自然科学著作、社会科学著作。

普通话具有超方言的性质，北京话并不等于普通话。尽管北京话在普通话中占有特殊重要的位置，但并不能说北京话就是普通话。普通话以北京语音为标准音，指的是普通话在语音上采用的是北京音系，即普通话同北京话一样，也有 22 个声母（含零声母）、39 个韵母、4 个声调，也有轻声、儿化等语音现象，而并不是说含有土音土词土语在内的北京话全都是普通话。今天的北京人也要学习普通话，只不过由于北京话相对而言比较接近普通话，北京人学习普通话相对比较便利一些而已。一般来说，中央电视台的新闻联播节目与中央人民广播电台的新闻与报纸摘要节目中播音员所说的话，通常被认为是比较标准的普通话。

二　普通话的作用

普通话作为现代汉民族共同语，其本身具有较高的实用价值、文化价值和审美价值。

首先，使用普通话有利于消除方言隔阂，沟通不同社会群体、不同的民族之间的交际，有利于不同社会群体、不同的民族之间的社会交往，有利于社会发展，有利于人民团结、民族团结及全社会的团结，也有利于减少语际交流的困难，促进不断加深的国际交流与交往。

其次，使用普通话有利于我国社会主义现代化建设。现代化建设技术指令的规范化、技术规格的标准化的实现，人机对话的开展及语音输入技术的推广应用，网络时代对语言文字的规范化要求，乃至社会文化教育的现代化、规范化的需求，都要求我们要使用并推广普通话。

最后，使用普通话也有利于提高人们的思想文化素质与素养，形成良好的文化气质与形象。

思考与练习

1. 什么是普通话？如何理解普通话的内涵？
2. 有人说，北京话就是普通话。这种说法正确吗？为什么？
3. 为什么要推广普通话呢？

第二节　普通话的特点

普通话在语音、语汇和语法方面的明显特点，使汉语的表达简明准确，丰富生动。

一　语音方面的特点

总体上看，普通话的语音乐音成分多，音节界限明显，有声调的高低变化，音乐性强。

1. 音节中没有连续的复辅音

在普通话的一个音节中，一般没有两个辅音连在一起出现的。如音节“zhuǎn”，“zh”“ n”都是辅音，但这两个辅音由元音隔开，不是连续的复辅音。这使普通话的音节界限比较清晰，结构形式比较整齐。而像英语“stitch”（缝）音节中，就存在开头有两个辅音“st”连接在一起、结尾有三个辅音“tch”连接在一起的复辅音现象。

2. 音节中元音在音响度上及音节构成的必现度上占的比例大

主要指如下两方面的意思：一是普通话音节中元音在发音上最响亮，即在发音的响亮度上占的比例大；二是指普通话音节中元音通常必不可少，即普通话的一个音节中一般不能没有元音，但却常常可以没有辅音，元音在普通话音节构成的必须出现度上占的比例大，这使乐音成分在普通话语音中所占的比例相对较大，自然会形成普通话比较悦耳的特点。

3. 音节有声调

普通话是音节有声调的语言。不同的声调不仅能区别词性、区别词义，而且声调还可以使音节界限分明，可以使音节有高低升降的变化，从而形成了普通话音乐性强的风格特点。

二　语汇方面的特点

总体上看，普通话的语汇单音节语素多，复合法构词多，双音节词也比较多等特点。这也使普通话的词形的长度比较短。

1. 语素以单音节为基本形式

普通话中的单音节基本上都是语义的承担者（少数多音节的单纯词［如联绵词、叠音词、音译词］除外）。普通话在语音上的基本感知单位是单音节，语法上的最小单位——语素也多为单音节。反映在语汇上，这些单音节形式的语素可以作为造词材料，既可以构成单音节词，也可以组合起来构成双音节或多音节的合成词。

2. 多用复合法构成新词

普通话中有实在意义的词根语素比较多，而没有实在意义的词缀语素少且造词能力又较弱，因此普通话中多用词根复合法构成合成词的情况比较多。虽然普通话中也有词根语素加词缀语素构成新词的状况，但比较而言，普通话的构词还是以复合法的构成形式比较多。

3. 双音节词占优势

普通话语汇中，由两个音节构成的词在数量上占据优势。这主要源于以下几种情况：第一，古汉语中的单音节词不少已被普通话中的双音节词所替代，如“民——人民”“目——眼睛”等；第二，一些多音节的短语被缩简为双音节词，如“科学技术——科技”“医疗效果——疗效”；第三，新造的词也多为双音节词，如“网民”“双规”等。

三　语法方面的特点

普通话作为汉民族共同语，由于语言自身没有严格意义的形态变化，因而在语法上形成了重语序、重虚词等一些带有分析语特征的、独具的特点。

1. 以语序和虚词作为主要的语法手段

普通话不属于自身有严格意义的形态变化、可以通过词的形态变化来表示语法意义的综合语，而是属于需要借助虚词、语序来表示语法关系的分析语，因而在词与词组合成特定句法结构上，主要依靠语序和虚词作为语法手段。如“客人来了”与“来客人了”这两个短语中，语序不同，其结构关系与语义也不相同：前者是主谓关系，表示特约的客人；后者是动宾关系，表示不速之客。又如“他活了八十”与“他活了八十了”这两个短语中，虚词不同（后者多了一个虚词“了”），其结构关系虽大体相同，但所反映出来的语法意义与语义也不相同：前者反映的是“他活了八十”这一“活”的过程已经完成了，不再延续了，即“他”已经死了；后者表示的是“他活了八十”这一“活”的过程还没有完成（用尾“了”来表示），还在延续，即“他”还活着。

2. 语法单位结构上具有一致性

在普通话中，无论是语素与语素组成合成词，词组成短语，还是词、短语组成句子等，其构造方式基本一致，都有主谓、述宾、偏正、联合、补充等各种基本的语法结构关系。这种语法结构关系上的一致性，详见下表：

语法单位 / 结构关系	词	短语	句子
主谓关系	自主　夏至	态度和蔼　品行端正	他是军人。
述宾关系	理事　达标	提高效率　解决问题	出太阳了！
偏正关系	虚心　火红	积极参加　现代汉语	美丽的校园！
补充关系	砸碎　书本	搞明白　说清楚	热死了！
联合关系	美好　质量	东南西北　科学技术	风停了，雨住了。

这种语法单位结构上的一致性，客观上造成普通话语法单位在结构方式上相对易于把握。

3. 词的多功能性

普通话中，由于词类没有特定的形式标志，一种词类或一个词通常不止充当某一种句子成分，而经常可以充当多种句子成分，即普通话中的词是多功能的。如“他”，它在“他是一名学生”中充当主语，在“这是他的一个学生”中充当定语，在“这就是他”中充当宾语。可见，“他”是多功能的，可以充当多种句法成分。

4. 量词丰富，非度量衡单位量词多

在普通话里，数词和名词组合时，中间一般要有量词，动词、形容词与数词组合时，一般也要在数词后加上一个量词。这种量词的数量是很大的，尤其是表示非度量衡单位的量词很多。如“一尺布”“二里地”“三元钱”

“四条狗”“五头牛”“六匹马”“一张纸”“两桶水”“三筐梨”“走一回”“讲一次”等。除了这些单纯量词外，普通话中还有一些复合量词，如“100秒立方米”“50架次”等。

普通话中的这种量词不仅数量多，而且使用情况复杂。如量词“口”，不仅人可以论“口”，猪、井、水、饭、牙、烟、柜等都可以论“口”。同样是衣服，上衣可以论“件”，下衣裤子却要论“条”；而本不一样的手套和袜子，却又有着相同的量词“只”。

思考与练习

1. 普通话语音、语汇、语法各有何特点？
2. 有人说，“wénmáng”（文盲）的音中，“n”“m”是两个紧挨着的辅音，因此，普通话音节中有复辅音。这种说法对吗？为什么？
3. 从普通话音节中元音所占的数量、音响度等方面看，元音在普通话音节中到底占有什么样的位置？
4. 普通话中，为什么双音节词能占优势？
5. 普通话量词具有什么特点？有何表现？

第三节　普通话与现代汉语方言

推广普通话的目的，并不是歧视现代汉语方言，也不是为了消灭现代汉语方言，而是为了消除现代汉语方言的隔阂，在必要的场合能够使用普通话，以利于社会交际。

一　普通话的形成与发展

通常认为，“普通话”一词最早见于朱文熊1906年所著的《江苏新字母》一书中。但作为现代汉民族共同语的普通话的形成，却是经历了远比其长久的、漫长的历史过程。

从书面语文献资料上看，汉族早在先秦时期就出现了共同语。这种汉民族共同语，春秋时代称为“雅言”或“夏言”，汉代称为“通语”，明代改称“官话”，辛亥革命后称为“国语”，中华人民共和国成立后则称为“普通话”。这种书面语最初本是以口语为基础的，后来在发展的过程中渐渐与口语脱节，成为一种脱离口语的书面语言——文言或文言文。到了唐宋时代，一种接近口语的书面语——“白话”逐渐兴起，产生了许多用白话写作的各种体裁的文学作品，如唐代的变文、宋代的语录、宋元的话本及宋、金、元的诸宫调、元曲，以及影响巨大的明清小说《水浒传》、《西游记》、《儒林外史》、《红楼梦》等。从总体上看，这些白话文学作品基本上都是用北方方言写成的。这些作品的流传，客观上起到了促进北方方言推广的作用。

20世纪以后，在辛亥革命特别是五四运动以后，中国社会兴起了以“白话文运动”和“国语运动”为代表的反对文言文、提倡白话文运动，有力地促进了现代汉民族共同语的形成。一方面，“白话文运动”动摇了文言文的传统统治地位，为白话文最后在书面上取代文言文创造了条件；另一方面，“国语运动”又在口语中增强了北京话的代表性，使北京语音成为全民族共同语的标准音。这两个运动的相互作用与影响，促使口语和书面语接近起来，形成了现代汉民族共同语。同时，明清以来沿用的“官话”这个名称，在辛亥革命后逐步为“国语”所替代的同时，也称“普通话”。

中华人民共和国成立以后，在党和政府的领导下，中国科学院于1955年10月召开了现代汉语规范问题学术会议，会上确定把汉民族共同语称为“普通话”，并把普通话的含义表述为“以北方话为基础方言，以北京语音为标准音”。后经各方研究，在1956年2月6日国务院发布的《关于推广普通话的指示》中，正式把“普通话”（即现代汉民族共同语）确定为“以北京语音为标准音，以北方话为基础方言，以典范的现代白话文著作为语法规范的普通话”。从此，不仅“普通话”成为一个含义明确的术语，而且也使作为现代汉民族共同语的普通话有了明确、严格的标准与规范。

1957年6月25日至7月3日，国家召开了全国推广普通话工作汇报会议，在会议的总结报告中，把推广普通话的方针进一步完善为“大力提倡，重点推行，逐步普及”的十二字推普方针。这个方针一直执行到1992年。

1982年12月4日，第五届全国人民代表大会第五次会议通过了新的《中华人民共和国宪法》。《中华人民共和国宪法》中的第十九条庄严规定：“国家推广全国通用的普通话。”这是我国历史上第一次将推广普通话载入法律中，使推广普通话成为法律行为。《义务教育法》、《民族区域自治法》也相继列入有关推广普通话的条款，使推广普通话工作开始走上有法可依的轨道。

1986年1月6日至13日，国家召开了全国语言文字工作会议，会议将推广普通话列为新时期语言文字工作的首要任务，使推广普通话工作走上了快速发展的轨道。

1992 年 9 月，国务院批转国家语委《关于当前语言文字工作的请示》，将推广普通话工作的方针调整为“大力推行，重点普及，逐步提高”的新的十二字推普方针，使推广普通话工作的力度进一步加大。

1997 年 12 月，第二次全国语言文字工作会议提出了推广普通话工作的新的目标：2010 年以前，普通话在全国范围内初步普及；21 世纪中叶，普通话在全国范围内普及。

2000 年 10 月 31 日，第九届全国人大常委会第十八次会议通过了《中华人民共和国国家通用语言文字法》，并于 2001 年 1 月 1 日起施行。《中华人民共和国国家通用语言文字法》是我国第一部关于语言文字的专门法律，该法律中第二条第一次明确规定：“国家通用语言文字是普通话和规范汉字。”该法律中第三条重申了《中华人民共和国宪法》的第十九条的基本精神，明确规定：“国家推广普通话。”

今后我们的推广普通话工作应该继续贯彻执行“大力推行，重点普及，逐步提高”的推普方针，按照“以城市为中心，以学校为基础，以党政机关为龙头，以广播电视等新闻媒体为榜样，以公共服务行业为窗口，带动全社会推广普及普通话”的工作思路，以实行“目标管理，量化评估”、开展“普通话水平测试”和“全国推广普通话宣传周”等活动为基本措施，努力推进普通话的通用化、规范化，争取早日实现普通话的国际化。

二　普通话与现代汉语方言的关系

作为现代汉语的有机组成部分，普通话与现代汉语方言相对存在，二者统一于现代汉语之中。

1. 普通话和现代汉语方言是两种不同类型的交际工具

普通话作为现代汉民族共同语，它是一种民族共同语，即它是一个民族全体成员通用的语言，具有超方言的性质。而现代汉语方言则是现代汉民族语言的地方分支，是局部地区的人们使用的语言。由于这些不同的现代汉语方言与普通话（即现代汉民族共同语）之间有着整齐的语音对应规律，基本语汇和语法结构也有许多相同之处，所以它们只是普通话的地方分支或变体。但这并不意味着现代汉语方言只是普通话中的一个部分，而不能相对独立地行使语言的职能。从某种意义上说，现代汉语方言和普通话都是能够独立运用的语言工具。只不过，现代汉语方言和普通话属于既是各自相对都具有语音、语汇、语法的完整的语言系统，又是各自都明显地存在着“你中有我，我中有你”“同中有异，异中有同”的这种紧密关系的方言或语言。

从这个意义上说，现代汉语方言又不是能够同作为现代汉民族共同语的普通话并立的独立的语言。普通话和现代汉语方言是两种不同类型的交际工具。

2. 普通话是在现代汉语方言（北方方言）的基础上而形成的

普通话作为现代汉民族共同语，它是在一种现代汉语方言的基础上而形成的。普通话的基础方言（作为民族共同语基础的方言叫基础方言）是北方方言，普通话就是在北方方言的基础上形成的。一方面，普通话也根据实际需要，适当地吸收一些其他现代汉语方言区中的方言以为己所用。另一方面，普通话在流通、传播、推广的过程中，也会对现代汉语方言的发展变化，产生重要的、积极的影响。

3. 现代汉语方言是普通话的地方分支或变体

在普通话形成之前，现代汉语方言可以是形成普通话的基础；在普通话形成之后，现代汉语方言是普通话的地方分支或变体。

三　现代汉语方言概况

由于社会分化及地域差异等原因，汉语远在上古时期就出现了方言的差异。目前，在现代汉语方言的具体划分上，学术界的意见并不一致，有六大方言说、七大方言说、九大方言说、十大方言说等各种不同的说法。这里，我们采用相对比较惯常的现代汉语七大方言区的说法，把现代汉语方言分为北方方言、吴方言、湘方言、赣方言、客家方言、闽方言、粤方言七大方言。

1. 北方方言

北方方言又称官话方言，以北京话为代表，是现代汉语民族共同语的基础方言，其内部的一致性比较强。北方方言分布在长江以北地区、长江南岸的九江以东镇江以西沿江地带、湖北（除东南角）、湖南西北角、四川、云南、贵州、广西西北部，在汉语各方言中它的分布地域最广，约占汉语地区的3/4，使用人口约有7亿，约占汉族总人口的70%以上。它又可以分以下四个次方言：

（1）华北、东北方言：分布在河南、河北、山东、天津、北京、辽宁、吉林、黑龙江、内蒙古的东南部等地区。

（2）西北方言：分布在山西、陕西、甘肃等省，以及宁夏、内蒙古、青海、新疆等部分地区。

（3）西南方言：分布在四川、云南、贵州等省，以及湖北的大部分（除东南角）、湖南西北角、广西的西北部等地区。

（4）江淮方言：分布在安徽省、江苏长江以北地区（除属于华北、东北方言的徐州、蚌埠）、九江以东镇江以西的长江南岸沿江一带。

2. 吴方言

吴方言又称江南话、江浙话、下江话，以上海话为代表。吴方言分布在上海市、江苏长江以南镇江以东（除镇江）地区、长江以北海门、启东、靖江，以及南通东郊部分地区、浙江大部分地区。使用人口约8000万，约占汉族总人口的8.4%。

3. 湘方言

湘方言又称湖南话，以长沙话为代表。湘方言分布在湖南省的大部分地区（除西北角）及广西北部少数几个县。使用人口约5000万，约占汉族总人口的5%。

4. 赣方言

赣方言又称江西话，以南昌话为代表。赣方言分布在江西省的中部和北部、湖北东南地区。使用人口约2000万，约占汉族总人口的2.4%。

5. 客家方言

客家方言又称客话，以广东梅县话为代表。客家方言分布在广西、广东、福建、台湾、江西、湖南、四川等省，以广西东南部、广东东部和北部、福建西部、江西南部等地区为主。使用人口约4000万，约占汉族总人口的4%。

6. 闽方言

闽方言又称福佬话，分布在福建省、广东省东部的潮州和汕头、海南省和台湾省的大部分地区。使用人口约4000万，约占汉族总人口的4.2%。闽方言的内部差异比较大，它又可以分为以下五个次方言：

（1）闽东方言，以福州话为代表。闽东方言分布在福建东部闽江下游。

（2）闽南方言，以厦门话为代表。闽南方言分布在闽南二十四县、台湾及广东的潮汕地区、雷州半岛、海南省及浙江南部。

（3）闽北方言，以建瓯话为代表。闽北方言分布在闽江的上游武夷山一带。

（4）闽中方言，以永安话为代表。闽中方言分布在福建中部永安、三明、沙县。

（5）莆仙方言，以莆田话为代表。莆仙方言分布在莆田、仙游一带。

7. 粤方言

粤方言又称广东话，以广州话为代表。粤方言分布在广东中部和西南部、广西东部和南部、香港、澳门，使用人口约5000万，约占汉族总人口的5%。

上述各大方言中，与普通话差别最大的是闽方言、粤方言，吴方言次之，湘方言、赣方言、客家方言与普通话差别相对又小一些，北方方言与普通话差别最小。客家方言、闽方言、粤方言都随着华侨传布到了海外，不少华侨和华裔会说这些方言。

了解方言，研究方言，掌握方言与普通话的对应规律，对于我们更好地掌握普通话，推广普通话，具有十分重要的意义。

思考与练习

1. 什么是基础方言？
2. 普通话和现代汉语方言是什么关系？
3. 简述现代汉语方言的类别及其代表话。
4. 你的汉语家乡话属于哪个方言区？试比照普通话的特点，说一说你的汉语家乡话的特点。

第二章　语音常识与科学发声

学习导航

学生对教师的语音有着敏锐的感受，标准的普通话语音是教师口语表达的神采。通过本章学习，了解语音的物理性质；理解语音生理性质、社会性质；熟悉语音的基本概念；掌握科学的发声方法。使教师发出清晰、悦耳之音，为提高教师口语表达能力打下坚实的基础。

第一节　语音常识

一　语音的含义

语音即人类语言的声音，是由人的发音器官发出的、能够表达一定意义的声音。对于这个概念的理解需要注意以下几点：

1. 语音是语言的物质外壳

语言要通过语音传情达意，实现交际目的。语音就是语言借以传递语义的物质外壳。

2. 语音由人的发音器官发出

语音是一种特殊的声音，它是由人的发音器官发出的，区别于自然界或其他生物发出的各种声音。

3. 语音是能够表达一定意义的声音

人的发音器官能发出各种不同的声音，但这些声音并不全是语音。语音指的是由人的发音器官发出的、能够用它来表情达意、进行交际的那部分声音。如果人的发音器官发出的声音，不能用来传递语义、进行交际，这种声音就不是语音。如人咀嚼食物以及吞咽时所造成的与人的发音器官相关联的一部分声音，就不是语音。

二　语音的性质

（一）语音的物理性质

世间万物能发出各种不同的声音，源于物体的振动。语音产生于人的发音体的振动，所以它和自然界的其他声音一样，也都具有音高、音强、音长和音色声音的四种要素。

1. 音高

音高指的是声音的高低，它是由发音体在一定时间内振动的快慢——频率来决定的。发音体在一定时间内振动频率快，声音就高；振动频率慢，声音就低。语音的高低是由发音体声带振动频率决定的。声带短、窄、薄、紧，在同一单位时间内，振动频率相应快，声音则高；声带长、宽、厚、松，在同一单位时间内，振动频率相应慢，声音则低。一般来说，成年女性的声带与成年男性的声带相比，偏短、偏窄、偏薄、偏紧，所以，在同一单位时间内，成年女性发出的声音就高。汉语里的不同声调的变化，主要就是由于音高的不同变化造成的。

2. 音强（也叫音量）

音强指的是声音的强弱，它是由发音体在一定时间内振动幅度的大小决定的。振幅大，声音就强，振幅小，声音就弱。语音的强弱由声带振动幅度的大小来决定。发音时呼出的气流强，声带振幅大，声音就强；发音时呼出的气流弱，声带振幅小，声音就弱。语言中的轻重音与音强有着密切的关系。

3. 音长

音长指声音的长短，它是由发音体振动持续时间的长短决定的。发音体振动时间持久，声音就长；反之，声音就短。音长可以用于表达不同的感情。

4. 音色（也叫音质）

音色指声音的特色，它是由发音体振动所形成的音波波纹的不同形式决定的。语音中各种不同音色的音，主要是由于发音体不同、发音方法不同、发音时共鸣器的形状不同所造成的。音色是区别不同声音的最重要的特征，人们可以通过灵活自由地调控声带、呼出的气流、共鸣器的形状，发出各种不同的声音色彩。

（二）语音的生理性质

语音是由参与人的发声运动的器官协同活动形成的。人的大脑中枢神经发出发声信息，经过运动神经传导，到达各发音器官，各发音器官活动方式不同，发出的语音也不同。参与人的发声运动的器官主要包括：

1. 动力器官

动力器官是指为发音体振动提供动力的器官。为人体发音提供动力的器官由肺、气管、胸腔以及相关肌肉、横膈膜（也叫膈肌）、腹肌构成。肺是呼吸气流产生动力的基地。肺呼气和吸气主要靠胸部的多组肌肉、胸腔底部的膈肌、腹肌的控制。吸气肌肉群收缩时，胸腔扩大，胸腔内部压力变小，空气经过呼吸道进入肺部。呼气肌肉群收缩时，胸腔变小，胸腔内部压力变大，空气从肺部挤压出来。人的发音动力是呼吸的气流。

2. 声源器官

主要是喉头、声带。喉头由甲状软骨、环状软骨、杓状软骨、会厌软骨及各种肌肉构成。上连咽腔，下接气管。声带位于喉头所形成的圆状体内的中间，是两片富有弹性的带状薄膜。声带之间的空隙是气流的通道——声门。人们说话时，从肺部呼出的气流通过声门时，声带振动而发出声音。

3. 共鸣器官

咽腔、口腔、鼻腔等被称为发音的共鸣器官。当由声带振动而发出的声音通过以上这些腔体时，该腔体就会产生共振而形成共鸣。不同腔体的共鸣会产生不同共鸣效果。

唇、齿、舌、腭等都具有调音的功能。例如，当软腭上升时，堵塞鼻腔通道，气流在口腔中共鸣，所产生的声音叫口音；当软腭放松下垂时，鼻腔通道打开，气流在鼻腔中共鸣，所产生的声音叫鼻音。舌是口腔里最灵活、最重要的调音器官。舌分为舌尖、舌叶、舌面、舌根。舌通过各个部位与硬腭、软腭、牙齿等相互配合，把经过声带发出的音，进行加工、调整，变成不同的语音和声音。

语音是由于呼吸运动，使肺部呼出的气流通过气管、支气管到达喉部，在喉部引起声带振动，产生基音，音波在经过咽腔、口腔、鼻腔时，基音得到共鸣腔的扩大和美化，同时又受到唇、齿、舌、腭等的调节而形成的（见图2－1）。

（三）语音的社会性质

语音是一种社会现象，具有社会属性。在一种语言中，语音和语义之间的联系，完全是任意的、偶然的，是由使用这种语言的全体社会成员，在长期的语言实践中共同约定俗成的。例如，普通话的“肥皂”，厦门叫“雪文”，辽宁叫“胰子”等，表达的意义相同，说的都是同一洗涤用品，但称

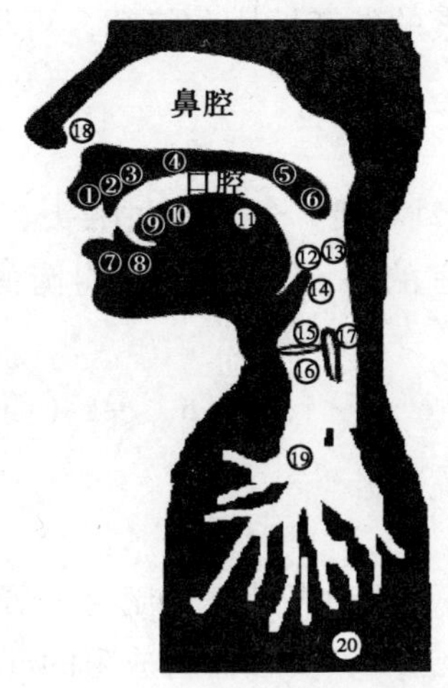

图 2－1　发音器官示意

1. 上唇；2. 上齿；3. 齿龈；4. 硬腭；5. 软腭；6. 小舌；7. 下唇；8. 下齿；9. 舌尖；10. 舌面；11. 舌根；12. 咽腔；13. 咽壁；14. 会厌；15. 声带；16. 气管；17. 食道；18. 鼻孔；19. 肺；20. 横膈膜

谓上却大不相同。各种语言或方言有各自不同的语音系统。在各自语音系统里，包含哪些音素，不包含哪些音素，哪些音素能组合在一起，哪些音素不能组合在一起等，不是由个人决定的，而是由社会因素决定的。如普通话中的舌面前音 j、q、x，与舌尖后音 zh、ch、sh 是两组不同的音，但在一些方言中这两组音在使用时是不区分的。语音的社会性质是语音区别于其他声音的本质属性。

三　语音的基本概念

（一）音节

音节是语音的基本结构单位，是说话时听觉自然分辨的最小的语音单位。在普通话中，通常一个汉字发出的音就是一个音节，如“学”是一个音节，“学好数理化”是五个音节。但是有少数例外，如“那儿”写成两个汉字，却读成一个音节“nàr”。普通话音节由声母、韵母、声调构成。

（二）音素

音素是从音色的角度划分出来的最小的语音单位。一个音节可以由一个或几个音素构成，如“国”（guó）由 g、u、o 三个音素构成。普通话语音一共有32个音素。根据音素的发音性质和特征，可将32个音素分为元音和辅音两大类。

1. 元音（也称母音）

元音是指发音时气流振动声带，气流经过喉头、口腔时不受阻碍所形成的音。发元音时，发音器官的各个部位保持均衡的紧张状态，发出的音响亮。

普通话语音共有ɑ、o、e、ê、i、u、ü、-i（前）、-i（后）、er等10个元音音素。

2. 辅音（也称子音）

辅音是指发音时气流多不振动声带，气流经过喉头、口腔时受到某个部位的阻碍所形成的音。发辅音时，发音器官成阻的部位特别紧张，发出的音多不响亮，只有m、n、l、r、ng响亮。

普通话语音共有b、p、m、f、d、t、n、l、g、k、h、j、q、x、zh、ch、sh、r、z、c、s、ng 22个辅音音素。

思考与练习

1. 什么是语音？有何性质？
2. 举例说明语音的形成。
3. 什么是音节？构成音节的三要素是什么？
4. 什么是音素？普通话音素一共有多少个？
5. 什么是元音、辅音？二者有何区别？

第二节　科学发声

科学的用气发声可以帮助教师保护嗓子，重塑甜美声音，使教师的语音清晰、洪亮、持久不衰。

一　气息控制

气息是发声的动力，是根本，没有气息声带是不能振动发声的，因此古代声乐理论有“气动则声发”的说法。气息控制就是要解决好呼吸问题。

（一）呼吸的方式

1. 胸式呼吸

吸入与呼出的气息是通过扩大胸腔和缩小胸腔的方法进行的。这种呼吸气只吸到上胸部，仅仅改变了胸腔周围的大小，横膈肌下降有限，腹肌基本没动，因此，吸入的气息过浅、过少，双肩上抬是其明显特征。这种呼吸会使颈部肌肉、下颌、舌根及喉头变得紧张，发出的声音紧、挤、僵。

2. 腹式呼吸

吸入与呼出的气息是通过横膈肌的收缩或放松，扩大胸腔上下径的方法进行的。这种呼吸仅靠横膈肌，没有得到肋间肌的配合，虽然气吸得深，但难以控制，腹部外凸是其明显特征。这种呼吸使腹肌得不到应有的使用，发出的声音易闷、暗、空。

3. 胸腹联合式呼吸

吸入与呼出的气息是通过胸式与腹式两种呼吸方式紧密结合进行的。即通过胸腔、横膈肌、肋间肌、腹肌联合控制气息。这种呼吸方式，吸气能使胸腔周围加大，胸腔上下径伸展，胸腔容量扩大，因而，进气快，部位深，气量大。呼气能保持住两肋、横膈的张力以及来自小腹收缩力量所形成的对抗，有控制地将气流均匀、稳劲地呼出。这种呼吸方式具有操纵和支持声音的能力，有利于气息控制，容易产生坚实、响亮的音色，是教师口语表达中理想的呼吸方式，也是科学的呼吸方式。

（二）胸腹联合式呼吸要领

1. 吸气

吸气时横膈肌下降，胸腔扩大，把气吸到肺底，气开两肋，腹部肌肉向上下腹的中心位置收缩，感觉气流是通过脊背向后腰及下胸部及两肋流入，逐渐整个腰部都明显向外扩张。

总体体会是后紧前松，后紧即向与丹田对应的后部集中，后腰要用上力。前松指喉部、胸部、肩部放松，使气息畅通。

站立姿势时，脚跟、脚心往下拽，有入地三尺之感，坐姿时，尾骨往下拽，解决气根问题。

吸气时应注意吸气量不能过满或过少。吸气过满会引起发声器官紧张，使声音生硬、不自然，不便于控制气息；吸气过少，声音会轻弱无力，失去支持力。因此，吸气量要适度。

2. 呼气

呼气时要力发丹田，气流成一条线，适度保持腹、肋向丹田收缩的力量，将气息均匀、持续、有节制地呼出。两肋和胸腔要保持吸气时的状态，在控制下逐渐松弛。

气息控制最关键是要避开喉部（喉部放松），靠丹田（脐下三指）气控制。

（三）胸腹联合式呼吸训练

气息的控制和运用要服从于表达内容和表达情感，做到“吸气一大片，呼气一条线；气断情不断，声断意不断”，自如地调节用气。

1. 慢吸慢呼

要求吸气要深，呼气要匀。

（1）春暖花开的季节，人们习惯到郊外旅游，在郊外各种鲜花及野草味儿会使你不由得深深吸一口清香的空气，体会这种吸气的感觉，气沉丹田，在你的肺下部及腰的周围都充满了气息，小腹微收，这样保持几秒钟之后，慢慢地、自然、平稳地将气息呼出。应注意用鼻呼吸。

（2）像闻花香那样用鼻子深深吸一口气，然后用自己感觉最舒服的声音喊人名。如刘翔，声音由近到远，由小到大，由低到高，由弱到强。或者是用鼻子深吸一口气后，把桌面上的灰尘均匀地吹净。

2. 快吸慢呼

突然看见常年不见的老朋友，你会情不自禁地快速吸一口气，体会刹那快速吸气的感觉，并保持着这种吸气状态，读字练习，将气息均匀、平稳地呼出。

包 薄 保 鲍　　　播 搏 跛 簸

哩 梨 里 立　　　督 读 堵 度

3. 弱控制

选一些四音节，夸张四声练习，字音要读得圆润饱满，进行弱控制练习。

波－澜－壮－阔　　铜－墙－铁－壁

鸟－语－花－香　　五－彩－缤－纷

继－往－开－来　　推－陈－出－新

如－火－如－荼　　响－彻－云－霄

4. 强控制

模仿京剧老生大笑时发出的音，“哈－哈－哈－哈－哈”进行强控制练习，可由快到慢，或由慢到快，也可由低到高，或由高到低。

二　共鸣控制

共鸣，指的是声带发出的基音，音波在人体共鸣器官内引起共振而扩大，使原来微弱细小的声音，变成了明亮而圆润的声音。

（一）共鸣器官

人体共鸣器官包括咽腔、口腔、鼻腔、头腔、胸腔等。

1. 咽腔共鸣

咽腔是人体一个很重要的共鸣腔，它位于声带上方，咽腔与声带的配合程度，会影响音色的质量。通常情况下，喉头位置下降，咽管拉长，从声门到唇的声腔变长，有利于低频泛音共鸣，声音显得圆润，但音色略暗。喉头位置升高，咽管缩短，从声门到唇的声腔变短，有利于高频泛音共鸣，音色会显得明亮。但是，如果喉头位置过高，咽管会变得短小，其结果是喉头受到压迫，喉室被压扁，声带就会受到压迫，发出的声音扁、紧；如果喉头位置太低，咽管会开得过大，其结果是咽部肌肉紧张，发出的声音僵、靠后、字音不清晰。因此，要保持喉部放松，使气息通畅。

2. 口腔共鸣

口腔是人体最重要的共鸣腔，也是语音制造场。口腔的开合、舌位的高低、前后及唇形的圆展变化、软腭的升降等形成了不同的口腔形状，发出不同的语音。我们要想获得良好的口腔共鸣，就要注意口腔的开度，口腔的开度要在读准字音的前提下，保证音波由软腭、硬腭的中部传导到口腔前部，这条道路要畅通无阻。发音时应提颧肌，挺软腭，放松下巴、喉部，打开槽牙，注意唇的收拢等，让音波在硬腭前部集中反射，从而使声音圆润集中。

3. 鼻腔共鸣

鼻腔共鸣是通过软腭来实现的。鼻腔共鸣有以下三种方式：①发鼻辅音时，软腭放松（即软腭下垂），打开鼻腔通路，音波随气流透出鼻腔，鼻腔得到共鸣。②软腭上升，关闭鼻腔，声音沿硬腭传导到鼻腔内壁，感到鼻腔振动，但不是鼻音。鼻腔共鸣可以美化音色。③发鼻化元音时，软腭略放松（即软腭略下垂），音波随气流分别从口腔、鼻腔透出，元音带有明显的鼻音色彩。需要说明的是，鼻化元音只在发个别“儿化韵”时会用到，通常情况下用不到。在日常表达及教学中，一些教师习惯将元音鼻化，会使字音不清晰，应注意克服。

4. 头腔共鸣

头腔共鸣要在口腔共鸣的基础上进行训练。将口腔共鸣中音波在硬腭上的振动反射点稍向后向上移动，同时，舌头隆起，软腭上提，音波沿硬腭骨壁向上到达鼻窦、额窦等，引起各窦室共振而形成了头腔共鸣。头腔共鸣，感觉声音不是从嘴里流出来的，有音从眉心及前额透出的感觉。

头腔共鸣运用较少，只有在表达一定气势时才用。如为加强感情色彩，需要高亢、铿锵有力的声音时就需要运用头腔共鸣。头腔共鸣会使音色明亮。

5. 胸腔共鸣

胸腔共鸣也是在口腔共鸣的基础上进行训练的。发音时使喉头放松，软腭自然下垂，喉咽部略扩一些，将口腔共鸣中音波在硬腭上的振动反射点移到下齿背上，通过气管，引起共振，在胸部似乎感觉到有响点。胸腔共鸣可以扩大音量，使声音浑厚、宽广。

（二）运用共鸣的要求

1. 以口腔共鸣为主，辅之以胸腔、鼻腔、头腔共鸣

声带发出的喉原音（基音）是非常微弱的，如果没有共鸣腔体扩大音量，人们的耳朵是难以听见其声音的，优美动听的声音，主要靠共鸣来实现。

咽腔是发声时最先产生共鸣的器官，咽腔共鸣的质量直接关系到声带的活动及其他共鸣腔体的运用，对声带质量有很大影响。因此，为了保证字音在口腔能得到更多的共鸣，就必须使气流在喉咽部畅通无阻，始终要保持喉部放松，只有喉部放松了，才能保持长时间发出圆润之声而不感觉疲劳。

口腔主要是中音区的共鸣器官，它对发音影响最大。如果口腔共鸣得到胸腔共鸣的支持，声音会变得宽厚；如果口腔共鸣得到鼻腔、头腔共鸣配合，声音会变得明亮。在发高音区的声音时，是以鼻腔、头腔共鸣为主，口腔、胸腔共鸣为辅；在发低音区的声音时，以胸腔共鸣为主，口腔、鼻腔、头腔共鸣为辅；在发中音区的声音时，以口腔共鸣为主，鼻腔、头腔、胸腔共鸣为辅。

共鸣控制对教师很重要。教师在教学中，声音的高低随表达的内容而变化。通常声音不易长时间过高或过低，长时间声音过高易使学生产生疲劳，长时间过低后面的学生又听不到讲授内容，所以，教师应以中音区为主进行教学。也就是要以口腔共鸣为主，辅之以胸腔共鸣、鼻腔共鸣、头腔共鸣。

2. 共鸣应服从吐字及教学内容

对于教师来说，掌握共鸣是为了帮助我们美化语音，因此，我们要注意字和音的统一，也就是做到“字正腔圆”，避免片面追求共鸣而造成只

强调音忽略字，出现音包字等现象，要在吐字清晰、准确的条件下选择共鸣。

另外，我们还应注意共鸣要服从教学的内容，对于叙述、表白的语言，我们易多采用口腔共鸣为主的中音区；对于比较深沉的语言，我们要适当加一些胸腔共鸣；对于慷慨激昂的语言，我们则应多加一些鼻腔、头腔共鸣。

（三）共鸣训练

1. 口腔共鸣训练

要求提颧肌、挺软腭、松下巴、打槽牙，要让声音沿上腭打到硬腭前端送出去。注意唇的收拢。口腔控制要注意上紧下松。上紧即感觉上腭用力，上唇中间部分用力。下松指下巴要放松。

（1）半打哈欠训练

半打哈欠，体会软腭挺起的感觉。

（2）集中一点发音训练

pi　pu　pa　pai　pao　　　pao　pai　pa　pu　pi

fa-da-ka　　ga-ta-pa　　　pa-ta-ga　　ka-da-fa

（3）读双音节词语

包扎　博得　背包　喷泉　飘零　泡沫　琵琶　偏僻

外婆　弯曲　微波　梧桐　畜牧　眩晕　捐助　吹捧

最初　翠绿　退休　循序　换算　魔术　村庄　断绝

2. 胸腔共鸣训练

要求胸部放松，发出的声音宽广、浑厚。注意吸气不要过满。

（1）直上直下交替发出 a、i、u 三个元音

（2）夸大上声练习

蒙古语　处理品　　　理想美　管理者

版本好 买水果 跑马场 我演讲

（3）朗读语段

生命在海洋里诞生绝不是偶然的，海洋的物理和化学性质，使它成为孕育原始生命的摇篮。

（节选自童裳亮《海洋与生命》）

3. 鼻腔共鸣训练

要求发鼻音音素时，软腭放松，阻塞口腔通道，打开鼻腔通道，声音全部由鼻腔通过；发鼻韵母时，软腭先挺后降，声音由口腔过渡到鼻腔。

（1）发鼻辅音 m 的延长音，使鼻道中的气息振动，同时软腭前部扯紧

（2）发鼻辅音 n 的延长音，使软腭中部振动并扩大鼻咽腔

（3）发鼻辅音 ng 的延长音，使软腭后面的垂直部分振动，鼻咽腔的下部打开

（4）交替发 ɑ、i、u 的口音和鼻腔共鸣音

（5）ɑ- n- ɑn ɑ- ng- ɑng

（6）读双音节词语

报告 隔夜 记忆 幅度 语句 制式 蔓延 蛮横
勘探 根本 薪金 年鉴 贯穿 还原 上涨 升腾
惊醒 空中 湘江 装潢 嗡嗡 苍穹 海外 北纬
号召 绸缪 加价 铁屑 画画 脱落 怀揣 摧毁

4. 头腔共鸣训练

发 ɑ、i、u 上滑音，体会眉心、前额透出的感觉。

三 吐字归音

吐字归音是我国传统说唱艺术在咬字方法上使用的一个术语，意思是吐

字清楚，归音到位。它把一个音节的发音过程分为出字、立字、归音三个阶段。通过对每个发音阶段的不同控制，以达到字音清晰、声音饱满、弹发有力的效果。

（一）吐字归音要领

一个音节的发音过程应该是有头有尾，形成一个完整的“枣核”形状。声母、韵头在前端，韵腹为核心在中间，韵尾在后端。

1. 出字

出字是指字头（声母）和字颈（介音）的发音过程，要求部位准确，弹发有力。例如读“篇”（piān）这个音节的时候，出字就是要把声母“p”和介音“i”看作一个发音整体，集中而有力的弹性发出。强调“叼”的感觉，即不能咬得过紧或过松，要力量集中，不满口灌，从而带动整个音节，使之清晰、响亮。

2. 立字

立字是指韵腹的发音过程，要求拉开立起，圆润饱满。我们还以“篇”（piān）为例，出字后就要放松打开口腔至发 ɑ 的状态，感觉字音随上腭提起而立起，与头、尾比较，韵腹发音过程最长。

3. 归音

归音是指音节发音的收尾过程，即韵尾的发音过程。要求干净利落，趋向鲜明。我们仍以“篇”（piān）为例，韵腹 ɑ 发音结束后迅速转向韵尾 n 收音。字尾的处理方法是唇舌位置准确、到位、弱收，既不能出现“半截字”，也不能拖泥带水留尾巴。

值得注意的是，我们在说话的时候，如果字字如“核儿”会削弱感情色彩，影响表达内容。因此，我们在说话时应使字形有所变化，有的可伸长，有的可缩短，等等。

（二）吐字归音训练

1. 读单字

睾	苤	泊	弦	衅	卵	怯	泞	秕	驹
膜	柏	穴	茎	漩	毋	昭	匹	疚	恣
挑	皱	慕	屈	添	增	耻	羡	羞	委
拨	纹	诉	股	桓	讼	嗫	匕	饷	殇

2. 读双音节词

胚胎 剽窃 阡陌 俘虏 氯气 稽查 拙劣 纤维
贿赂 阔绰 功勋 敷衍 歪曲 邮戳 踏实 痉挛
称心 触犯 伺候 伺机 低劣 堵塞 烦躁 吩咐
复习 公顷 糊涂 寂寞 践踏 窟窿 记载 篱笆
麻醉 叫嚷 笼罩 没辙 纳税 竞赛 模型 膨胀
旗帜 扫除 疲惫 迁就 热潮 谴责 涉外 诗人

3. 读诗歌

天上的街市　郭沫若

远远的街灯明了，
好像闪着无数的明星。
天上的明星现了，
好像点着无数的街灯。

我想那缥缈的空中，
定然有美丽的街市。
街市上陈列的一些物品，
定然是世上没有的珍奇。
你看，那浅浅的天河，
定然是不甚宽广。
那隔着河的牛郎织女，
定能够骑着牛儿来往。

我想他们此刻，
定然在天街闲游。
不信，请看那朵流星，
是他们提着灯笼在走。

思考与练习

1. 请说出胸腹联合式呼吸及吐字归音要领。

2. 运用口腔、胸腔、鼻腔共鸣时应注意什么？

3. 请自如运用胸腹联合式呼吸、三腔共鸣完成下面练习，要符合吐字归音要求。

（1）单音节练习

鳌　氨　掰　扳　蚌　刨　钡　泵　苯　痹　禀　钵　帛　蹿　醇
椽　矗　嗤　舂　澄　蹭　箔　蹿　醇　椽　嗤　舂　澄　蹭　掂
窦　荤　桦　踝　花　蕾　箕　冀　监　靖　剿　叩　脍　翎　撂
绺　抡　螨　衮　幂　谬　黏　廿　纽　藕　耙　裴　鳍　黔　撬
龋　蜷　缩　蕊　汝　卅　讪　麝　矢　蜀　寺　讼　笋　溯　塌
汰　啼　舔　臀　驼　垣　萤　莜　鬃　啄　肘　旨　浙　肇　灶
砸　尧　曳　漪　邑　赝　俨　寻　觅　然　喇　嫖

（2）双音节词语练习

碍事　盎然　遨游　跋涉　背包　奔命　迸裂　编纂　屏弃　茶几
禅宗　刹那　场院　苍术　憧憬　潮汐　病灶　村寨　忖度　磋商
呆滞　地幔　电荷　汗衫　海豚　宦官　荟萃　积蓄　脊背　间谍
攫取　开凿　铿锵　溃疡　肋骨　礼仪　露骨　抹布　蔓延　魔爪
嫩绿　鸟瞰　咆哮　胚芽　脾胃　蒲扇　栖息　欺侮　切磋　舌苔
亲家　散射　冗长　审慎　石窟　时分　私塾　隧道　酸枣　烫伤
剔除　铜臭　囤积　陀螺　瓦砾　伫立　主宰　仲裁　桎梏　褶皱
招徕　嘈杂　赞助　冤枉　荫庇　贻误　仰慕　湮没　兜售　外踝

（3）四音节词语练习

恃才傲物　舐犊情深　鼠目寸光　数见不鲜　俟机进攻　自给自足

专横跋扈 一目了然 安营扎寨 汗流浃背 力能扛鼎 毛骨悚然
弄假成真 排忧解难 煞费苦心 沁人心脾 壮志凌云 利令智昏
瞠目结舌 触景生情 欲擒故纵 扑朔迷离 暗度陈仓 寓庄于谐
旗帜鲜明 模棱两可 含蓄委婉 有的放矢 因人而异 鞠躬尽瘁

（4）读绕口令

八百标兵

八百标兵奔北坡，炮兵并排北边跑。炮兵怕把标兵碰，标兵怕碰炮兵炮。

谭老汉

谭家谭老汗，挑担到蛋摊，买了半担蛋，担蛋到炭摊，买了半担炭，满担是蛋炭。老汉往回赶，脚下拌一拌，跌了谭老汉，打了半担蛋，翻了半担炭。老汉看一看，急得满头汗，连说怎么办，蛋炭完了蛋。

（5）诗词练习

清明 杜牧

清明时节雨纷纷，路上行人欲断魂。借问酒家何处有，牧童遥指杏花村。

静夜思 李白

床前明月光，疑是地上霜。举头望明月，低头思故乡。

水调歌头 苏轼

明月几时有？把酒问青天，不知天上宫阙，今夕是何年。我欲乘风归去，又恐琼楼玉宇，高处不胜寒。起舞弄清影，何似在人间？

转朱阁，低绮户，照无眠。不应有恨，何事长向别时圆？人有悲欢离合，月有阴晴圆缺，此事古难全。但愿人长久，千里共婵娟。

春夜喜雨　杜牧

好雨知时节，当春乃发生，随风潜入夜，润物细无声。野径云俱黑，江船火独明。晓看红湿处，花重锦官城。

(6) 朗读语段

春天，我将要住在杭州。二十年前，旧历的二月初，在西湖我看见了嫩柳与菜花，碧浪与翠竹。由我看到的那点儿春光，已经可以断定，杭州的春天必定会教人整天生活在诗与画之中。所以，春天我的家应当是在杭州。

秋天一定要住北平。天堂是什么样子，我不知道，但是从我的生活经验去判断，北平之秋便是天堂。论天气，不冷不热，论吃的，苹果、梨、柿子、枣儿、葡萄，每样都有若干种。论花草，菊花种类之多，花式之奇，可以甲天下。西山有红叶可见，北海可以划船——虽然荷花已残，荷叶可还有一片清香。衣食住行，在北平的秋天，是没有一项不使人满意的。

（节选自老舍《住的梦》）

第三章　普通话语音

学习导航

系统学习普通话语音知识，可以帮助我们更有效地辨正方音。通过本章学习，了解普通话声母、韵母、声调的含义；掌握普通话声母、韵母发音要领，掌握四个声调的调值以及音变规律；掌握声母、韵母、声调辨正方法，使教师能用标准或比较标准的普通话自然、流畅地进行口语表达。

第一节　普通话声母

普通话一个音节的构成通常有三个要素：声母、韵母、声调。声母在音节开头，可以使音节界限清晰可辨。

一　普通话声母的含义

声母是汉语音节开头的辅音。普通话语音中，有21个声母由辅音充当，分别为b、p、m、f、d、t、n、l、g、k、h、j、q、x、zh、ch、sh、r、z、c、s。

普通话有22个辅音，只有ng在普通话中不作声母，是只作韵尾用的辅音。n既可以作声母，也可以作韵尾。

普通话辅音声母有两种发音方式，一是本音；二是呼读音。声母本音即声母自身所具有的区别于其他声母的本质音色。声母本音，一般多不响亮（声带多不振动），为了方便称读，我们通常发呼读音（注意呼读音和名称音的区分）。声母呼读音即辅音声母（本音）+元音。如bo、po、mo、fo，de、te、ne、le、ge、ke、he，ji、qi、xi、zhi、chi、shi、ri、zi、ci、si。呼读音发音响亮（声带振动）。但是，在声母和韵母相拼时要用声母本音。

零声母也是一种声母。实验语音学证明，零声母往往也有特定的、具有某些辅音特性的起始方式。普通话零声母分为两类，一类是开口呼零声母，一类是非开口呼零声母。① 例如：

皑　呕　摁　梧　佣　惘　匀　衍

阿谀　偶尔　扼要　晚雾　咏月　唯一　妖艳　胃液

二　普通话辅音声母的发音部位

普通话辅音声母的发音部位，是指发普通话辅音声母时，气流在发音器官中受到阻碍的部位。按照发音部位来划分，可以将普通话21个辅音声母分为三大类，细分为七个部位。具体如下：

（一）唇音

1. 双唇音

将上下唇闭合使气流受阻而形成。

普通话只有“b、p、m”3个声母是双唇音。

（见图3－1）

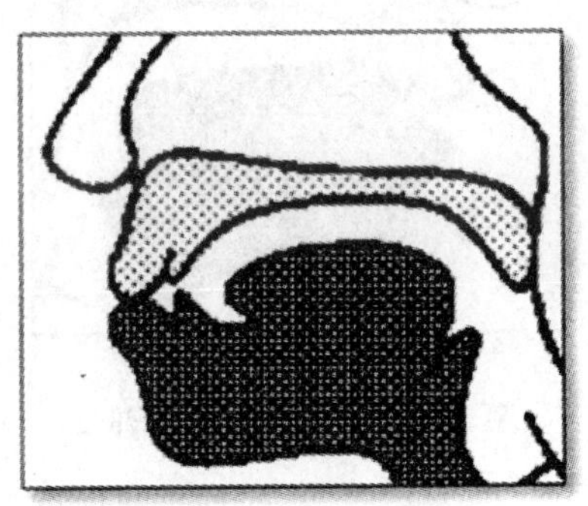

图3－1　双唇音发音部位

2. 唇齿音

用下唇接近上齿使气流受阻而形成。

普通话只有“f”1个声母是唇齿音。

（见图3－2）

① 国家语言文字工作委员会普通话培训测试中心编：《普通话水平测试实施纲要》，商务印书馆2008年版，第17页。

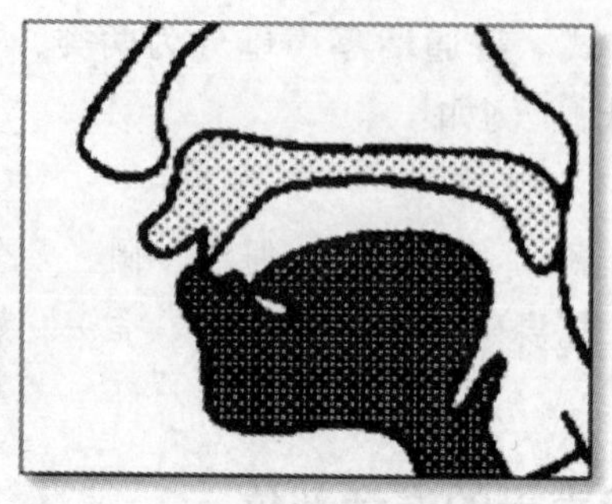

图 3－2 唇齿音发音部位

（二）舌尖音

1. 舌尖前音（也叫平舌音）

用舌尖抵住或接近上齿背使气流受阻而形成。

普通话只有“z、c、s”3 个声母是舌尖前音。

（见图 3－3）

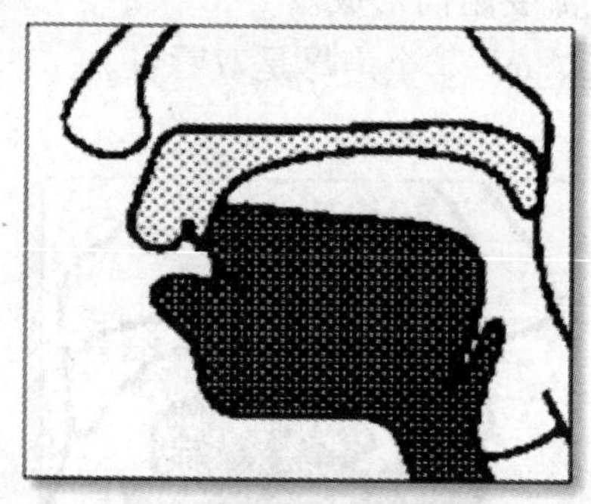

图 3－3 舌尖前音发音部位

2. 舌尖中音

用舌尖抵住上齿龈使气流受阻而形成。

普通话只有“d、t、n、l”4 个声母是舌尖中音。

（见图 3－4）

3. 舌尖后音（也叫翘舌音）

用舌尖抵住或接近硬腭前部使气流受阻而形成。

普通话只有“zh、ch、sh、r”4 个声母是舌尖后音。

（见图 3－5）

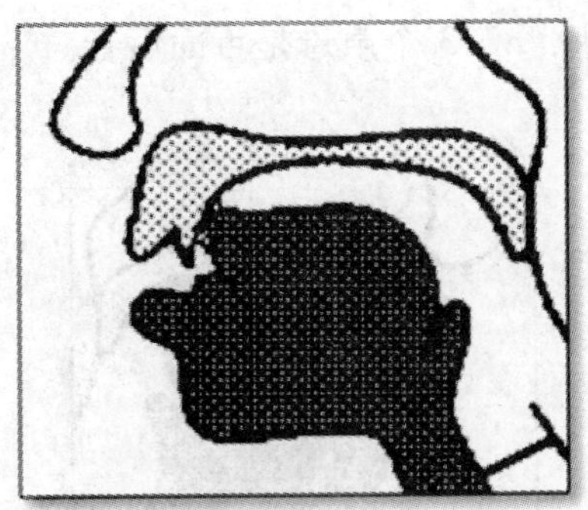

图3－4 舌尖中音发音部位

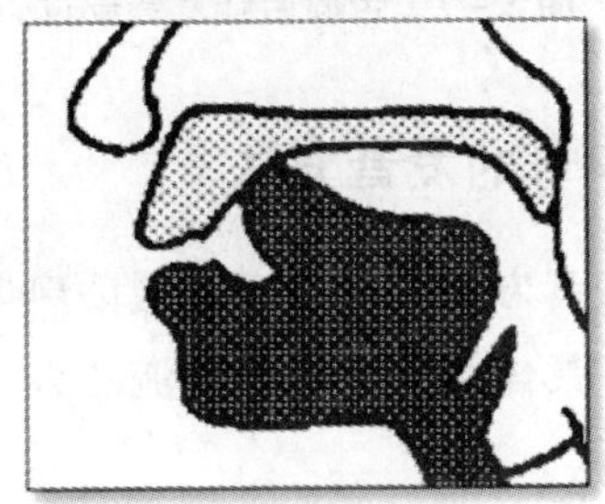

图3－5 舌尖后音发音部位

（三）舌面音

1. 舌面前音

用舌面前部抵住或接近硬腭前部使气流受阻而形成。

普通话只有“j、q、x”3个声母是舌面前音。

（见图3－6）

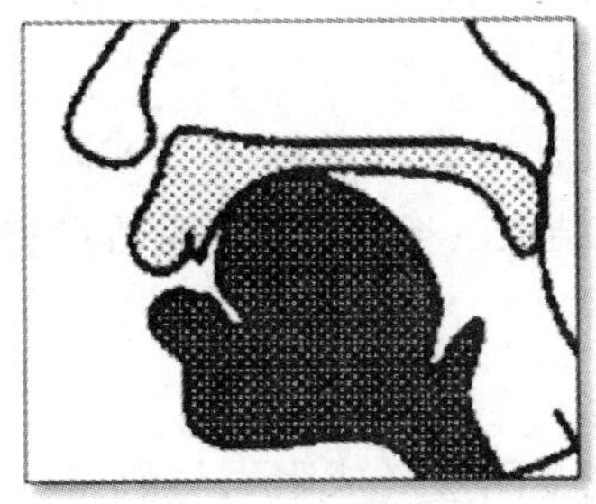

图3－6 舌面前音发音部位

2. 舌面后音（也叫舌根音）

用舌面后部抵住或接近硬腭与软腭交界处使气流受阻而形成。

普通话只有“g、k、h”3个声母是舌面后音。

（见图3－7）

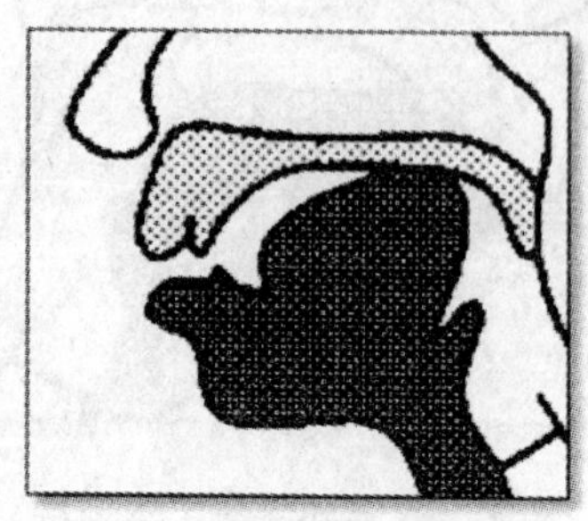

图3－7 舌面后音发音部位

三 普通话辅音声母的发音方法

普通话辅音声母的发音方法，是指发普通话声母时，喉头、口腔、鼻腔等调节发音气流的方法。具体可以从阻碍气流的方式、气流的强弱、声带是否振动三个方面进行分析。

（一）阻碍气流的方式

按照形成、保持、解除阻碍气流的方式，普通话辅音声母可分为如下五类：

1. 塞音

发音时发音部位是完全闭塞的（成阻），气流积蓄在阻碍部位的后面（持阻），然后气流突然冲出阻碍部位，爆破成声（除阻）。普通话只有“b、p、d、t、g、k”6个声母是塞音。

2. 擦音

发音时发音部位靠近，形成一条缝隙（成阻），气流从缝隙中挤出时，摩擦成声（持阻），发音结束（除阻）。普通话只有“f、h、x、sh、r、s”6个声母是擦音。

3. 塞擦音

发音时发音部位先完全闭塞（成阻），随后气流冲开闭塞部位，从窄缝中挤出，摩擦成声（持阻）。擦音结束（除阻）。塞音的除阻和擦音的持阻要结合成一个音。普通话只有“j、q、zh、ch、z、c”6个声母是塞擦音。

4. 鼻音

发音时口腔形成的阻碍部位完全闭塞（成阻），软腭下垂，打开鼻腔通路，声带振动，气流从鼻腔通过成声（持阻），解除口腔阻碍（除阻）。普通话只有“m、n”2个声母是鼻音。

5. 边音

发音时舌尖抵住上齿龈稍后的部位（成阻），声带振动，气流从舌的两边流出（持阻），发音结束（除阻）。普通话只有“l”一个声母是边音。

（二）气流的强弱

按照发音时呼出气流的弱与强，塞音和塞擦音可以分为如下两类：

1. 不送气音

指发音时呼出的气流比较弱。普通话只有“b、d、g、j、zh、z”6个声母是不送气音。

2. 送气音

指发音时呼出的气流比较强。普通话只有“p、t、k、q、ch、c”6个声母是送气音。

（三）声带是否振动

按照发音时声带是振动的，还是不振动的，可以将声母分为如下两类：

1. 浊音

指发音时声带振动，声音比较响亮。普通话只有“m、n、l、r”4个声母是浊音（浊音还包括不作声母的辅音ng）。

2. 清音

指发音时声带不振动，声音不响亮。普通话“b、p、f、d、t、g、k、h、j、q、x、zh、ch、sh、z、c、s”共17个声母是清音。

普通话21个辅音声母发音状况，见表3－1。

表3－1　普通话声母发音总表

发音方法 / 声母 / 发音部位			塞音		塞擦音		擦音		鼻音	边音
			清音		清音		清音	浊音	浊音	浊音
			不送气音	送气音	不送气音	送气音				
唇音	双唇音	上唇 下唇	b	p					m	
	唇齿音	上齿 下唇					f			

续表

发音方法 / 声母 / 发音部位			塞音		塞擦音		擦音		鼻音	边音
			清音		清音		清音	浊音	浊音	浊音
			不送气音	送气音	不送气音	送气音				
舌尖音	舌尖前音（平舌音）	舌尖上齿背			z	c	s			
	舌尖中音	舌尖上齿龈	d	t					n	l
	舌尖后音（翘舌音）	舌尖硬腭前			zh	ch	sh	r		
舌面音	舌面前音	舌面前硬腭前			j	q	x			
	舌面后音（舌根音）	舌根硬腭与软腭交界处	g	k			h			

四　普通话辅音声母的发音要领

将发音部位和发音方法结合起来，普通话21个辅音声母的发音要领描述如下：

b［p］　双唇、不送气、清、塞音

发音要领

发b音时，上下唇闭合，软腭上升，将鼻腔通路堵塞，气流积蓄在上下唇后，突然冲破阻碍，爆破成声。

声母字词

煲　秉　芭　白　　彼　被　波　帮

把柄　背包　辨别　标本　　半边　包办　奔波　弊病

p［p‘］　双唇、送气、清、塞音

发音要领

p的发音与b相比，只是除阻时气流较强，其余相同。

声母字词

瞟	烹	旁	盆	抛	凭	品	骗
拼盘	瓢泼	批判	琵琶	澎湃	乒乓	排炮	偏颇

m [m]　双唇、浊、鼻音

发音要领

发 m 音时，上下唇闭合，软腭下垂，将鼻腔通路打开，气流振动声带，从鼻腔通过成声。

声母字词

酩	沐	毛	埋	猫	瞄	秒	媚
蒙昧	抹灭	秘密	命名	眉毛	渺茫	买卖	面目

f [f]　唇齿、清、擦音

发音要领

发 f 音时，下唇靠近上齿，中间形成缝隙，软腭上升，将鼻腔通路堵塞，气流从唇齿间的缝隙中挤出时，摩擦成声。

声母字词

冯	非	樊	芳	番	罚	粉	驸
防范	肺腑	芬芳	吩咐	泛泛	纷繁	发放	反复

d [t]　舌尖中，不送气、清、塞音

发音要领

发 d 音时，舌尖将上齿龈抵住，形成舌尖阻碍，软腭上升，将鼻腔通路堵塞，气流积蓄在阻碍部位后面，冲破阻碍，爆破成声。

声母字词

蒂	堆	等	动	搭	迭	倒	氮
捣蛋	答对	单调	得到	地带	大度	电镀	当代

t [t‘]　舌尖中、送气、清、塞音

发音要领

t的发音与d相比，只是除阻时气流较强，其余相同。

声母字词

眺	妥	谈	疼	塌	潭	捅	剃
妥帖	坦途	天庭	探听	弹跳	淘汰	天体	坍塌

n［n］ 舌尖中、浊、鼻音

发音要领

发n音时，舌尖抵住上齿龈，软腭下垂，将鼻腔通路打开，气流振动声带，从鼻腔通过成声。

声母字词

喃	脓	纳	捏	拿	纽	嫩	狞
浓浓	恼怒	泥泞	年年	农奴	牛奶	男女	难能

l［l］ 舌尖中、浊、边音

发音要领

发l音时，舌尖抵住上齿龈稍后的地方，软腭上升，将鼻腔通路堵塞，气流振动声带，从舌的两边通过成声。

声母字词

篓	屡	灵	冷	溜	淋	锣	猎
绿篱	六路	利率	联络	伦理	来临	老练	料理

g［k］ 舌面后、不送气、清、塞音

发音要领

发g音时，舌面后部抵住硬腭和软腭的交界处，形成阻碍，软腭上升，将鼻腔通路堵塞，气流在阻碍部位后蓄气，冲破阻碍部位，爆破成声。

声母字词

乖	裹	给	光	竿	国	葛	过
闺阁	杠杆	肱骨	灌溉	公馆	故宫	挂钩	瓜葛

k［k‘］　舌面后、送气、清、塞音

发音要领

k的发音与g相比，只是除阻时气流较强，其余相同。

声母字词

咖　拷　肯　抗　揩　奎　垦　叩

苛刻　开口　旷课　开垦　宽阔　坎坷　可可　困苦

h［x］　舌面后、清、擦音

发音要领

发h音时，舌面的后部抬起靠近硬腭和软腭的交界处，形成一条缝隙，软腭上升，堵住鼻腔通路，气流从缝隙中挤出时，摩擦成声。

声母字词

荤　豁　黄　喊　徽　壕　吼　壑

互换　憨厚　谎话　航海　回环　昏黄　火花　悔恨

j［tɕ］　舌面前、不送气、清、塞擦音

发音要领

发j音时，舌面前部抵住硬腭前部，形成阻碍，软腭上升，堵住鼻腔通路，气流积蓄在阻碍部位的后面，冲破阻碍时，气流从缝隙中挤出，摩擦成声。

声母字词

揪　舰　急　解　接　棘　仅　距

咀嚼　结晶　基金　将近　阶级　究竟　借鉴　境界

q［tɕ‘］　舌面前、送气、清、塞擦音

发音要领

q的发音与j相比，q的气流强于j，其余相同。

声母字词

阙　沁　齐　晴　趋　瞧　起　嵌

窃取 躯壳 全球 氢气 亲切 屈曲 全权 轻骑

x［ɕ］ 舌面前、清、擦音

发音要领

发 x 音时，舌面的前部与硬腭前部靠近，形成缝隙，软腭上升，将鼻腔通路堵塞，气流从缝隙中挤出时，摩擦成声。

声母字词

卸 炫 刑 新 兮 辖 朽 霰

血腥 选秀 雄心 行销 新秀 遐想 下雪 选修

zh［tʂ］ 舌尖后、不送气、清、塞擦音

发音要领

发 zh 音时，舌尖抵住硬腭前部，形成阻碍，软腭上升，将鼻腔通路堵塞，气流积蓄在阻碍部位的后面，冲破阻碍时，气流从缝隙中挤出，摩擦成声。

声母字词

狰 冢 张 住 毡 铡 指 拽

踯躅 震中 长者 珍重 斟酌 郑重 主旨 真挚

ch［tʂʻ］ 舌尖后、送气、清、塞擦音

发音要领

ch 的发音与 zh 相比，ch 的气流强于 zh，其余相同。

声母字词

雏 叱 成 冲 春 茬 铲 澈

戳穿 橱窗 出场 抽查 初春 驰骋 踌躇 传承

sh［ʂ］ 舌尖后、清、擦音

发音要领

发 sh 音时，舌尖与硬腭前部接近，形成缝隙，软腭上升，将鼻腔通路堵塞，气流从缝隙中挤出时，摩擦成声。

声母字词

殇　朔　少　蛇　杉　孰　矢　嗜

收视　梢上　霎时　莘莘　舍身　射手　深山　审慎

r [ʐ]　舌尖后、浊、擦音

发音要领

r 的发音与 sh 相比，发音部位相同。不同的是，r 摩擦弱且声带振动。

声母字词

蹂　偌　容　瑞　闰　儒　汝　仁

仍然　荣任　柔软　融融　闰日　忍让　惹人　荣辱

z [ts]　舌尖前、不送气、清、塞擦音

发音要领

发 z 音时，用舌尖抵住上门齿的背面，形成舌尖阻碍，软腭上升，将鼻腔通路堵塞，气流积蓄在阻碍部位后面，冲破阻碍时，气流从缝隙中挤出，摩擦成声。

声母字词

澡　遵　醉　做　鬃　足　佐　攥

造作　啧啧　走卒　粽子　自在　祖宗　罪责　宗族

c [ts‘]　舌尖前、送气、清、塞擦音

发音要领

c 的发音与 z 相比，只是除阻时气流较强，其余相同。

声母字词

皴　脆　擦　操　餐　财　睬　策

参差　匆匆　仓促　草丛　残存　苍翠　措辞　层次

s [s]　舌尖前、清、擦音

发音要领

发 s 音时，舌尖与上齿背接近，形成缝隙，软腭上升，将鼻腔通路堵塞，气流从缝隙中挤出时，摩擦成声。

声母字词

僧	塑	赛	桑	缩	隋	所	送
琐碎	送丝	飒飒	诉讼	思索	四散	缫丝	三色

五 普通话声母辨正

（一）分清 z、c、s 与 zh、ch、sh

1. z、c、s 与 zh、ch、sh 在普通话与方言中的差异

z、c、s 和 zh、ch、sh 在普通话中分别是舌尖前音和舌尖后音，这两组声母发音部位完全不同。吴方言、粤方言、北方方言的部分地区，没有 zh、ch、sh 声母，北方方言还有部分地区没有 z、c、s 声母或将 z、c、s 与 zh、ch、sh 声母混读等，具体差异如下：

（1）发音部位偏移

辽宁抚顺等地把一部分 zh、ch、sh 与 z、c、s 领属的字读成了顶音，即用舌尖抵住或接近上齿龈发音；山东一些地区以及辽宁大连等地，把一部分 zh、ch、sh 与 z、c、s 领属的字读成了舌叶音，即用舌叶抵住或接近上齿龈发音；辽宁的长海县大、小长山等岛屿，把一部分 zh、ch、sh 与 z、c、s 领属的字读成了齿间音或接近于齿间音，即将舌尖夹在上下齿之间或用舌尖接近上下齿之间发音。

（2）平翘舌不分

①将声母 z、c、s 领属的字读成了舌尖后音 zh、ch、sh，如辽宁的锦州、葫芦岛一带的部分地区。②将 zh、ch、sh 领属的字读成了舌尖前音 z、c、s，如辽宁的本溪、鞍山、沈阳等地的部分人；上海、广州、成都等地将 zh、ch、sh 领属的字读成了 z、c、s 或接近 z、c、s 的音。③将部分 zh、ch、sh 领属的字与 z、c、s 领属的字混读，如辽宁的阜新、凤城、康平以及天津、西安等地区。

2. 辨正

（1）掌握 z、c、s 与 zh、ch、sh 发音要领

发舌尖前音 z、c、s 时，舌尖要抵住或接近上齿背，而不是用舌尖抵住上齿龈，也不能将舌尖夹在或接近上下齿之间发音。发舌尖后音 zh、ch、sh

时，舌尖翘起抵住或接近硬腭前部，要注意和 z、c、s 的区分；要避免用舌叶抵住上齿龈发成舌叶音；还要避免舌尖翘得过大，发成卷舌音，等等。

（2）牢记 z、c、s 与 zh、ch、sh 声母领属的字

可按以下方法辨记：①利用声韵拼合规律。如普通话 ong 韵母只与 s 声母相拼，不与 sh 声母相拼，所以送、怂、松等字都是平舌音。②利用形声字声旁类推规律。如“子”是平舌，带有相同声旁的“字”、“仔”、“籽”、“孜”都是平舌。记住常用字，就可以类推出带有相同声旁的字，声母是 z、c、s 还是 zh、ch、sh 了。但是要注意少数例外字（见表 3－2）。③记少不记多。在普通话中，z、c、s 声母字不到 zh、ch、sh 声母字的一半，所以，记住了少数的 z、c、s 声母字，剩下的就可以推出是 zh、ch、sh 声母字了（见表 3－3）。

表 3－2　　平翘舌代表字声旁类推表

声母	代表字	类推例字
z	匝	咂 砸
	赞	攒 趱 瓒 酂
	兹	滋 嵫 嗞 孳 镃
	宗	综 棕 踪 粽 鬃；淙 琮（cóng）；崇（chóng）
	尊	遵 樽 鳟
	造	慥 簉；糙（cāo）
	卒	醉（zuì）；猝（cù）；萃 粹 淬 悴 瘁 翠（cuì）
	子	字 仔 籽 孜
	责	啧；债（zhài）
	则	测 侧 厕（cè）；铡（zhá）
zh	查	渣 楂 喳
	乍	咋 炸 拃 苲 砟 诈 蚱 榨 痄 柞【柞又读 zuò】；窄（zhǎi）
	占	沾 毡 飐 战 站 粘【粘又读 nián】；砧（zhēn）
	召	招 昭 沼 诏 照；超（chāo）
	章	獐 彰 漳 璋 樟 蟑 障 嶂 幛 瘴
	贞	侦 帧 祯 桢 浈
	正	证 政 症 征 整；惩（chéng）
	朱	株 洙 珠 茱 侏 铢 蛛；姝殊（shū）
	争	峥 挣 睁 筝 铮 狰 诤
	主	注 住 柱 蛀 驻 拄 炷 砫
	专	转 啭 传 砖

续表

声母	代表字	类推例字
c	仓	苍 鸧 沧 舱 伧【伧又读 chen】；疮创（chuāng）；怆创（chuàng）
	采	彩 睬 踩 菜 採
	曹	嘈 槽 漕；遭 糟（zāo）
	参	骖 惨 穇 黪 掺（掺又读 chān \ shǎn）；参（又读 cēn \ shēn）；碜（chěn）
	次	瓷 茨 佽；资 咨 姿 粢（zī）；恣（zì）
	从	丛 苁 枞（枞又读 zōng）；纵（zòng）
	崔	催 摧 璀 漼 皠
	才	财 材；豺（chái）
	寸	村 忖；肘（zhǒu）；衬（chèn）
ch	查	碴 馇 猹 蹅 嵖
	昌	唱 倡 猖 娼 菖 鲳
	成	城 诚 珹 宬 铖 盛 晟（盛晟又读 shèng）
	垂	捶 锤 陲 倕 棰
	春	蠢 椿 瑃 蝽
	朝	潮 嘲
	厨	橱 蹰
	呈	程 逞 埕 珵 裎 酲
s	司	饲 嗣 伺（伺又读 cì）；词 祠（cí）
	斯	厮 撕 嘶 澌
	四	泗 驷
	思	腮 鳃（sāi）；偲（cāi）
	素	愫 傃 嗉
	孙	荪 狲
	遂	隧 燧 邃 璲
	桑	嗓 搡 颡

续表

声母	代表字	类推例字
sh	师	狮 浉；筛（shāi）；蛳（sī）
	市	柿 铈
	式	试 拭 轼 栻 弑
	叔	淑 菽
	孰	熟 塾
	署	薯 曙
	受	授 绶
	率	摔 蟀
	霜	孀 鹴 骦 礵

表 3–3　z、c、s 与 zh、ch、sh 对比例字表

z 声母例字		zh 声母例字	
zū	租 菹	zhū	朱 邾 侏 诛 茱 洙 珠 株 蛛 诸 铢 猪 槠 蕏 劚 潴
zú	族 足 卒 崒 镞	zhú	术 白 术 竹 竺 烛 逐 舳 躅 蠋
zǔ	诅 组 阻 祖 俎	zhǔ	主 煮 褚（又读 chǔ）嘱 瞩 属 麈
		zhù	伫 苎 助 住 纻 杼 炷 驻 注 柱 蛀 贮 跓 疰 祝 铸 筑 著 箸 翥
zōu	邹 驺 诹 陬 鄹 鲰	zhōu	州 洲 舟 周 诌 辀 粥 啁 轴 赒 鸼
		zhóu	妯 轴$_{\text{轴承}}$
zǒu	走	zhǒu	帚 肘
zòu	奏 揍	zhòu	纣 咒 宙 轴$_{\text{压轴}}$子 胄 昼 绉 皱 骤 咮 㤘 㑇 酎 甃 僽 籀
		zhēn	贞 侦 帧 真 针 珍 榛 胗 浈 桢 砧 祯 蓁 臻 斟 甄 箴 禛 溱 獉
zěn	怎	zhěn	诊 轸 疹 枕 缜 稹 畛
zèn	谮	zhèn	圳 阵 鸩 赈 振 震 镇 朕 揕
zēng	曾 憎 增 缯 矰 鄫	zhēng	正$_{\text{正月}}$怔$_{\text{怔忪}}$症$_{\text{症结}}$挣$_{\text{挣扎}}$铮$_{\text{铮铮铁骨}}$征 争 峥 睁 狰 筝 蒸 钲 掱
		zhěng	整 拯
zèng	锃 赠 甑	zhèng	正 怔 证 政 症 郑 诤 挣 铮 阐
zōng	宗 综 棕 踪 腙 鬃 騣	zhōng	中$_{\text{中班}}$忠 盅 衷 终 忪 钟 舯 柊 锺
zǒng	总 偬 捴	zhǒng	肿 冢 踵 种$_{\text{种类}}$
zòng	纵 粽 疭	zhòng	中$_{\text{中标}}$仲 众 种 重 茽 蚛
zān	糌$_{\text{糌粑}}$簪$_{\text{簪子}}$	zhān	占$_{\text{占卜}}$沾 毡 粘$_{\text{粘连}}$詹 谵 瞻 旃 鹯 邅
zán	咱		

续表

z 声母例字		zh 声母例字	
zǎn	攒 昝 趱 噆	zhǎn	斩 盏 展 崭 飐 辗
zàn	暂 赞 錾 鄼	zhàn	占占据 战 站 栈 绽 湛 蘸
c 声母例字		ch 声母例字	
cā	擦 嚓	chā	叉叉车 嚓 插 杈 嚓 差差错 馇 碴
		chá	茶 茬 搽 查 碴 察 檫
cǎ	礤	chǎ	叉叉着腿 衩 蹅 镲
		chà	叉劈叉 汊 刹 杈 诧 衩 姹 差 侘侘傺
cū	粗	chū	出 初 樗
cú	徂 殂	chú	刍 除 厨 橱 蹰 锄 躇 雏 滁滁州 蜍 蹰
		chǔ	处处分 杵 楚 础 储 褚 楮
cù	卒卒中 促 猝 醋 酢 蔟 簇 蹙 蹴 踧 瘄 憱 顣	chù	亍 处处所 畜 怵 绌 搐 触 黜 矗 憷
		chōu	抽
		chóu	仇 俦 帱 惆 绸 稠 畴 筹 踌 酬 愁 雠
		chǒu	瞅 丑
còu	凑	chòu	臭
cāng	仓 伧伧俗 苍 沧 舱	chāng	伥 昌 倡 菖 猖 娼 鲳
cáng	藏	cháng	长 苌 尝 偿 常 嫦 场场院 肠 徜徜徉
		chǎng	厂 场 昶 敞 惝 怳 氅
		chàng	怅 畅 倡倡导 唱
s 声母例字		sh 声母例字	
		shē	奢 赊 猞猞猁 畲畲族
		shé	舌 蛇 折折本 佘
		shě	舍舍弃
sè	色 涩 啬 铯 瑟 塞 穑	shè	社 舍 射 设 涉 赦 摄 滠滠水 慑慑服 麝
sōu	搜 嗖 馊馊主意 溲 飕飕飕 艘 锼锼弓子	shōu	收
		shóu	熟
sǒu	叟老叟 擞 嗾嗾使 薮渊薮 瞍	shǒu	手 守 首 艏
sòu	嗽	shòu	寿 受 授 绶 狩 售 兽 瘦
sēn	森	shēn	申 伸 珅 呻 绅 身 砷 深 娠 莘莘莘学子 参人参 侁侁侁 糁玉米糁
		shén	神

续表

s 声母例字		sh 声母例字	
		shěn	沈 审 婶 哂哂正 谂
		shèn	肾 渗 慎 甚 蜃 瘆 葚桑葚 胂
sēng	僧 髻	shēng	升 生 牲 笙 甥 声 昇 渑
		shéng	绳 渑（又读 miǎn）
		shěng	省 眚
		shèng	圣 胜 晟 盛 剩 嵊嵊州
sān	三 叁 毵毵毵	shān	山 杉 衫 删 苫草苫子 姗 珊 栅 跚 舢 潸 膻 芟芟除 煽煽动
sǎn	伞 散散打 馓馓子	shǎn	闪 陕 睒
sàn	散散场	shàn	单（又读 dān）讪 汕 苫苫布 疝 扇 善 缮 膳 擅 赡 鳝鳝鱼 蟮曲蟮 禅禅让 鄯鄯善

（二）分清 zh、ch、sh、z、c、s 与 j、q、x、d、t

1. zh、ch、sh、z、c、s 与 j、q、x、d、t 在普通话与方言中的差异

在普通话中 zh、ch、sh、z、c、s 与 j、q、x，d、t 是四组不同的音，zh、ch、sh 是舌尖后音，z、c、s 是舌尖前音，j、q、x 是舌面前音，d、t 是舌尖中音，四组声母发音部位完全不同，在一些方言区，出现了与普通话不同的一些现象，具体如下：

（1）发音部位偏移

辽宁的长海县大、小长山等岛屿，一部分人发 j、q、x 时，用舌面中部和硬腭后部接触或接近，将 j、q、x 发成舌面中音［c］、［c‘］、［ç］；还有一部分人将 j、q、x 发成舌叶音［tʃ］、［tʃ‘］、［ʃ］。一些方言区 j、q、x 领属的字，发音时位置前移，接近 z、c、s。

（2）zh、ch、sh 与 j、q、x 混淆

zh、ch、sh 与 j、q、x 在黄海沿岸的庄河一带、辽西渤海沿岸，有一部分字音出现混读现象。①辽西渤海沿岸的锦州等地，将一部分 j、q、x 读成了 zh、ch、sh。主要表现在声母 j、q、x 和韵母 üan、ün、iong 相拼时，一部分声母变成了 zh、ch、sh，韵母则变成了 uan、uen、ong，如将“卷”读成“zhuǎn”，“裙”读成“chún”，“熊”读成“shóng”等。②黄海沿岸的庄河一带，将一部分声母是 zh、ch、sh 的字读成了声母是 j、q、x 的字。主要表现在声母 zh、ch、sh 和韵母-i（后）、e、u、uo 相拼时，一部分声母变成了 j、q、x，韵母则变成了 i、ie、ü、üe，如将“只”读成“jī”，“扯”读成“qiě”，“书”读成“xū”，“说”读成“xuě”，等等。

（3）zh、ch、sh、z、c、s 与 d、t 混淆

辽宁的长海县大、小长山等岛屿，将一部分 zh、ch、sh 与 z、c、s 领属的字，读成了 d、t 声母领属的字，如将“窗”读成“tuɑng”，“座”读成“duo”等。

2. 辨正

（1）掌握 zh、ch、sh、z、c、s 与 j、q、x，d、t 发音要领

将四组声母按发音部位和发音方法读准确。zh、ch、sh 是舌尖后音，发音位置是舌尖抵住或接近硬腭前部；z、c、s 是舌尖前音，发音位置是舌尖抵住或接近上齿背，d、t 是舌尖中音，发音位置是舌尖抵住上齿龈；j、q、x 是舌面前音，发音位置是舌面前部和硬腭前部接触或接近，舌尖要下垂，抵下齿背。

（2）记少数字

①zh、ch、sh 不能与 i、ü 开头的齐齿呼、撮口呼韵母相拼，j、q、x 能相拼。②记住 zh、ch、sh 与 -i（后）、e、u、uo、uɑng 韵母相拼领属的字。

（三）分清零声母

1. 零声母在普通话与方言中的差异

普通话中一些读零声母的字，在部分方言中加上了辅音或声母。大致情况如下：

（1）在 ɑ、o、e 打头的部分零声母音节前加上 n 声母或 ng

ng 本是后鼻辅音，不能做声母。但是，辽宁的北票、法库、开源，青岛、陕西话等，却在 ɑ、o、e 打头的部分零声母音节前加上了 ng，如将“恩爱”读成“ngēnngɑ̀i”，“挨饿”读成“ngɑ́ingè”；而辽西的朝阳、锦州部分地区以及天津，则在 ɑ、o、e 打头的部分零声母音节前加上了 n 声母。如将“熬粥”读成“nɑ́ozhōu”，“按”读成“nɑ̀n”等。

（2）部分合口呼零声母音节，把 u 换成了［v］

辽宁的丹东、大连等地区，在 u 自成音节或以 u 作韵头的零声母音节里，有一部分将 u 换成了［v］。如将“女娲”读成“nǚvā”，“稳当”读成“věndɑng”，“我们”读成“vǒmen”等，桂林话、宁夏话中也有类似现象，如桂林话将“武”读成“vǔ”，宁夏话将“吻”读成“věn”，等等。

（3）零声母与 r 声母、l 声母音节混淆

在辽宁的锦州地区，将零声母音节 üɑn、ün、iong 读成了 r 声母开头的音节（韵母也相应发生了变化，变成了 uɑn、uen、ong），如将“远”读成“ruǎn”、“允”读成了“rǔn”、“勇”读成了“rǒng”等。而丹东、营口、

大连、沈阳等地区，则将 r 声母领属的音节，一部分读成了 i 开头的零声母音节，如将“日”读成“yì”、“认”读成“yìn”等；一部分读成了 ü 开头的零声母音节，如将“入”读成“yù”、“软”读成“yǔan”等；一部分读成了 l 声母开头的音节，如将“仍”读成“léng”、“蕊”读成“luǐ”等。吴方言、闽方言等也有类似的一些现象。

2. 辨正

(1) 记住 a、o、e 打头的零声母音节

发 a、o、e 打头的零声母音节时，要将多余的 n 声母或 ng 去掉。

(2) 避免将 u 换成 [v]

韵母是 u 或以 u 开头的零声母音节，要避免将 u 换成 [v]。u [u] 是舌面、后、高、圆唇元音。发音时舌后缩，舌面后部隆起与软腭相对，口的开度较小，舌位高，双唇拢圆。而 [v] 是唇齿、浊、擦音，发 u 时，不让下唇接触上齿，将双唇拢圆即可。

(3) 记住 i、ü 开头的零声母音节所领属的字

记住 i、ü 开头的零声母音节所领属的字，就可以避免与 r 声母、l 声母领属的字混淆。

(四) 分清 n 与 l

1. n 与 l 在普通话与方言中的差异

n 与 l 声母虽然都是舌尖中音、浊音，但 n 声母是鼻音，l 声母是边音，二者的发音方法是有区别的。在一些方言区，n 与 l 声母与普通话有如下差异：

(1) n 声母读成鼻化音

在辽宁的朝阳、庄河地区，有一部分人将 n 声母读成鼻化音。表现在声母 n 与 i、ü 韵母或韵头是 i、ü 的韵母相拼时，出现了鼻化音。

(2) n 与 l 混读

南方的湘、赣、闽等一些方言区以及北方话中江淮官话、西南官话、西北方言的部分地区都有 n 与 l 混读现象。

2. 辨正

(1) 掌握 n 与 l 发音要领

n 声母是舌尖中、浊、鼻音。发 n 音时，舌尖抵住的是上齿龈，气流振动声带，从鼻腔通过成声。l 是边音，发 l 音时，舌尖抵住上齿龈稍后的地方，软腭上升，堵塞鼻腔通路，气流振动声带，从舌的两边通过成声。

(2) 克服鼻化音

当 n 声母与韵母或韵头是 i、ü 的韵母相拼时，要拉开立起，有动程，

避免口鼻同时共鸣。

（3）利用偏旁类推法记忆

记住偏旁代表字进行类推，就可以分清楚哪些字是 n 声母，哪些字是 l 声母（见表 3－4）。

表 3－4　　n、l 偏旁类推字表

韵母	n 声母偏旁	n 声母类推字	l 声母偏旁	l 声母类推字
ɑ	那	①那②哪③娜；挪娜（nuó）	刺	①喇②喇揦③喇④刺瘌辣楋
			腊	④腊蜡；猎（liè）
ɑi	乃	③乃奶艿氖；仍扔（reng）	赖	④赖癞籁濑；懒（lǎn）
	奈	④奈萘；捺（nà）		
ɑn	南	②南喃楠蝻③腩婻	兰	②兰拦栏④烂
			蓝	②蓝篮④滥
			览	③览揽缆榄
ɑo	脑	③恼瑙脑垴	劳	①捞②劳痨涝④唠
ei	内	①内；讷（nè）；呐衲钠纳（nà）	雷	②雷镭擂檑礌③蕾④擂
			垒	③垒
			累	②累樏礌嫘④累；螺骡（luó）
iɑn	念	④念捻埝；苶（niè）	连	②连莲涟鲢④链
			廉	②廉濂镰蠊
			脸	③脸敛裣④殓
			炼	②练炼
			恋	④恋；孪滦峦挛鸾娈（luán）
ie	捏	①捏④涅陧	列	②咧④列裂烈冽洌鴷趔；例（lì）
	聂	④聂蹑嗫颞		
ing	宁	②宁拧咛狞柠苧聍④宁泞	令	②苓伶玲铃羚聆蛉零龄瓴聆③令岭领④令；冷（lěng）；邻（lín）怜（lián）
			菱	②凌陵菱绫鲮祾；棱（léng）

续表

<table>
<tr><th>韵母</th><th>n 声母偏旁</th><th>n 声母类推字</th><th>l 声母偏旁</th><th>l 声母类推字</th></tr>
<tr><td rowspan="3">iu</td><td rowspan="3">纽</td><td rowspan="3">①妞③扭纽钮忸杻狃</td><td>留</td><td>①溜②留馏榴瘤骝镏遛④遛馏</td></tr>
<tr><td>流</td><td>②流琉硫鎏③锍</td></tr>
<tr><td>柳</td><td>③柳珋；聊（liáo）</td></tr>
<tr><td rowspan="2">ong</td><td rowspan="2">农</td><td rowspan="2">②农浓脓侬秾哝</td><td>龙</td><td>②龙咙聋笼胧栊③陇垄拢笼；宠（chǒng）；庞（páng）</td></tr>
<tr><td>隆</td><td>②隆窿癃漋</td></tr>
<tr><td rowspan="6">u</td><td rowspan="6">奴</td><td rowspan="6">②奴孥笯驽③努砮弩胬④怒</td><td>卢</td><td>②卢泸颅轳鲈胪栌鸬</td></tr>
<tr><td>鲁</td><td>③鲁橹镥澛</td></tr>
<tr><td>录</td><td>④录禄碌渌逯琭菉；绿氯（lǜ）</td></tr>
<tr><td>鹿</td><td>④鹿辘麓漉</td></tr>
<tr><td>路</td><td>④路鹭露潞璐</td></tr>
<tr><td>戮</td><td>④戮；寥（liáo）；蓼（liǎo）；廖（liào）</td></tr>
<tr><td rowspan="2">uo</td><td>诺</td><td>④诺喏锘；匿（nì）</td><td>罗</td><td>②罗逻萝锣箩啰椤猡</td></tr>
<tr><td>懦</td><td>④懦糯</td><td>洛</td><td>④洛落络骆珞雒；略（lüè）；烙酪（lào）</td></tr>
</table>

说明：数字①是第一声，②是第二声，③是第三声，④是第四声。

（五）分清 f 与 h

1. f 与 h 在普通话与方言中的差异

f 与 h 声母虽然都是擦音，但二者的发音部位完全不同。在客家方言中没有 f 声母；湘方言中有些地区把 f 读成了 h；重庆话则有一部分 h 读成了 f；还有些方言区出现了不同程度的 f、h 混读现象。

2. 辨正

（1）掌握 f 与 h 发音要领

发音时要注意区分 f 与 h 的发音部位。f 是唇齿、清、擦音。发 f 音时，下唇靠近上齿，形成一定的缝隙，气流从缝隙中挤出时，摩擦成声。h 是舌面后、清、擦音。发 h 音时，舌面的后部隆起靠近硬腭和软腭的交界处，形成一定的缝隙，软腭上升，堵塞鼻腔通路，气流从缝隙中挤出时，摩擦成声。发 h 音时，易出现字音靠后现象，可结合韵母练习后音前发。

（2）分清楚 f 与 h 分别领属的字

可利用 f、h 对照辨音字表记忆（见表 3－5）。

表 3－5 **f 与 h 对照辨音字表**

韵母	f 声母例字	韵母	h 声母例字
a	①发②筏③砝④珐	ua	①哗②铧④桦
o	②佛	uo	①豁②活③钬④霍
u	①麸②凫③釜④馥	u	①烀②斛③浒④怙
		uai	②淮④坏
ei	①啡②腓③匪④痱	ui	①徽②茴③毁④讳
an	①幡②矾③返④梵	uan	①獾②寰③缓④宦
en	①吩②汾③粉④坋	un	①荤②浑④诨
ang	①邡②房③坊④放	uang	①荒②蝗③谎④晃
eng	①枫②冯③讽④俸	ong	①轰②泓③哄④讧

说明：数字①是第一声，②是第二声，③是第三声，④是第四声。

（六）分清个别声母有差异的字

畸形（jī）错读成（qí）

细胞（bāo）错读成（pāo）

采撷（xié）错读成（jié）

麻痹（bì）错读成（pǐ）

哺育（bǔ）错读成（pǔ）

蒸菜（zhēng）错读成（tēng）

刹那（chà）错读成（shà）

碰撞（pèng）错读成（bèng）

发酵（jiào）错读成（xiào）

干涸（hé）错读成（kū）

湖泊（pō）错读成（bó）

蜷缩（quán）错读成（juǎn）

撞车（zhuàng）错读成（chuàng）

粗犷（guǎng）错读成（kuàng）

羸弱（léi）错读成（yíng）

消弭（mǐ）错读成（ěr）

狡黠（xiá）错读成（jié）

腈纶（jīng）错读成（qíng）

钱其琛（chēn）错读成（shēn）

金兀术（zhú）错读成（shù）

芒砀山（Dàng）错读成（yáng）

蛲虫（náo）错读成（yáo）

得不偿失（cháng）错读成（shǎng）

华诞霓裳（cháng）错读成（shāng）

怙恶不悛（hù）错读成（gù），（qūn）错读成（jùn）

思考与练习

1. 请说出普通话 21 个辅音声母的发音部位与发音方法。
2. 你家乡话中的声母发音与普通话声母发音有何异同？
3. 按照普通话 21 个辅音声母的发音要领完成下面练习：

(1) 读准 z、c、s 与 zh、ch、sh

散—闪　俗—熟　四—是　孜—只　苏—书　宰—窄
栽—摘　测—撤　三—山　早—找　材—柴　肃—树
暂—战　粗—初　色—社　增—征　从—重　赛—晒

辞呈　陈醋　餐车　出操　槽床　车次　粗茶　纯粹　彩绸　春蚕
增长　侄子　载重　种族　赞助　主宰　诅咒　掌嘴　总之　沼泽
桑树　申诉　散失　生涩　私塾　胜似　扫视　失色　宿舍　哨所

(2) 读准 j、q、x 和 z、c、s、zh、ch、sh

捐款—专款　开卷—开钻　箭头—赚头
群书—存书　琼山—崇山　雄花—松花
驯服—顺服　寒暄—寒酸　通信—通顺

(3) 读准 r 声母与 i、ü 开头的零声母

入席—预习　儒家—渔家　日语—呓语
乳剂—雨季　入场—浴场　忍痛—隐痛
入选—预选　刀刃—刀印　乳粉—鱼粉
软纸—原址　小姨—小鱼　容易—荣誉

(4) 读准 n、l

烂泥—烂梨　留念—留恋　女客—旅客
浓重—隆重　水牛—水流　允诺—陨落
门内—门类　廉洁—年节　南宁—蓝绫

(5) 读准 h、f

挥发　会费　护符　花粉　后妃　耗费　红枫
活分　回府　慧芳　飞蝗　丰厚　风寒　奉还
分化　放回　废话　复活　访华　肥厚　愤恨

(6) 读绕口令

① 哥挎瓜筐过宽沟，(g、k)

哥挎瓜筐过宽沟，
赶快过沟看怪狗。
光看怪狗瓜筐扣，
瓜滚筐空哥怪狗。

② 灰化肥发黑，(h、f)

黑化肥发灰。
黑化肥发灰会挥发，

灰化肥挥发会发黑。

③ 男旅客穿着蓝上装，（n、l）
女旅客穿着呢大衣，
男旅客扶着拎篮子的老大娘，
女旅客搀着拿笼子的小男孩儿。

④ 刚往窗上糊字纸，（z-zh、s-sh）
你就隔着窗户撕字纸。
一次撕下横字纸，
一次撕下竖字纸，
横竖两次撕了四十四张湿字纸。
是字纸你就撕字纸，
不是字纸，
你就不要胡乱地撕一地纸。

⑤ 四十四个字和词，（z、c、s）
组成了一首子词丝的绕口词。
桃子李子梨子栗子橘子柿子槟子榛子，
栽满院子村子和寨子。
刀子斧子锯子凿子锤子刨子尺子做出桌子椅子和箱子。
名词动词数词量词代词副词助词连词造成语词诗词和唱词。
蚕丝生丝热丝缫丝染丝晒丝纺丝织丝自制粗丝细丝人造丝。

第二节 普通话韵母

普通话韵母是汉语音节中不可缺少的组成部分，主要是由元音或以元音为主要成分构成的。读准韵母，可以体现普通话乐音成分多、悦耳的特点。

一 普通话韵母的含义

普通话韵母是汉语音节中声母后面的音素。

普通话韵母一共有 39 个。其中，由元音构成的韵母有 23 个：ɑ、o、e、ê、i、u、ü、-i（前）、-i（后）、er、ɑi、ei、ɑo、ou、iɑ、ie、uɑ、uo、üe、iɑo、iou、uɑi、uei。由元音加鼻辅音韵尾 n、ng 构成的韵母有 16 个：ɑn、en、in、ün、iɑn、uɑn、üɑn、uen、ɑng、eng、ing、ong、iong、iɑng、 uang、ueng。

在普通话中，有的韵母由一个元音充当，如 é（额）；有的韵母由两个或三个元音复合而成，如 guó（国）、xiǎo（小）；有的韵母则由一个或两个元音加上鼻辅音韵尾构成，如 nán（南）、níng（宁）。

二　普通话韵母的分类及发音

普通话韵母的分类，最常见的是按韵母结构特点及开头元音发音口形进行分类。

（一）韵母的结构分类及发音

普通话 39 个韵母按照结构特点可分为三类：单韵母、复韵母、鼻韵母。

1. 单韵母（单元音韵母）

单韵母，它是由一个元音充当的韵母。在普通话韵母中一共有 10 个单韵母，分别是：ɑ、o、e、ê、i、u、ü、-i（前）、-i（后）、er。单韵母发音的共同特点是没有动程，发音时舌位、开口度、唇形始终保持不变。10 个单韵母按照各自发音的特点又可以细分为舌面单韵母、舌尖单韵母、卷舌单韵母三类。

（1）舌面单韵母（舌面元音韵母）

舌面单韵母是指发音时由舌面起主要作用而形成的韵母。其音色主要由舌位的高低、舌位的前后、唇形的圆展三个方面决定（见图 3－8）。

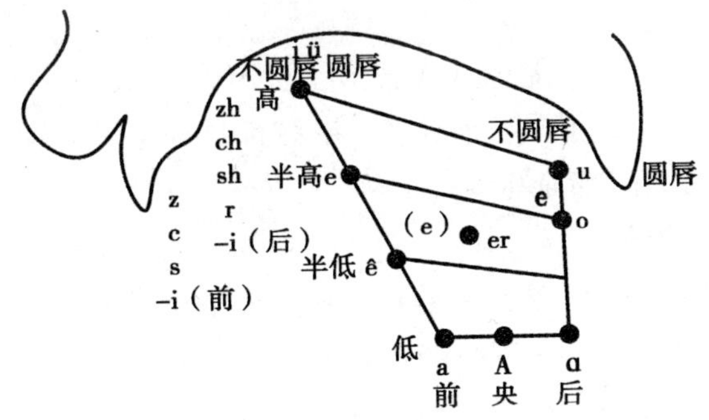

图 3－8　舌面单韵母发音

①舌位的高低

舌位的高低是指发音时舌面隆起部位与上腭之间的距离。距离近则高，距离远则低。普通话舌面单韵母按舌面高低的位置，可以区分为高元音（3 个）：i、u、ü；半高元音（2 个）：o、e；半低元音（1 个）：ê；低元音（1

个)：ɑ。

②舌位的前后

舌位的前后指的是舌面隆起部位的前后。舌面前部隆起称舌位前，中部隆起称舌位中，后部隆起称舌位后。普通话舌面单韵母按舌位的前后，可以区分为前元音（3 个)：i、ü、ê；央元音（1 个)：ɑ；后元音（3 个)：o、e、u。

③唇形的圆展

普通话舌面单韵母按发音时唇形的圆与展（不圆)，可以区分为圆唇元音和展唇（不圆唇）元音两类。其中，圆唇元音（3 个)：o、u、ü；不圆唇元音（4 个)：ɑ、e、ê、i。

（2）舌尖单韵母

舌尖单韵母主要是由舌尖起作用所形成的韵母。普通话韵母中一共有 2 个舌尖单韵母：-i（前)、-i（后)。

① -i（前)

-i（前）又称舌尖前元音。发音时舌尖和上齿背相对，保持适当距离。-i（前）只与声母 z、c、s 相拼。如 zǐ（紫)、cí（词)、sī（思)。

② -i（后)

-i（后）又称舌尖后元音。发音时舌尖和硬腭前部相对，保持适当距离。-i（后）只与声母 zh、ch、sh、r 相拼。如 zhī（知)、chí（池)、shǐ（使)、rì（日)。

-i（前)、-i（后）不能独立成音节，也不能与 z、c、s、zh、ch、sh、r 以外的声母相拼合。为了与舌面元音 i 在书面上的区别，两个舌尖元音都写成-i，但在音节拼写时都简写为 i。

（3）卷舌单韵母

普通话只有一个卷舌单元音韵母：er。er 是个带有卷舌色彩的央元音，称卷舌元音。er 韵母中的 r 不是辅音韵尾，只表示卷舌动作。普通话中的 er 自成音节，不和辅音声母相拼。如 ér（儿)、ěr（而)。

普通话单韵母发音特点可以通过《单韵母发音要领表》综合地反映出来（见表 3－6)。

表 3－6　**单韵母发音要领**

类别 / 舌位 / 舌位高低	舌面元音					舌尖元音		卷舌元音
	前		央	后		前	后	央
	展	圆		展	圆			
高	i	ü			u	-i	-i	
半高				e	o			
中								er
半低	ê							
低			ɑ					

2. 复韵母

复韵母是指由两个或三个元音构成的韵母，普通话韵母中共有 13 个复韵母，分别是：ɑi、ei、ɑo、ou、iɑ、ie、uɑ、uo、üe、iɑo、iou、uɑi、uei。

复韵母发音的共同特点是，发音过程是由前一个元音向后面的元音过渡的过程，中间不跳跃，气流不中断，自然连贯。

有些复韵母从结构构成情况上看，可分为韵头、韵腹、韵尾三个部分。如："¡ɑo" 中的 "¡" 是韵头，又叫介音或介母。韵头在韵腹的前面，由 i、u、ü 充当，韵头发音轻而短。"¡ɑo" 中的 "ɑ" 是韵腹。韵腹是韵母的主干，是韵母中不可缺少的部分，又叫主要元音。韵腹主要由 ɑ、o、e、ê、¡、u、ü、er、－i（前）、－i（后）来充当，发音清晰响亮。"¡ɑo" 中的 "o" 是韵尾。韵尾在韵腹的后面，复韵母韵尾由 i、u、o 充当，其音值含混而不固定。

普通话复韵母按照主要元音（韵腹）位置可分为前响复韵母、中响复韵母、后响复韵母。

（1）前响复韵母

前响复韵母一共有 4 个：ɑi、ei、ɑo、ou。前响复韵母没有韵头，只有韵腹、韵尾。韵腹在前，发音清晰、响亮、开口度大、时值长；韵尾在后，发音轻短、模糊，只表示舌位滑动的方向（见图 3－9）。

（2）中响复韵母

中响复韵母一共有 4 个：iɑo、iou、uɑi、uei。中响复韵母有韵头、韵腹、韵尾。韵头在前，发音轻短，表示发音起点；韵腹在韵头后面，发音清晰、响亮、开口度大、时值长；韵尾在韵腹的后面，发音轻短、模糊，只表

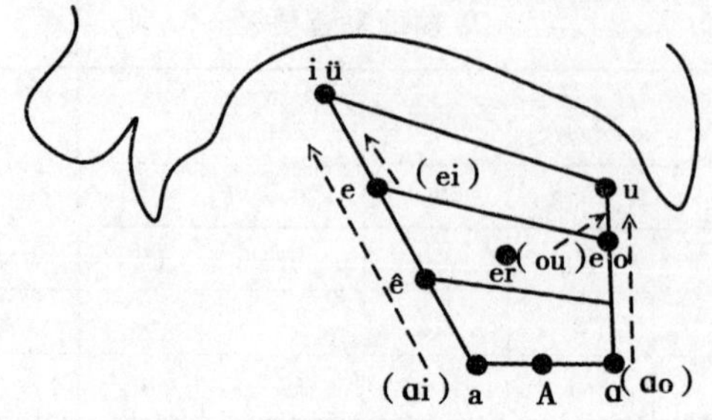

图 3－9　前响复韵母发音

示舌位滑动的方向（见图 3－10）。

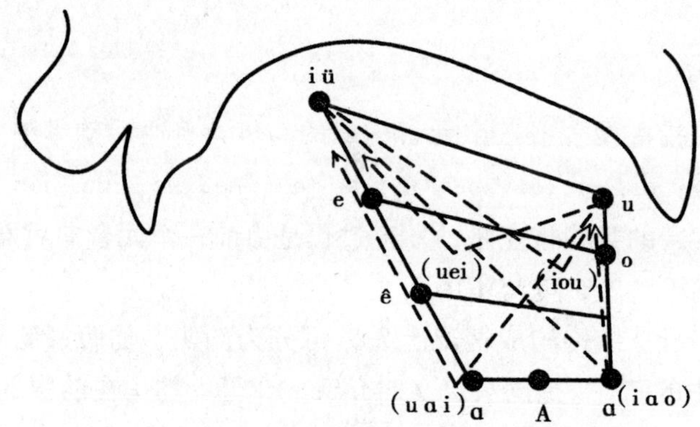

图 3－10　中响复韵母发音

（3）后响复韵母

后响复韵母一共有 5 个：iɑ、ie、uɑ、uo、üe。后响复韵母没有韵尾，只有韵头、韵腹。韵头在前，发音轻短，表示发音起点；韵腹在后，发音清晰、响亮、开口度大、时值长（见图 3－11）。

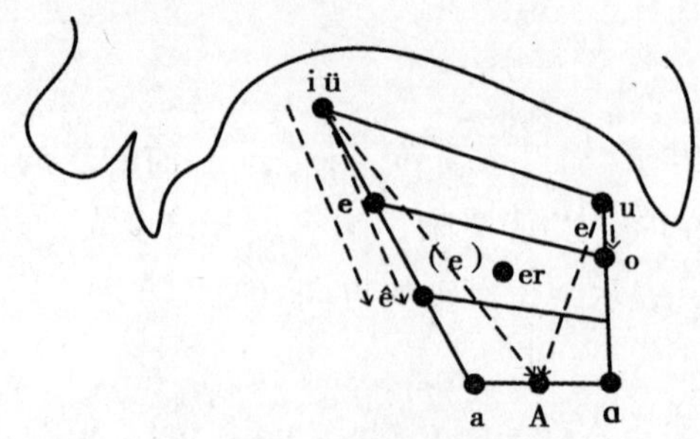

图 3－11　后响复韵母发音

3. 鼻韵母

鼻韵母，是指由一个或两个元音附带上鼻辅音韵尾“n”、“ng”而构成的韵母。普通话语音一共有16个鼻韵母：an、en、in、ün、ian、uan、üan、uen、ang、eng、ing、ong、iong、iang、uang、ueng。

鼻韵母发音的共同特点是，发音过程是由元音过渡到鼻辅音，中间不跳跃，气流不中断，自然连贯。鼻音色彩是逐渐增强的。

根据普通话鼻韵母韵尾的不同，鼻韵母可分为前鼻韵母和后鼻韵母。

（1）前鼻韵母

前鼻韵母一共有8个：an、en、in、ün、ian、uan、üan、uen。前鼻韵母是以前鼻辅音n为韵尾的韵母。其发音特点是：先发元音（软腭抬起，堵塞鼻腔通道），逐渐软腭下垂，打开鼻腔通道，舌尖向上齿龈移动，最后抵住上齿龈，使气流在鼻腔流出发出鼻音。韵尾“n”的发音比声母“n”的发音部位靠后。

（2）后鼻韵母

后鼻韵母一共有8个：ang、eng、ing、ong、iong、iang、uang、ueng。后鼻韵母是以ng为韵尾的韵母。其发音特点是：先发前面的元音（软腭抬起，堵塞鼻腔通道），逐渐软腭下垂，打开鼻腔通道，舌根向软腭移动，抵住软腭，使气流在鼻腔流出发出鼻音。

（二）韵母的四呼分类及发音

按照韵母开头元音发音的口形，普通话的韵母又可以分为四类：开口呼、齐齿呼、合口呼、撮口呼，简称“四呼”。

1. 开口呼

开口呼是指韵母没有韵头，韵腹也不是i、u、ü。如a、o、e等。

2. 齐齿呼

齐齿呼是指韵母用i作韵头或韵腹。如i、ia、ie等。

3. 合口呼

合口呼是指韵母用u作韵头或韵腹。如u、ua、uo等。

4. 撮口呼

撮口呼是指韵母用ü作韵头或韵腹。如ü、üe、üan等。

韵母分类的具体情况，见表3-7。

表 3－7 普通话韵母总表

按结构分 \ 按口形分	开口呼	齐齿呼	合口呼	撮口呼
单韵母	-i（前） -i（后）	i	u	ü
	ɑ	iɑ	uɑ	
	o		uo	
	e			
	ê	ie		üe
	er			
复韵母	ɑi		uɑi	
	ei		uei	
	ɑo	iɑo		
	ou	iou		
鼻韵母	ɑn	iɑn	uɑn	üɑn
	en	in	uen	ün
	ɑng	iɑng	uɑng	
	eng	ing	ueng	
			ong	iong

注：韵母 ong、iong 是按实际发音归类的，ong 归合口呼，iong 归撮口呼。

三　普通话韵母发音要领

ɑ［A］舌面、央、低、不圆唇元音

发音要领

发音时舌面的中部微隆与硬腭后部相对，舌位低，口开度大，唇形不圆，声带振动，软腭上升，鼻腔通道关闭。

韵母字词

单音节：　搭　　钠　　茬　　筏　　撒　　疤　　芽　　蜡

双音节：打靶　大厦　拉萨　爸爸　喇叭　嘎嘎　咔嚓　哈达

o［o］舌面、后、半高、圆唇元音

发音要领

发音时舌后缩且舌面后部隆起，与软腭相对，舌位处于半高，口半闭，嘴唇拢圆，声带振动，软腭上升，鼻腔通道关闭。

韵母字词

单音节：　箔　　珀　　寞　　佛　　抹　　蓦　　跛　　哦

双音节：饽饽　婆婆　薄膜　泼墨　勃勃　嬷嬷　魔佛　磨破

e [ɤ] 舌面、后、半高、不圆唇元音

发音要领

发 e 音时，在发 o 音的基础上双唇略向两边展开，舌位处于半高，比 o 音略偏前，声带振动，软腭上升，鼻腔通道关闭。

韵母字词

单音节：仄　　车　　搁　　颌　　策　　戈　　舍　　赫

双音节：特色　塞责　隔夜　苛刻　瑟瑟　可乐　折射　鸽舍

ê [ɛ] 舌面、前、半低、不圆唇元音

发音要领

发音时舌尖抵在下齿背，舌面前部隆起与硬腭相对，嘴角向两侧展开，舌位半低，展唇，声带振动，软腭上升，鼻腔通道关闭。普通话中发 ê 音的，只有"欸"字。普通话中的 ê 只与 i、ü 组合，构成 ie 和 üe。

i [i] 舌面、前、高、不圆唇元音

发音要领

发音时舌尖抵在下齿背，舌面前部微微隆起与硬腭相对，舌位高，口腔开度较小，展唇，声带振动，软腭上升，鼻腔通道关闭。

韵母字词

单音节：蒂　　蜜　　即　　雌　　狄　　粒　　坯　　兮

双音节：西堤　汽笛　机器　犀利　戏迷　技艺　意义　笔迹

u [u] 舌面、后、高、圆唇元音

发音要领

发音时舌后缩且舌面后部隆起与软腭相对，口的开度较小，舌位高，双唇拢圆，声带振动，软腭上升，鼻腔通道关闭。

韵母字词

单音节：足　　束　　粗　　壶　　卤　　赋　　崮　　浮

双音节：属虎　出租　独舞　扑簌　复读　虎步　糊涂　辅助

ü [y] 舌面、前、高、圆唇元音。

发音要领

发音时舌面前部隆起与硬腭相对，口开度较小，双唇拢圆略向前撮，声带振动，软腭上升，鼻腔通道关闭。

韵母字词

单音节：旭　虞　居　屈　氯　娶　滤　戌

双音节：雨具　絮语　序曲　祛瘀　吕剧　伛偻　缕缕　聚居

-i（前）[ɿ] 舌尖前、高、不圆唇元音

发音要领

发音时舌尖接近上齿背并保持适当距离，口微开，唇向两侧展开，声带振动，软腭上升，鼻腔通道关闭。

韵母字词

单音节：刺　瓷　撕　字　茨　紫　寺　淄

双音节：字词　赐死　自私　此次　紫瓷　孜孜　四子　刺丝

-i（后）[ʅ] 舌尖后、高、不圆唇元音

发音要领

发音时舌尖接近硬腭前部并保持适当距离，口微开，唇向两侧展开，声带振动，软腭上升，鼻腔通道关闭。

韵母字词

单音节：是　嗤　池　纸　滞　室　之　世

双音节：直尺　事实　制止　支持　实施　适时　只是　知识

er [ər] 卷舌、央、中、不圆唇元音

发音要领

发音时舌尖向后卷起和硬腭前部相对，舌位居中，口自然打开，声带振动，软腭上升，鼻腔通道关闭。

韵母字词

单音节：儿　迩　二　洱　贰　而　饵　尔

双音节：耳屎　而且　二虎　耳语　儿时　尔后　二胡　儿歌

ɑi [aɪ]

发音要领

发音时由舌位低、不圆唇、前元音 ɑ [a]，向舌位高、展唇、前元音 i [i] 方向滑动，大体停在比 i [i] 低的次高元音 [ɪ] 位置。

韵母字词

单音节：霭　麦　骸　窄　筛　踩　歹　丐

双音节：海外　奶奶　外在　灾害　爱戴　采摘　拆台　才拍

ei [eɪ]

发音要领

发音时由舌位半高、展唇、前元音 e［e］，向舌位高、展唇、前元音 i［i］方向滑动，大体停在比 i［i］低的次高元音［ɪ］位置。

韵母字词

单音节：磊　梅　黑　贼　雷　陪　镁　吠

双音节：娓娓　违背　卑微　北非　蓓蕾　飞贼　贝类　黑莓

ao［ɑʊ］

发音要领

发音时由舌位低、不圆唇、后元音 ɑ［ɑ］，向舌位高、圆唇、后元音 u［u］方向滑动，大体停在比 o［o］高，比 u［u］低的次高元音［ʊ］位置。

韵母字词

单音节：耄　操　袍　吵　套　巢　岛　浩

双音节：早稻　骚扰　老头　号召　高潮　报道　逃跑　枣糕

ou［əʊ］

发音要领

发音时由略微带圆唇、接近央元音的 e［ə］，向舌位高、圆唇、后元音 u［u］方向滑动，大体停在比 u［u］低的次高元音［ʊ］位置。

韵母字词

单音节：蔻　否　兜　愁　某　兽　首　逗

双音节：抖擞　偷偷　绸缪　抽头　臭豆　收购　漏兜　叩头

iɑ［iA］

发音要领

发音时由前、高、展唇元音 i［i］，向央、低元音 ɑ［A］方向滑动，大体停在 ɑ［A］位置。i 短，ɑ 响亮且长。

韵母字词

单音节：俩　哑　掐　侠　胛　嫁　丫　洽

双音节：恰恰　下家　戛戛　加价　假牙　鸭架　贾家　加压

ie［iɛ］

发音要领

发音时由前、高、展唇元音 i［i］，向前、半低元音 ê［ɛ］方向滑动，大体停在 ê［ɛ］位置。i 短，ê 响亮且长。

韵母字词

单音节：啮　咧　爹　截　瘪　泄　也　乜

双音节：谢谢　结业　铁屑　乜斜　结节　贴切　趔趄　姐姐

uɑ［uA］

发音要领

发音时由后、高、圆唇元音 u［u］，向央、低元音 ɑ［A］方向滑动，大体停在 ɑ［A］位置。u 短，ɑ 清晰响亮而且长。

韵母字词

单音节：桦　抓　寡　滑　剐　划　卦　化

双音节：耍滑　哗哗　花瓦　画花　唰唰　娃娃　挂画　呱呱

uo［uo］

发音要领

发音时由后、高、圆唇元音 u［u］，向后、半高元音 o［o］方向滑动，大体停在后、半高元音 o［o］位置。u 短，o 响亮而且长。

韵母字词

单音节：糯　烁　拖　裹　裸　货　窝　措

双音节：脱落　陀螺　错过　阔绰　龌龊　蒴果　波多　火锅

üe［yɛ］

发音要领

发音时由前、高、圆唇元音 ü［y］，向前、半低元音 ê［ɛ］方向滑动，大体停在 ê［ɛ］位置。ü 短，ê 响亮而且长。

韵母字词

单音节：疟　岳　缺　穴　蹶　掠　诀　粤

双音节：决绝　约略　绝学　月缺　略略　雪月　雀跃　悦悦

iɑo［iɑʊ］

发音要领

发音时由前、高、展唇元音 i［i］，滑向后、低元音 ɑ［ɑ］，继续滑向舌位高、圆唇、后元音 u［u］，大体停在比 o［o］高，比 u［u］低的次高元音［ʊ］位置。

韵母字词

单音节：剽　筱　苕　嚼　袅　壳　脚　效

双音节：袅袅　宵小　萧条　小调　叫嚣　笑料　悄悄　窈窕

iou［iəʊ］

发音要领

发音时由前、高、展唇元音 i［i］，滑向略微带圆唇、接近央元音的 e［ə］，继续向舌位高、圆唇、后元音 u［u］方向滑动，大体停在比 u［u］低的次高元音［ʊ］位置。

韵母字词

单音节：绺　钮　鸠　酋　朽　佑　遛　邱

双音节：赳赳　久留　丢球　牛油　优秀　悠悠　求救　旧友

uɑi［uaɪ］

发音要领

发音时由后、高、圆唇元音 u［u］，滑向舌位低、展唇、前元音 ɑ［a］，继续向舌位高、展唇、前元音 i［i］方向滑动，大体停在比 i［i］低的次高元音［ɪ］位置。

韵母字词

单音节：外　衰　揣　拐　徊　甩　踝

双音节：拐坏　淮海　外踝　拽坏　率领　徘徊　怀揣　块块

uei［ueɪ］

发音要领

发音时由后、高、圆唇元音 u［u］，滑向舌位半高、展唇、前元音 e［e］偏后、偏下位置，继续滑向舌位高、展唇、前元音 i［i］，大体停在比 i［i］低的次高元音［ɪ］位置。

韵母字词

单音节：兑　桅　硅　锤　毁　睡　尾　遂

双音节：摧毁　回归　荟萃　恢恢　会徽　水碓　尾随　归队

ɑn［an］

发音要领

发音时由舌位低、前、展唇元音 ɑ［a］，滑向前鼻辅音 n。

韵母字词

单音节：伴　邯　翻　蛮　版　扇　坛　懒

双音节：勘探　感染　谈判　完善　晚饭　展览　栏杆　干饭

en［ən］

发音要领

发音时由央元音 e［ə］，滑向前鼻辅音 n。

韵母字词

单音节：嫩　怎　喷　臣　啃　笨　针　奋

双音节：深沉　人们　审慎　根本　本身　认真　焚身　粉尘

in［in］

发音要领

发音时由舌位高、前、展唇元音 i［i］，滑向前鼻辅音 n。

韵母字词

单音节：闽　津　颦　民　紧　晋　琳　钦

双音节：邻近　辛勤　信心　濒临　薪金　秦晋　新民　拼音

ün［yn］

发音要领

发音时由舌位高、前、圆唇元音 ü［y］，滑向前鼻辅音 n。

韵母字词

单音节：耘　筠　徇　匀　殒　菌　君　熏

双音节：芸芸　逡巡　军训　循循　均匀　菌群　允诺　韵律

iɑn［iɛn］

发音要领

发音时由舌位高、前、展唇元音 i［i］，滑向舌位低、前、展唇元音 ɑ［a］的方向，舌位降到前、半低元音 ê［ɛ］，再升高滑向前鼻辅音 n。

韵母字词

单音节：鞭　廿　尖　钱　碱　垫　显　篇

双音节：癫痫　电线　面前　变迁　偏见　年鉴　天剑　奸险

uɑn［uan］

发音要领

发音时由舌位高、后、圆唇元音 u［u］，滑向舌位低、前、展唇元音 ɑ［a］，再升高滑向前鼻辅音 n。

韵母字词

单音节：髋　缎　拴　椽　缓　算　阮　砖

双音节：还原　官员　贯穿　转换　酸软　换算　宦官　乱传

üɑn［yɛn］

发音要领

发音时由舌位高、前、圆唇元音 ü［y］，滑向舌位低、前、展唇元音 ɑ［a］方向，舌位降到前、半低元音 ê［ɛ］，升高滑向前鼻辅音 n。

韵母字词

单音节：渲　隽　券　泉　癣　苑　玄　鹃

双音节：眷眷　渊源　源泉　圆圈　绚丽　痊愈　全员　画绢

uen [uən]

发音要领

发音时由舌位高、后、圆唇元音 u [u]，滑向央元音 e [ə]，再滑向前鼻辅音 n。

韵母字词

单音节：墩　荤　皴　魂　捆　遁　抡　闻

双音节：混沌　馄饨　昆仑　谆谆　蹲点　村屯　润唇　捆绑

ang [ɑŋ]

发音要领

发音时由舌位低、后、展唇元音 ɑ [ɑ]，滑向后鼻辅音 ng。

韵母字词

单音节：妨　汤　杭　扛　膀　炕　厂　盲

双音节：当场　帮忙　榜样　上涨　往往　苍茫　光芒　烫伤

eng [ɤŋ]

发音要领

发音时由舌位半高、后、展唇元音 e [ɤ] 起，舌体后缩，舌位略低于 e [ɤ]，滑向后鼻辅音 ng。

韵母字词

单音节：嘣　朦　坑　程　整　瞪　凤　郑

双音节：乘风　升腾　生冷　登程　横生　更生　蒸腾　风声

ing [iŋ]

发音要领

发音时由舌位高、前、展唇元音 i [i]，滑向后鼻辅音 ng。

韵母字词

单音节：锭　萤　氢　鸣　柄　性　狞　鼎

双音节：惊醒　病情　经营　命名　平静　行星　平顶　硬性

ong [ʊŋ]

发音要领

发音时由舌位比 u [u] 低的次高元音 [ʊ] 位置，滑向后鼻辅音 ng。

韵母字词

单音节：脓　垅　松　虫　汞　众　蓉　控

双音节：空中　共同　冲动　通红　总统　重用　瞳孔　笼中

iang [iaŋ]

发音要领

发音时由舌位高、前、展唇元音 i [i]，滑向舌位低、后元音 a [a]，继续滑向后鼻辅音 ng。

韵母字词

单音节：疡　犟　厢　墙　浆　酿　阳　量

双音节：良将　湘江　想象　响亮　强项　踉跄　两厢　粮饷

uang [uaŋ]

发音要领

发音时由舌位高、后、圆唇元音 u [u]，滑向舌位低、后元音 a [a]，继续滑向后鼻辅音 ng。

韵母字词

单音节：孀　幢　疮　凰　犷　逛　床　网

双音节：状况　装潢　煌煌　狂妄　窗框　双簧　王庄　逛逛

ueng [uɤŋ]

发音要领

发音时由舌位高、后、圆唇元音 u [u]，滑向舌位半高、后、展唇元音 e [ɤ]（略微低前）位置，继续滑向后鼻辅音 ng。

韵母字词

单音节：嗡　鹟　翁　蓊　瓮　滃

双音节：嗡嗡　瓮城　水翁　嗡子　翁仲　蓊郁

iong [iʊŋ]

发音要领

发音时由舌位高、前、展唇元音 i [i]，滑到比 u [u] 低的次高元音 [ʊ] 位置，继续滑向后鼻辅音 ng。io 发音近似 ü [y]，可描写为 [yʊŋ] 或 [yŋ]。

韵母字词

单音节：雍　匈　琼　窘　俑　诇　勇　熊

双音节：忠勇　炯炯　穷凶　汹涌　熊熊　迥然　雄厚　重用

四　普通话韵母辨正

（一）分清 o 与 e

1. o 与 e 在普通话与方言中的差异

普通话中的单韵母 o 与 e 分得很清楚，但辽宁大多数地区 o 与 e 不分，与普通话有一定的差异，主要表现如下：

（1）o 音带展唇色彩

在普通话中 o 是圆唇音，但辽宁地区许多人发此音时圆唇度不够，带有不同程度的展唇色彩。

（2）韵母 o 读成 e

辽宁的大部分地区都将韵母 o 读成了 e，只有锦州等少数地区与普通话保持一致。

2. 辨正

（1）掌握 o 与 e 的发音要领

o [o] 是舌面、后、半高、圆唇元音。发音时舌面后部隆起，与软腭相对，舌位处于半高，嘴唇拢圆；e [ɤ] 舌面、后、半高、不圆唇元音。发 e 音时，在发 o 音的基础上双唇略向两边展开，舌位处于半高，比 o 音略偏前。二者的主要区别是前者是圆唇，后者是展唇。

（2）掌握 o 与 e 各自拼合规律

o 只与唇音声母 b、p、m、f 相拼；而 e 与 b、p、m、f 以外的声母相拼，只有怎么的么（me）除外。

（二）分清 ei 与 i、ei 与 uei、an 与 uan、en 与 uen

1. i、ei、uei、uan、uen 在普通话与方言中的差异

ei 与 i、ei 与 uei、an 与 uan、en 与 uen，在普通话中发音是不同的，但辽宁地区读这些韵母时与普通话有明显的差异，具体表现在如下几个方面：

（1）ei 韵母发音不准确

辽南一些地区发 ei 韵母时，没有动程或将动程缩短，变成了前元音 [e]。

（2）没有 li 音

在辽南一些地区，当声母 l 与韵母 ei 和 i 相拼时，都变成了 lei 音，而没有 li 音。

（3）韵头 u 丢失

在辽宁南部的大连以及辽宁的东部丹东（凤城除外）地区，当声母 z、c、s、d、t、n、l 与合口呼韵母 uei、uan、uen 相拼时，出现了韵头 u 丢失现象，读成了开口呼韵母 ei、an、en，如将“嘴”读成“zěi”、“窜”读成“càn”、“笋”读成“sěn”、“蹲”读成“dēn”、“屯”读成“tén”、“暖”读成“nǎn”、“论”读成“lèn”等。

2. 辨正

（1）掌握韵母 ei 与 uei、an 与 uan、en 与 uen 发音要领

①掌握 ei 的发音要领

ei［eɪ］是复韵母，发音时应注意有动程，由舌位半高、展唇、前元音 e［e］，向舌位高、展唇、前元音 i［i］方向滑动，大体停在比 i［i］低的次高元音［ɪ］位置。

②避免韵头 u 丢失

ei、an、en 是开口呼韵母，uei、uan、uen 是有韵头 u 的合口呼韵母，uei、uan、uen 韵母的发音是由 u（后、高、圆唇元音）开始，滑向主要元音，再滑向 n 音，一定要注意不能丢掉韵头 u。

（2）记住 li 音领属的字

（3）掌握声韵拼合规律

声母 z、c、s、d、t 只与韵母 uei 相拼，不与韵母 ei 相拼，只有贼、鲗、得例外；声母 n 不与 uei 相拼，与 ei 相拼只有内、馁、那、哪四个字；l 不与 uei 相拼，只与 ei 相拼。

（三）分清 ao 与 iao、ai 与 uai

1. ao 与 iao、ai 与 uai 在普通话与方言中的差异

辽西、辽南地区的一些人，在读 ao 与 iao、ai 与 uai 韵母时，与普通话有明显的不同，具体表现如下：

（1）辽宁西部的朝阳等地区，多数人发 ao、iao 时动程不够，将 ao 由［ɑ］向［ʊ］的滑动过程缩短；开口度也不够，发成了近似［ɔ］音。

（2）辽宁南部一些地区的许多人发 ai、uai 时，将 ai 由 a［a］向 i［ɪ］的滑动过程缩短；开口度也不够，发成了近似［ɛ］音。

2. 辨正

（1）掌握 ao 与 iao、ai 与 uai 发音要领

ao［ɑʊ］发音时由舌位低、不圆唇、后元音 ɑ［ɑ］，向舌位高、圆唇、后元音 u［u］方向滑动，大体停在比 o［o］高，比 u［u］低的次高元音［ʊ］位置。iao［iɑʊ］发音时由前、高、展唇元音 i［i］，滑向后、低元音 ɑ［ɑ］，继续滑向舌位高、圆唇、后元音 u［u］，大体停在比 o［o］高，比 u［u］低的次高元音［ʊ］位置。

ai［aɪ］发音时由舌位低、不圆唇、前元音 a［a］，向舌位高、展唇、前元音 i［i］方向滑动，大体停在比 i［i］低的次高元音［ɪ］位置。uai［uaɪ］发音时由后、高、圆唇元音 u［u］，滑向舌位低、展唇、前元音 a

[a]，继续向舌位高、展唇、前元音 i [i] 方向滑动，大体停在比 i [i] 低的次高元音 [ɪ] 位置。

（2）克服开口度、动程不够的问题

发 ɑo、iɑo 时，要克服开口度、动程不够的问题；发 ɑi、uɑi 时，也要克服开口度、动程不够的问题。

（四）分清前鼻韵母与后鼻韵母

1. 前鼻韵母与后鼻韵母在普通话与方言中的差异

（1）前鼻韵母和后鼻韵母在辽宁的大多数地区发音比较准确，只有少数人将这两组音发成了鼻化音，发音时口腔与鼻腔同时共鸣了。

（2）我国很多方言地区将前鼻韵母、后鼻韵母混读，如上海和昆明等地，将 in、ing，en、eng 韵尾都读成了 n 前鼻韵尾；还有一些方言区将前鼻韵尾读成了后鼻韵尾，如新疆话和宁夏话，把 en、in、uen、ün 读成后鼻韵尾。

2. 辨正

（1）掌握前鼻韵母、后鼻韵母的发音要领

前鼻韵母、后鼻韵母发音，都有一个由口音向鼻音滑动的动程，前鼻韵母归音到上齿龈的位置，后鼻韵母归音到软腭的位置。

（2）对照前鼻韵母、后鼻韵母易错字辨记

zhen：真 针 珍 砧 贞 侦 帧 臻 斟 甄 诊 轸 疹 枕 缜 圳 鸩 赈 振 震 镇 朕 阵 葴

zheng：正 郑 怔 征 蒸 整 争 筝 睁 拯 政 证 症

chen：陈 琛 嗔 抻 辰 宸 晨 趁 称 沉 忱 臣 尘 碜 衬

cheng：呈 程 丞 承 称 撑 成 乘 盛～水 澄 橙 惩 逞 骋 秤 裎（一种衣服）

shen：身 深 申 伸 肾 渗 蜃 呻 娠 神 绅 砷 沈 审 婶 甚 葚

sheng：生 升 圣 声 绳 省 胜 盛 剩 牲 笙 甥

jin：浸 锦 靳 斤 仅 巾 近 尽 金 今 衿 矜 紧 谨 津 劲 晋 缙 禁

jing：晶 痉 荆 鲸 茎 泾 经 菁 睛 精 兢 井 警 景 颈 境 镜 径 劲 胫 净 靖

qin：亲 寝 沁 侵 钦 琴 芹 秦 禽 勤

qing：庆 轻 青 氢 顷 请 清 晴 擎 蜻 倾 卿 情

yin：因 音 阴 荫 茵 姻 殷 吟 寅 垠 银 龈 淫 印 引 饮 尹 隐

ying：英 应 婴 影 颖 莺 樱 荧 莹 蝇 盈 迎 赢 映 硬 营 萤

wen：文 纹 稳 吻 温 问 紊 雯

weng：翁 瓮

yun：芸 韵 陨 运 酝 晕 孕 恽

yong：用 勇 甬 涌 蛹 踊 庸 雍 痈 咏

（五）分清个别韵母有差异的字

脱（tuō）错读成（tě）

约（yuē）错读成（yāo）

剖（pōu）错读成（pāo）

弄（nòng）错读成（nèng）

披（pī）错读成（pēi）

英（yīng）错读成（yēng）

捺（nà）错读成（nài）

墨（mò）错读成（mì）

孩子（zi）错读成（le）

寻思（xún）错读成（xín）

责任（zé）错读成（zái）

耽误（dān）错读成（dāng）

喀什（kā）错读成（kē）

纸屑（xiè）错读成（xuè）

暖和（nuǎnhuo）错读成（nǎohu）

逮老鼠（dǎi）错读（děi）

锲而不舍（qiè）错读成（qì）

陷（xiàn）错读成（xuàn）

学（xué）错读成（xiáo）

去（qù）错读成（qì）

街（jiē）错读成（gāi）

粽（zòng）错读成（zèng）

塑（sù）错读成（suò）

氯（lǜ）错读成（lù）

淀（diàn）错读成（dìng）

萝卜（bo）错读成（bu）

侵略（luè）错读成（liào）

手铐（kào）错读成（kòu）

强劲（jìng）错读成（jìn）

贪婪（lán）错读成（luán）

称职（chèn）错读成（chèng）

兖州（yǎn）错读成（yǔn）

相形见绌（chù）错读成（chuò）

证据确凿（záo）错读成（zuò）

思考与练习

1. 普通话有多少个韵母，按结构可以分为哪几类？按开头元音发音口形又可分为哪几类？

2. 说出单韵母、复韵母、鼻韵母发音特点有何不同。

3. 按照普通话韵母的发音要领完成下面练习：

（1）普通话韵母正音练习

① 分清 e—o

A 组：墨盒 隔膜 破格 刻薄 波折 薄荷

B 组：油墨—游客 不摸—不喝 大伯—大河 内膜—内阁

下坡—下车 高坡—高歌 没破—没课 脖子—格子

② 分清 i—ei、ei—uei、en—uen、an—uan

i—ei：

A 组：莉　例　李　栗　沥　励　　B 组：擂　累　垒　类　泪　肋

ei—uei：

A 组：累赘　泪水　配对　卑微　　B 组：傀儡　催肥　对垒　归类

en—uen：

A 组：沉沦　分文　人伦　真蠢　B 组：存根　春分　损人　纯真

an—uan：

A 组：胆　潭　散　滥　岚　赞　　B 组：短　团　算　乱　峦　钻

③ 分清 n—ng 鼻音韵母练习

A 组：

匀称　鲜嫩　锦纶　谦逊　嫣红　　仰望　酩酊　粮饷　锋芒　踉跄

征文　温床　证券　专横　相称　　鲜见　王冠　停刊　专场　宁愿

B 组：

心境—行径　　寝室—请示　　金质—精致　　民生—名声

长针—长征　　人民—人名　　瓜分—刮风　　忠臣—忠诚

清真—清蒸　　开饭—开放　　天坛—天堂　　木船—木床

今昔—惊悉　　鲜花—香花　　真枪—铿锵　　惋惜—往西

反问—访问　　珍重—郑重　　西餐—西藏　　贫民—平民

绅士—声势　　迅急—凶极　　勋章—胸章　　粉刺—讽刺

④ 读准 ao、iao；ai、uai（注意开口度及动程）

剥皮　咆哮　朝阳　酵母　巢穴　逍遥　召唤　飘零　高星　聊天　邀请

腮颊　海怪　载体　外公　斋饭　拽坏　海鲜　衰败　挨个　外踝　晒台

（2）用普通话朗读下面文字，比较一下你家乡话的韵母与普通话韵母有哪些差异？

小山把济南围了个圈儿，只有北边缺着点口儿。这一圈小山，在冬天特别可爱，好像是把济南放在一个小摇篮里，它们安静不动地低声地说：“你们放心吧，这儿准保暖和。”真的，济南的人们在冬天是面上含笑的。他们一看那些小山，心中便觉得有了着落，有了依靠。他们由天上看到山上，便不知不觉地想起：明天也许就是春天了吧？这样的温暖，今天夜里山草也许就绿起来了吧？就是这点幻想不能一时实现，他们也并不着急，因为这样慈善的冬天，干什么还希望别的呢！

（节选自老舍《济南的冬天》）

夜色加浓，苍空中的“明灯”越来越多了。而城市各处的真的灯火也次第亮了起来，尤其是围绕在海港周围山坡上的那一片灯光，从半空倒映在乌蓝的海面上，随着波浪，晃动着，闪烁着，像一串流动着的珍珠，和那一片片密布在苍穹里的星斗互相辉映，煞是好看。

在这幽美的夜色中，我踏着软绵绵的沙滩，沿着海边，慢慢地向前走去。海水，轻轻地抚摸着细软的沙滩，发出温柔的刷刷声。晚来的海风，清新而又凉爽。我的心里，有着说不出的兴奋和愉快。

（节选自峻青《海滨仲夏夜》）

第三节　普通话声调

声调是汉语音节中不可缺少的成分，声调属于整个音节。汉语的一个音节在书面上常常用一个汉字来表示，所以声调也叫字调。

一　普通话声调的含义

声调是音节具有能区别意义的音高的高低升降变化形式。关于声调，可从以下几个方面理解：

1. 声调具有区别意义的作用

声调同声母、韵母一样，具有区别意义的作用。如“nǐ（你）”和“nì（腻）”，声母、韵母相同，但由于声调不同，两个音节表示的意义也不同。

2. 声调是音高的变化

在普通话里，一个音节具有或平、或升、或曲、或降的不同的音高形式，如包（55）、薄（35）、宝（214）、报（51），声调是音节的音高高低升降的变化形式。

3. 声调的音高是相对音高

不同的人由于声带长短、宽窄、厚薄不一，发出的声音会有高低不同；同一个人，因心情不同、表达的内容不同，发出的声音也会有高低之别。这种音高不影响字义的表达，如用普通话读“大”，无论男人还是女人，老人还是孩子，读出的都是由高到低的降调，表达的都是“大”的意思，虽然绝对音高不同，但是，相对音高是一致的。

二　调值和调类

声调包括调值和调类两个方面。

1. 调值

调值是指声调的实际读法，是音节高低、升降、曲直变化的具体形式。

调值通常采用语言学家赵元任创制的五度标记法来表示。五度标记法是用五度竖标标记调值相对音高的一种方法。先用一条竖线作为“音高”的标记杆，然后将此竖线均分四份，得到五个点，将最高点确定为5度，往下依次为4度，3度，2度，1度，表示调值的相对音高：5度是高音，4度是半高音，3度是中音，2度是半低音，1度是低音。在竖线左侧则用一条线来表示音节音高升降变化的形式。普通话的全部字音可以区分为4种基本调值，即55调值，35调值，214调值，51调值。

2. 调类

调类就是声调的种类。即把调值相同的字归并在一起所形成的类。普通话可以归并为4种调类：阴平（第一声）、阳平（第二声）、上声（第三声）和去声（第四声）。

普通话四个声调的调值情况，见图3－12。

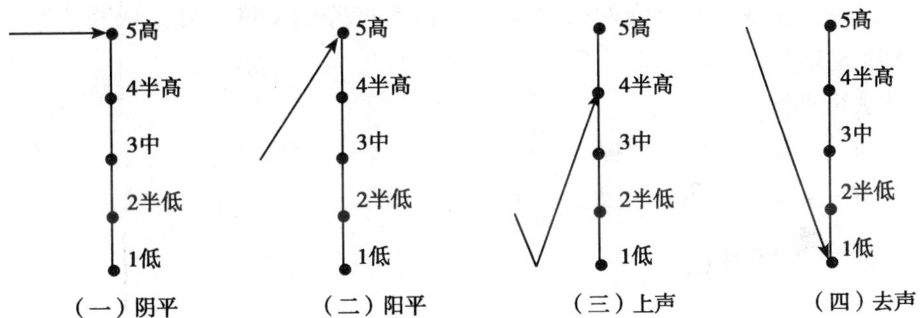

图3－12　普通话调值五度标记

三　普通话声调发音要领

阴平（第一声）

发音要领

从调形上看，是高平调；调值55，由5度到5度，发出的音高而平。

阴平字词

邹	戈	皱	嗤	孵	脂	菌	慷	囱	碉
氛	剔	豇	勋	拙	扑	屈	餐	敷	膘

阳平（第二声）

发音要领

从调形上看，是中升调；调值35，由3度升到5度，发出的音从中音升到高音。

阳平字词

惭　持　雄　媳　茁　　谍　幅　革　祈　桅

延　仪　愚　鳖　芙　　汾　邯　妲　荸　跋

上声（第三声）

发音要领

从调形上看，是降升调；调值214，由2度降到1度，再升到4度，发出的音由半低音降到低音，再升到半高音。

上声字词

窈　晷　罕　浒　灸　　匹　侮　冗　诊　享

蕾　莞　屎　髓　颈　　矩　辊　藻　沼　炅

去声（第四声）

发音要领

从调形上看，是全降调；调值51，由5度降到1度，发出的音由高音降到低音。

去声字词

渲　隘　庇　挫　触　　悼　涩　炫　燕　附

诲　剑　焰　谊　亚　　稚　蔗　浙　档　诰

四　声调辨正

（一）阴平

1. 普通话与方言在阴平调上的差异

普通话的阴平调，调值是55，即又高又平的调子。普通话读阴平的字与方言在调值、调类上是有差异的，具体表现如下：

（1）调值不够

各方言区大都有阴平调，但与普通话不同的是，一些方言区的阴平调没有达到普通话的55调值，所以，许多人读阴平调时，出现了调值不够的情况，如辽宁的辽西一带，一些人将普通话阴平调55调值，读成了44调值；沈阳及其周边的抚顺等地，一些人将普通话阴平调55调值，读成了33调值。

（2）调类混读

将阴平调读成了其他调类。辽宁的鞍山、沈阳、法库、昌图等地，许多人将阴平调读成了阳平调，如“哭”“说”“出”等；其他地区有的将阴平调读成去声调，如“剔除”的“剔”，“气压”的“压”，“拼音”的“拼”等；有的将阴平调读成213曲折调，如“细菌”的“菌”，“山冈”的“冈”，“扑灭”的“扑”；有的将阴平调读成312曲折调，如“灯”“丢”“呆”等。

2. 辨正

（1）读准阴平调值

可采用先读阳平调值，如“民”（35），维持前字5度高度不变，接着读阴平调值，如“兵”（55），可以克服高度不够、下滑及拐弯问题。

（2）分清调类

将阴平调读成其他调类的，需找回阴平的调类。

酥　嗤　歪　坯　埚　叔　凸　杯　川　咄

皈　呆　滴　锅　豁　羁　究　巾　撅　礁

（二）阳平

1. 普通话与方言在阳平调上的差异

普通话的阳平调，调值是35，是中升调。普通话读阳平的字在各方言中出现了如下几种情况：

（1）调值不够

一些方言区读不准35调值，如在辽宁的大连、丹东、阜新等地，一些人将阳平调的35调值读成了34调值；辽西黑山、台安等地的一些人将35调值读成了24调值；等等。

（2）调类混读

将阳平调读成了其他调类。辽东半岛黄海沿岸的许多人将“人”“门”“年”等，都读成了312曲折调；辽宁锦州的黑山等地的许多人将阳平调读成阴平调，如“其”“级”等；其他地区有的将阳平调读成上声调，如“脾胃”的“脾”，“纠葛”的“葛”，“贫瘠”的“瘠”等；有的将阳平调读成去声调，如“旋涡”的“旋”，“还是”的“还”，“凡是”的“凡”等。

2. 辨正

（1）读准阳平调值

可采用先读去声调值（51），找准3度高度后，读出阳平调值。如自（51）然（35），练习由中到高往上升，克服起点不够高；上升不到5度；拐弯及降调问题。

（2）分清调类

将阳平调读成其他调类的，需找回阳平的调类。

踌　攫　厥　汲　躇　　革　匐　螯　鳗　蜷
菹　刍　槌　丞　蛤　　瘠　荚　畦　娘　恬

（三）上声

1. 普通话与方言在上声调上的差异

普通话的上声是曲折调，调值 214。辽宁地区上声的调值与普通话不同，主要差异如下：

（1）调值不够

辽宁一些地区有的将上声的调值读成了 213，高度不够；有的将上声的调值读成了 211，没有拐弯。

（2）调类混读

将上声调读成了其他调类。辽宁地区有许多人将上声调读成阴平调，如“匹”“灸”等；将上声调读成阳平调，如“髓”等；将上声调读成去声调，如“矩形”的“矩”等；将上声调读成双曲调，即将上声上升到高度后又降下来，拐了两个弯。

2. 辨正

（1）读准上声调值

可采用先读去声的方法，由 5 度降到 1 度后，找准 2 度，然后读出上声 214 调值。如自（51）己（214），练习先降后升曲折起，克服尾音不够高；矫枉过正问题。

（2）分清调类

将上声调读成其他调类的，需找回上声的调类。

唬　幌　惘　冢　辗　　纂　忖　腑　茧　囧
缴　咀　懒　缕　蟒　　钮　暖　拇　皿　嫂

（四）去声

1. 普通话与方言在去声调上的差异

（1）调值不够

普通话的去声，调值 51，是全降调。一些方言区去声与普通话类似，都是降调，不同的是调值与普通话有差异。辽宁多数地区将去声调值读成了 53 或 52 调值。

（2）调类混读

将去声调读成其他调类。辽宁地区将去声调有的读成上声调，如“收讫”的“讫”，“卫生”的“卫”等；有的将去声调读成了阳平调，如“桦树”的“桦”，“驯服”的“驯”等；有的将去声调读成阴平调，如“讪笑”的“讪”,“干涉”的“涉”等。

2. 辨正

(1) 读准去声调值

可采用先读阴平的方法，确定5度高度，然后读出去声调值，如“天”(55) 下 (51)，练习高起猛降到底层，克服起点不够高又降不到底的毛病。

(2) 分清调类

将去声调读成其他调类的，需找回去声的调类。

摈　绰　埠　遽　附　　剁　惮　啐　啻　狩
豢　臼　谏　阚　惬　　媲　舐　伺　粟　谕

思考与练习

1. 什么是声调？什么是调值？什么是调类？

2. 你家乡方言的声调与普通话声调有哪些差异？应怎样辨正？

3. 按照普通话四个声调的发音要求完成下面练习：

(1) 阴平练习

逼　褒　蝙　夯　跌　哥　胳　姑　冈　瑰　刮　机　街　晶　茎　苛
窥　戚　骚　叔　虽　缩　凸　蛙　稀　锡　熄　嚓　惜　膝　摘　捉
说　挑　莘　箴　疮　匝　娠　谮　缄　嗔　偲　犇　浜　岜　裆　荤

(2) 阳平练习

格　穴　而　辐　国　潜　舶　惩　崇　颓　恬　啼　丛　焚　芙　秦
樊　凡　疾　竭　菊　节　违　吾　隅　吟　即　棘　籍　嫉　仍　填
嫖　瓴　倪　琳　凿　铡　妲　讹　鲂　刼　浑　羚　蘧　蚀　膛　砣

(3) 上声练习

筐　使　闽　简　领　禀　典　享　拯　掌　懒　讽　法　汝　浒　冉
蕊　尹　侮　皖　诊　享　蕾　敛　矢　癣　铣　矩　且　藻　沼　紊
璟　扭　西　瞟　筐　儆　茬　揣　缜　匾　莞　佼　瑾　秕　豖　隼

(4) 去声练习

磬　胜　度　暂　印　劣　炫　讯　既　复　赠　召　质　缚　覆　腹
晦　霍　摄　涉　蓄　较　浸　掠　绕　锐　室　卫　帜　秩　韵　念
釉　暂　炫　珀　傅　绰　蔗　踏　谮　讪　拷　篆　卅　汴　陛　膀

(5) 声调对比练习

嫉妒—忌妒　尖刀—剪刀　　检举—荐举　公认—供认
杏脯—幸福　扳子—板子　　小草—小曹　低层—底层

脚板—叫板　　矫正—校正　　幼雏—幼畜　　伦理—论理
画船—划船　　缓气—换气　　回顾—惠顾　　开张—开帐
油纸—油脂　　服药—敷药　　详尽—享尽　　澳洲—欧洲
基数—级数　　宴请—延请　　热风—热讽　　后手—猴手

（6）四音节词练习

一触即发　逼上梁山　更仆难数　光前裕后　骇人听闻　横眉怒目　急流勇退

翻来覆去　放浪形骸　附庸风雅　刚柔相济　功败垂成　故弄玄虚　花团锦簇

上蹿下跳　大摇大摆　跋山涉水　大相径庭　脉脉含情　迫不及待　佛口蛇心

摩肩接踵　阿弥陀佛　舍本逐末　乐不思蜀　可歌可泣　饥不择食　滴水穿石

（7）易错读音练习

戗面（qiàng）　　台州（ tāi）　　打烊（yàng）
悄然（qiǎo）　　应付（yìng）　　干细胞（gàn）
胆固醇（gù）　　循规蹈矩（jǔ）　　繁文缛节（rù）
光风霁月（jì）　　豪放不羁（jī）　　殚思极虑（dān）
差强人意（chā）　　创巨痛深（chuāng）　　涕泗滂沱（pāng）
毁家纾难（nàn）　　始终不渝（yú）　　不落窠臼（kējiù）

（8）朗读语段练习

史鉴使人明智；诗歌使人巧慧；数学使人精细；博物之学使人深沉；伦理之学使人庄重；逻辑与修辞使人善辩。“学问变化气质”。不仅如此，精神上的缺陷没有一种是不能由相当的学问来补救的：就如同肉体上各种的病患都有适当的运动来治疗一样。

（［英］培根）

我曾见过北京什刹海拂地的绿杨，脱不了鹅黄的底子，似乎太淡了。我又曾见过杭州虎跑寺近旁高峻而深密的“绿壁”，丛叠着无穷的碧草与绿叶的，那又似乎太浓了。其余呢，西湖的波太明了，秦淮河的也太暗了。可爱的，我将什么来比拟你呢？我怎么比拟得出呢？大约潭是很深的，故能蕴蓄着这样奇异的绿；仿佛蔚蓝的天融了一块在里面似的，这才这般的鲜润啊。

（节选自朱自清《绿》）

第四节　普通话音变

普通话音变是指我们在说汉语普通话时，在连续的语流中有些音节由于受到相邻音节读音的影响而产生某些语音上的变化，这在语音学上称为语流音变。掌握了语流音变的普通话，可以避免呆板、生硬，发出自然之音。普通话最常见的语流音变现象有变调、轻声、儿化和语气词“啊”音的变读等。

一　变调

（一）变调的含义

调是指在连续的语流中相邻音节的声调与单读的声调调值相比，发生了一定的变化。变调只出现在口语的实际发音中，在用书面语标示时，一定要按照《汉语拼音方案》的要求标注原声调符号。普通话中的变调主要有上声的变调、“一”和“不”的变调。

上声音节及“一”和“不”音节在单念或词尾、句尾时不变调，“一”在表示序数时也不变调，“不”在非去声音节前仍读本调。

（二）变调的基本规律

1. 上声的变调

上声的变调通常有三种情况：

（1）上声与非上声的音节相连时，也就是上声在阴平、阳平、去声、轻声前时，调值由214变为211（由上声变为半上声）。例如：

①上声在阴平前：首都 水箱 彩灯 美观 老师 小说 海关 摆脱 饼干 纺织
②上声在阳平前：海洋 彩虹 口型 讲台 柳条 祖国 导游 朗读 古文 考察
③上声在去声前：脚步 解放 小麦 广大 雪亮 讨论 典范 铁道 诡辩 款待
④上声在轻声前：眼睛 渴了 老婆 耳朵 口袋 斧子 奶奶 尾巴 马虎 伙计

（2）两个上声的音节相连时，前一个上声调值变得像阳平调值，调值由214变为35。例如：

领土 水桶 理想 海岛 旅馆 解渴 主讲 首长 友好 勇敢 手指 母语

（3）三个上声音节相连时，根据词语组合的实际情况有两种变调：

① 单双格：即单音节和双音节组合，第一个音节的调值由 214 变为 211，第二个音节的调值变为 35。例如：

跑/马场　　很/了解　　冷/处理　　小/脚趾　　（211　35　214）

② 双单格：即双音节和单音节组合，前面两个音节的调值都由 214 变为 35。例如：

选举/法　　勇敢/者　　永久/好　　水果/酒　　（35、35　214）

2.“一”和“不”的变调

“一”的本调是阴平，“不”的本调为去声。“一”和“不”的变调规律如下：

（1）“一”和“不”在去声音节前，调值变为 35【“yí”“bú”（标注的是变调，实际读音）】。例如：

一路　一律　一切　一样　一再　一项　一度　一概　一共　一类　一倍　一个

不屑　不定　不去　不断　不对 不幸　不利　不必　不便　不错　不但　不怕

（2）“一”和“不”在非去声音节前，调值都为 51【yì（标注的是变调，实际读音），bù（标注的是本调，实际读音）】。例如：

“一”＋阴平：一江　一拍　一般　一生　一天　一张　一家　一边
“不”＋阴平：不升　不兴　不开　不凶　不空　不低　不高　不休
“一”＋阳平：一年　一旁　一流　一条　一连　一齐　一时　一同
“不”＋阳平：不留　不忙　不行　不红　不粘　不连　不时　不能
“一”＋上声：一所　一缕　一场　一响　一盏　一统　一早　一朵
“不”＋上声：不好　不讲　不想　不痒　不敢　不傻　不管　不演

（3）“一”和“不”夹在词语之间，要轻读一些，变为次轻音。例如：

写一写　赌一赌　想一想　画一笔　看一眼　试一次
大不大　瘦不瘦　买不买　打不开　拿不动　放不下

二　轻声

（一）轻声的含义

轻声是指有的音节长期处于口语轻读地位，使原有声调的调值，变成了又轻又短的调子，这种现象就是轻声。轻声是普通话四个声调的一种特殊的音变现象，凡读轻声的字原来都有声调，只是处于轻读音节的位置以后不再保持原来的声调，如先生、溜达、姐姐、秀气，分别是从阴平、阳平、上声、去声四个声调变化来的。轻声音节的读音不能独立存在，必须依靠与其相邻的前一个音节的调值来确定轻声音高。具体如下：

1. 轻声在阴平、阳平、去声的后面，是降调的调形，大致为短促的31调值。例如：

阴平＋轻声：耽搁　休息　左边　星星　丫头
阳平＋轻声：石榴　嘀咕　锄头　盘算　咱们
去声＋轻声：骆驼　相声　豆腐　护士　进去

2. 轻声在上声后面，是半高平调的调形，大致为短促的44调值。例如：

上声＋轻声：扁担　火候　码头　首饰　恶心

为了区别于非轻声音节，汉语拼音方案中明确规定：轻声音节不标声调符号。

有些轻声音节具有区别词义、区分词性的作用，发音时要注意区分。例如：

地下（dìxià）：地面之下，地层内部
地下（dìxia）：地面上

言语（yányǔ）：说的话；名词

言语（yányu）：〈口〉说，说话；动词

（二）轻声的基本规律

1. 常见的一些语法成分通常读轻声

在普通话里，读轻声是有规律可以遵循的，综合起来有 8 方面的变化规律：

（1）语气词

“吗、啊、啦、吧、呢”等附着在句末，表示说话语气的助词，读轻声。例如：

来吗　走啊　好啦　忙吧　人呢

（2）动态助词

“着、了、过”等附着在动词、形容词后，表示动态的助词，读轻声。例如：

哭着　读了　学过

（3）结构助词

“的、地、得”等附着于词或词组，起结构作用的助词，读轻声。例如：

回家的　认真地　走得近

（4）动词、形容词后的趋向动词

“起来、下去、进来、来、去”等，附着在动词、形容词后表示趋向的动词，读轻声。例如：

红起来　黑下去　走进来　出来　拿去

（5）名词、代词后的方位词

“上、下、面、边、里”等，附着在名词、代词后表示方位的词，读轻

声。例如：

地上　床下　西面　前边　房子里　这里

(6) 叠音词、动词重叠式的后一个音节

叠音词、动词重叠式的后一个音节，读轻声。例如：

猩猩　蛐蛐　奶奶　爷爷　讲讲　想想
商量商量　休息休息　打听打听

(7) 名词、代词后缀

“子、头、们、家”等，名词、代词的后缀，读轻声。例如：

盒子　身子　舌头　木头　孩子们　我们　人家　亲家

(8) 量词“个”

量词“个”常读轻声。例如：

十个　几个　那个

2. 一些老资格的口语双音节词，常读轻声

一些老资格的口语双音节词，第二个音节习惯读轻声。例如：

机灵　护士　月饼　聪明　嘀咕　寡妇　和尚　规矩　馄饨
讲究　结实　结巴　老爷　学问　知道　知识　主意　窗户
灯笼　动静　豆腐　队伍　萝卜　骆驼　马虎　毛病　大夫
蘑菇　模糊　名字　学生　恶心　耳朵　姑娘　故事　点心

三　儿化

(一) 儿化的含义

儿化是一种特殊的音变现象。儿（er）本是一个独立的音节，作为词根构成复合词，是有具体意义的，如婴儿。当儿（er）没有具体意义，只作后

缀与前一个音节的韵母结合成一个音节，使这个音节的韵母带上卷舌色彩，这种语音现象就是“儿化”。这种卷舌化了的韵母叫作儿化韵。用汉语拼音来拼写儿化音节，只需在原来的音节后加上一个儿化韵的形容性符号“r”（表示卷舌）就可以了。如“煤核儿——méihúr”“没事儿——méishìr”。

儿化具有区别词义、区别词性等作用。例如：

白面：小麦粉。
白面儿：海洛因，毒品。
盖：动词。
盖儿：名词。

（二）儿化韵发音的基本规律

儿化韵的发音在于是否便于发生卷舌动作，使“儿”的前一个音节的主要元音带上卷舌色彩。如果“儿”的前一个音节韵母的最后一个音素（韵腹或韵尾）便于卷舌，其韵母不变，直接加上卷舌动作；如果“儿”的前一个音节韵母的最后一个音素不便于卷舌，其韵母就要发生变化，适应卷舌动作。儿化音变对声母和韵头没有影响，只对韵腹或韵尾有影响。其音变基本规律描述如下：

1. 韵母不变，直接加上卷舌动作

韵腹或韵尾是ɑ、o、e、ê、u（ɑo、iɑo）时，便于发生卷舌动作，使主要元音带上卷舌色彩，韵母不变，直接加上卷舌动作。例如：

去哪儿——nǎr [ɑ - ɑr]
上坡儿——pōr [o - or]
猴哥儿——gēr [e - er]
锅贴儿——tiēr [ie - ier]
白兔儿——tùr [u - ur]
小勺儿——sháor [ɑo - ɑor]
小鸟儿——niǎor [iɑo - iɑor]

2. 丢掉i、n韵尾（in、ün除外），在主要元音后加上卷舌动作

韵尾是i、n时（in、ün除外），不便于发生卷舌动作，使主要元音带上卷舌色彩，要去掉韵尾，主要元音加卷舌动作。例如：

瓶盖儿——gàir [ai - ar]
刀背儿——bèir [ei - er]
肝尖儿——jiānr [ian - iar]
花盆儿——pénr [en - er]

3. 在韵腹 i、ü 后面，加上 er [ər]

韵腹是 i、ü 时，不便于发生卷舌动作，使主要元音带上卷舌色彩，要在 i、ü 的后面，加上 er [ər]。例如：

小鸡儿——jīr [i - i：er]
有趣儿——qùr [ü - ü：er]
背心儿——xīnr [in - i：er]
花裙儿——qúnr [ün - ü：er]

4. 去掉舌尖元音 -i（前）、-i（后），加上 er [ər]

韵母是舌尖元音 -i（前）、-i（后）时，不便于发生卷舌动作，要去掉舌尖元音 -i（前）、-i（后），加上 er [ər]。例如：

瓜子儿——zir [z - er]
办事儿——shir [sh - er]

5. 去掉 ng 韵尾，加卷舌动作，主要元音鼻化

韵尾是 ng 的韵母，不便于发生卷舌动作，去掉韵尾，卷舌时主要元音鼻化。其中，韵腹是 i 的，要加上 er [ər]，并鼻化。例如：

帮忙儿——mángr [ang - ar]
脖颈儿——gěngr [eng - er]
小洞儿——dòngr [ong - or]
彩铃儿——língr [ing - i：er]

四 语气词“啊”的音变

（一）语气词“啊”音变的含义

语气词“啊”的音变，是指语气词“啊”的读音因受前一个字尾音的影响而产生的语音变读的现象。“啊”是表达语气情感的基本声音，“啊”在句首作叹词用时，有自己的声调。例如：啊！祖国我的母亲！此时的“啊”读第四声。但“啊”附着在句子的尾部的位置，作语气词用时，其读音会产生音变。

（二）语气词“啊”的音变规律

语气词“啊”的音变有以下几种基本规律：

1. 变读“yɑ”

当“啊”前一个音节的最后一个音素是ɑ、o、e、ê（含ie、üe）、i、ü时，“啊”要变读“yɑ”，汉字规范写法写作“呀”。例如：

这个瓶子可真大啊！（大呀） （dàyɑ）
她就是刘洋的婆婆啊！（婆呀） （póyɑ）
没有选择啊！（择呀） （zéyɑ）
彤彤多爱学啊！（学呀） （xuéyɑ）
大爷啊！（爷呀） （yéyɑ）
足球已经没气儿了，你还踢啊！（踢呀） （tīyɑ）
昨天晚自习，你怎么没去啊！（去呀） （qùyɑ）

2. 变读“wɑ”

当“啊”前一个音节的最后一个音素是u（含ɑo、iɑo）时，“啊”要变读“wɑ”，汉字规范写法写作“哇”。例如：

都快30岁了，你怎么还不成熟啊！（熟哇） （shúwɑ）
刘大妈被病魔折腾了二年，现在真瘦啊！（瘦哇）（shòuwɑ）
音音和明明还没和好啊！（好哇） （hǎowɑ）
满屋子都是烟味儿，谁受得了啊！（了哇） （liǎowɑ）

3. 变读“nɑ”

当“啊”前一个字音节的最后一个音素是n时，“啊”要变读“nɑ”，汉字规范写法写作“哪”。例如：

做女人真难啊！（难哪）	（nánna）
大家都要学会感恩啊！（恩哪）	（ēnna）
心脏不好，心口闷啊！（闷哪）	（mēnna）
这条鱼真新鲜啊！（鲜哪）	（xiānna）

4. 变读“nga”

当“啊”前一个音节的最后一个音素是 ng 时，“啊”要变读“nga”，汉字规范写法写作“啊”。例如：

要解放思想啊！	（xiǎngnga）
这还有小胡同啊！	（tòngnga）
敢拼才会赢啊！	（yíngnga）

5. 变读“zA”

当“啊”前一个音节的最后一个音素是-i（前）时，“啊”要变读“zA”，汉字规范写法写作“啊”。例如：

要学好汉字啊！	（zì［zA］）
这可是景德镇的陶瓷啊！	（cí［zA］）
做事之前要三思啊！	（sī［zA］）

6. 变读“ra”

当“啊”前一个字的最后一个音素是-i（后）及 er 时，“啊”要变读“ra”，汉字规范写法写作“啊”。例如：

他怎么一问三不知啊？	（zhīra）
梅菜扣肉真好吃啊！	（chīra）
这就是我们的新老师啊！	（shīra）
肖潇真的是你儿啊！	（érra）

五 词的轻重格式

（一）词的轻重格式的含义

词的轻重格式是指在一句话里，双音节或多音节词中的每个音节都有着约定俗成的轻重强弱之分，我们把它称为词的轻重格式。词的轻重强弱的差别主要表现在每个音节音强、音长的不同。我们把强而长的音节称为重，把弱而短的音节称之为轻，介于二者之间的称为中。

（二）词的轻重格式基本规律

1. 双音节词的轻重格式规律

在双音节词中，轻重格式通常分为三种类型，即中重格式、重轻格式、重中格式。

（1）中重格式：就是第二个音节读得要比前一个音节长、强一些。例如：

当代　演变　牲畜　货币　群众　分数

（2）重轻格式：就是第二个音节要读得短而弱。例如：

脑袋　喉咙　早晨　叨唠　想想　拿着

（3）重中格式：就是读第二个音节时，要比前一个音节轻、弱一些，但又不是轻声，音节的第二个音长度与强度介于中重格式、重轻格式第二个音节之间。例如：

质量　父亲　触觉　性质　责任　围裙

2. 三音节词的轻重格式规律

在三音节词中，常见的轻重格式有中轻重、中中重、中重轻三种类型。

（1）中轻重格式：说得好　小不点　学一学　了不起（轻属于次轻音）

（2）中中重格式：主持人　党代表　毛委员　胃肠道

（3）中重轻格式：大萝卜　啃骨头　不去了　怪脾气

3. 四音节词的轻重格式规律

在四音节词中，常见的轻重格式有中轻中重、中重中重等类型。

（1）中轻中重格式：糊里糊涂　沸沸扬扬　打打闹闹　啰里啰唆（轻属于次轻音）

（2）中重中重格式：刀光剑影　广播体操　并驾齐驱　前赴后继

需要注意的是：在双音节词语中，大多数读“中重”格式；在双音节、三音节、四音节词语中，最后一个音节大多数读为“重音”。

思考与练习

1. 什么是音变？普通话常见的语流音变有哪些？
2. 什么是变调？普通话变调主要有哪几种，举例说明。
3. 什么是轻声？什么是儿化？
4. 说出“啊”的音变规律及儿化的音变规律。
5. 按照普通话音变规律完成下面练习：

（1）“上声”变调

上声＋阴平

体操　晚安　整天　火车　警钟　垦荒　指标　崭新
敞开　卷烟　脚跟　取经　嘱托　眼光　打击　港湾

上声＋阳平

企求　火柴　口诀　主流　转达　总额　阻挠　朗读
考察　果实　几何　坦白　裱糊　齿龈　漂白　理由

上声＋去声

柏树　处分　谨慎　诡辩　呕吐　妥善　演奏　野兽
怎样　丑陋　惨重　抵触　演奏　表露　养分　展望

上声＋轻声

姥姥　本事　打量　考究　捻子　冷清　比方　寡妇
本钱　恶心　喇叭　嘱咐　枕头　妥当　委屈　买卖

上声＋上声

腼腆　取保　赏脸　首肯　反省　简短　辗转　笔杆
水塔　讨好　铁索　整理　五谷　组稿　手巧　抢险

上声＋上声＋上声

老保守　孔乙己　小九九　买水果　小雨点
蒙古语　版本好　处理品　理想美　管理者

（2）“一”“不”的变调

“一”＋阴平：一筐　一些　一端　一经　一身　一心　一天

“不” +阴平：不一　不惜　不新　不多　不听　不公　不卑
“一” +阳平：一头　一旁　一直　一格　一毛　一年　一群
“不” +阳平：不强　不难　不肥　不谋　不足　不妨　不凡
“一” +上声：一起　一览　一手　一体　一女　一扭　一把
“不” +上声：不好　不可　不管　不语　不睬　不远　不短
“一” +去声：一贯　一致　一项　一世　一笑　一线　一块
“不” +去声：不论　不顾　不睡　不动　不放　不降　不劝
试一试　谈一谈　说一说　笑一笑　弯一弯　想一想　喊一喊
甜不甜　像不像　去不去　起不来　看不清　扳不倒　认不出
一张一弛　一朝一夕　一五一十　一丝一毫　一窍不通　一尘不染
不卑不亢　不偏不倚　不慌不忙　不离不弃　不依不饶　不折不扣

（3）读准轻声词

抽屉　姑姑　打听　出息　大方　闺女　篱笆　烧饼　冤枉　村子
窝囊　叨唠　掂掇　懂得　斗篷　萝卜　比量　扁担　憋闷　簸箕
刷子　算计　娃娃　吐沫　那么　咱们　枕头　张罗　招牌　针脚
上司　凳子　风筝　奉承　富余　甘蔗　疙瘩　胳膊　哆嗦　嫁妆
规矩　厚道　活泼　价钱　虫子　脊梁　糊涂　见识　咳嗽　苤蓝
买卖　暖和　笤帚　唾沫　休息　伙计　庄稼　琢磨　做作　骨头
拳头　芝麻　折腾　商量　亲戚　部分　柴火　长处　颤悠　称呼
姐姐　锄头　畜生　刺猬　村子　打扮　大夫　灯笼　道士　巴结
链子　比方　白净　包袱　报酬　提防　点心　宝宝　耽搁　胆子
委屈　嗓子　我的　早上　打听　养活　本事　应酬　亲家　脾气

（4）读准儿化韵

光棍儿　心眼儿　风味儿　摆摊儿　打盹儿　蝈蝈儿　豆芽儿　走神儿
黄牌儿　找碴儿　烟嘴儿　腰板儿　肉馅儿　捧角儿　香味儿　小辫儿
裤兜儿　耍猴儿　柜门儿　皮筋儿　对过儿　花园儿　草稿儿　橘汁儿

吃葡萄不吐葡萄皮儿

吃葡萄不吐葡萄皮儿，
不吃葡萄倒吐葡萄皮儿。

破布头儿

破布头儿补破布兜儿，
破布兜儿补破布头儿。

(5) 读准“啊”的读音

他是谁啊?

我真渴啊!

你们去哪啊!

快点儿去啊!

她可真能干啊!

你可别走啊!

实在太难啊!

你这是何苦啊!

他们不会写啊!

真的好香啊!

原来如此啊!

这是多么高尚的品质啊!

今天有雪啊!

年年被评为优秀啊!

好棒啊!

(6) 朗读名言、语段（注意音变）

对于那些有自信而不介意暂时失败的人，没有所谓失败！对于怀着百折不挠的坚定意志的人，没有所谓失败！对于别人放手而他仍然坚忍、别人后退而他仍然前冲的人，没有所谓失败！对于每次跌倒而立刻站起来、每次坠地反会像皮球一样跳得更高的人，没有所谓失败！

（［法］雨果）

播种一个行动，你会收获一个习惯；播种一个习惯，你会收获一个个性，播种一个个性，你会收获一个命运。

（［塞内加尔］菩德吉）

我相信我们应该在一种理想主义中去寻找精神上的力量，这种理想主义既要能不使我们骄傲，又要能使我们把希望和梦想放得很高。

（［法］居里夫人）

请闭上眼睛想：一个老城，有山有水，全在天底下晒着阳光，暖和安适地睡着，只等春风来把它们唤醒，这是不是理想的境界？

（节选自老舍《济南的冬天》）

泰山极顶看日出，历来被描绘成十分壮观的奇景。有人说：登泰山而看不到日出，就像一出大戏没有戏眼，味儿终究有点寡淡。

我去爬山那天，正赶上个难得的好天，万里长空，云彩丝儿都不见。素常，烟雾腾腾的山头，显得眉目分明。同伴们都欣喜地说："明天早晨准可以看见日出了。"我也是抱着这种想头，爬上山去。

（节选自杨朔的《泰山极顶》）

陶行知又掏出第三块糖果塞到王友手里，说："我调查过了，你用泥块砸那些男生，是因为他们不守游戏规则，欺负女生；你砸他们，说明你很正直善良，且有批评不良行为的勇气，应该奖励你啊！"王友感动极了，他流着眼泪后悔地喊道："陶……陶校长你打我两下吧！我砸的不是坏人，而是自己的同学啊……"

（节选自陶行知的"四块糖果"）

我的心随潭水的绿而摇荡。那醉人的绿啊！仿佛一张极大极大的荷叶铺着，满是奇异的绿啊。我想张开两臂抱住她，但这是怎样的一个妄想啊。

（节选自朱自清《绿》）

第四章　普通话朗读

学习导航

普通话朗读是普通话正音辨调的继续，也是广泛汲取古今中外名家高手语言表现力精华的过程。通过本章学习，明确普通话朗读的含义、作用、特点；掌握朗读的内部技巧、外部技巧，切实提高有声语言表现力。

第一节　普通话朗读概述

一　普通话朗读的含义

普通话朗读是指朗读者自觉地运用朗读技巧，对书面语言进行加工，把视觉形象转换成听觉形象，通过有声语言准确生动地再现作者所要表达的思想感情的一种方式。对于这个概念的理解需要注意以下几点：

1. 朗读技巧

朗读技巧指的是朗读的内部技巧和外部技巧。

2. 加工

加工指的是朗读者要对作品的内容进行深入细致的分析，加深感受，产生真情实感。

3. 视觉形象转换成听觉形象

视觉形象转换成听觉形象指的是朗读者通过对作品具体、细致、真切的感受，使作品中的人物、事件、情节、场面、景物等，在朗读者头脑中像放电影一样浮现出连续的活动的画面，从而引发出相应的态度、情感，然后用标准的普通话朗读出来，引起受众的共鸣。

4. 再现

再现指的是朗读者抒发的感情要真实、细腻。无论是明快悠扬，还是沉郁有力，都要与作品所表达的思想感情相一致。朗读者应注意克服没有重音、只是机械地把文字变为声音的“蹦字式”，没有顿歇、没有起伏的“念经式”，过分渲染、给人以虚假感觉的“夸张式”等。要以情带声，以情感人。

二 普通话朗读的作用

(一) 朗读可以使人们更真切地感受到作品的音乐美

在汉语中，汉字语音乐音成分多，音节界限明显，并且有声调的高低升降、曲直长短的变化。由汉字组成的作品，只有通过朗读才能使人们真切地体味到语音的音韵美。另外，作品中起承转合的律动特点及作品中具体、可感、具有审美意义的生活画面所构成的艺术形象，通过朗读者抑扬顿挫、轻重缓急富有节奏地表达，可以使人们感受到作品的旋律美，真正领悟到作品的音乐美。

(二) 朗读能促进人们说普通话能力的提高

朗读是人们学习和推广普通话的重要途径。因为人们朗读的作品都是规范的现代汉语，这有利于改造不规范的语言和句式。另外，朗读也是把学过的普通话声母、韵母、声调、音变等知识与技能综合在朗读实践中加以运用，帮助人们逐步掌握普通话语音系统。除此之外，朗读又是广泛汲取古今中外名家高手语言表现力精华的过程。优秀作品中那些精湛的语言、妥帖的修辞方法、鲜明的人物刻画、复杂的感情变换等，不仅丰富了人们的知识宝库，发展了人们的想象力、鉴赏力、创造力等，同时对提高说普通话的能力具有非常重要的作用。

三 普通话朗读的特点

(一) 朗读是声音的艺术

朗读犹如一幅美丽的画卷，一首动听的歌曲，把人们带入美的意境之中。

朗读具有与朗诵、播音等艺术形式共同的特点，都是用声音再现作品，具有语音稍纵即逝的特点。朗读者通过有声语言在有限的时间里，完成达意（表达出作者想要表达的思想），传情（围绕达意的重点，传达出作者所要抒发的思想感情），创造意境（通过语言形象、情感一点点创造出的意境）的目的，感染受众，使受众得到美的熏陶。

无论是朗读、朗诵、还是播音都属于“二度创作”，即在文字作品（书面语言）的基础上，用有声语言再现作品，还原或接近作者所要表达的思想感情。

作者在创作文字作品时大都饱含深情，我们在进行有声语言创作时，也要通过声音塑造出人物形象或景物形象，并满怀激情地去体现作品的具体内涵，使之更好地感染人、启迪人。

（二）朗读是创造性活动

朗读包括朗读者、作品、受众（朗读者服务对象）。朗读的创造性是它区别于其他艺术形式的主要特点，具体表现在以下几个方面：

1. 创作活动大众化

朗读者在朗读时对听众的选择是大众化的，任何人，只要想听朗读，都可成为受众。朗读既可以在课堂进行，也可以在舞台上、电台、电视台播音间等进行，任何地点、任何时间都可以，它不受时间、空间的限制，相对自由、宽松、灵活。

2. 创作手段简洁

朗读是朗读者通过有声语言，并辅之以体态语，但主要还是靠有声语言来创作的。它不同于朗诵、播音可以运用多种辅助工具，如：灯光、音响、服装等进行创作。

3. 注重与受众交流

朗读者是按听众的接受规律进行朗读，注重声音的交流，有对象感，是传达出的语言，是传达美，而不是自我欣赏。它不同于播音，播音虽然也有对象感，但交流方式是回答，是按照听众的期待来回答。

4. 作品选择地广泛性

朗读作品的选材十分广泛，各种体裁的作品如：播音稿、杂文、散文、诗歌等都可用于朗读，它不同于朗诵，朗诵仅限于词美、意美的文学精品。

思考与练习

1. 什么是朗读？如何理解朗读的内涵？
2. 朗读有何作用？
3. 请说出朗读的特点。

第二节　普通话朗读的内部技巧

朗读是有一定的技巧的，这些技巧的掌握，不是一蹴而就的，它需要我们在不断学习、体悟的基础上，日积月累，融会贯通。

一 作品准备

备稿六步骤

备稿是朗读不可缺少的环节，我们在朗读前必须对朗读作品进行充分的准备。首先，要认真阅读作品，把握好作品中难读易错的字词的读音。其次，要对作品进行全面、准确、深入的把握。这是朗读成功的重要前提。具体可按以下六个步骤进行：

1. 划分层次

划分层次，指的是在熟读作品的基础上对作品的自然段进行归并和划分。归并，即把内在联系比较紧密的自然段归并为一个层次。如果层次较多，可以继续归并为部分。一个层次里，既可以是一个自然段，也可以是几个自然段；一个部分，可以有一个层次，也可以有几个层次。短的稿件可以没有"部分"，两个自然段的文章也可以没有"层次"。归并后用精练的语言概括出大意，这样朗读时就可以一目了然，根据提示激发起相应的情感、态度。通过归并，我们就可以从宏观上来把握作品。对于层次与层次之间可以作稍大的停顿和语气转换，对于部分与部分之间可以作更大的停顿和语气转换。划分，指的是把一个自然段的内容分为几个小层次。特别短的自然段可不再划分。划分可以让我们更细致地把握作品的脉络，在小的层次与层次之间作较短的停顿和小的语气转换。通过归并和划分，我们就可以理清部分与部分、层次与层次之间的关系，它是朗读作品思路清晰的基础。例如茅盾的《白杨礼赞》，这篇朗读作品共分5个部分：

第一部分：（第1自然段）作者直接抒发对白杨树的赞美之情。

（1）白杨树实在是不平凡的，我赞美白杨树！

第二部分：（第2—4自然段）写西北黄土高原的景色，衬托出白杨树出现在这里的不平凡，交代了白杨树的生长环境。

（2）当汽车在望不到边际的高原上奔驰，扑入你的视野的，是黄绿错综的一条大毯子；黄的，那是土，未开垦的处女地，几百万年前由伟大的自然力堆积成功的黄土高原的外壳；绿的呢，是人类劳力战胜自然的成果，是麦田，和风吹送，翻起了一轮一轮的绿波——这时你会真心佩服昔人所造的两个字“麦浪”，若不是妙手偶得，便确是经过锤炼的语言的精华。黄与绿主宰着，无边无垠，坦荡如砥，这时如果不是宛若并肩的远山的连峰提醒了你，你会忘记了汽车是在高原上行驶。这时你涌起来的感想也许是“雄壮”，也许是“伟大”，诸如此类的形容词，然而同时你的眼睛也许觉得有点倦怠，你对当前的“雄壮”或“伟大”闭了眼，而另一种味儿在你心头潜滋暗长了——“单调”！可不是？单调，有一点儿吧？

(3) 然而刹那间，要是你猛抬眼看见了前面远远有一排——不，或者只是三五株，一两株，傲然地耸立，像哨兵似的树木的话，那你的恹恹欲睡的情绪又将如何？我那时是惊奇地叫了一声的！

(4) 那就是白杨树，西北极普通的一种树，然而实在是不平凡的一种树！

第三部分：(第5—6自然段) 比较具体地描绘了白杨树的形象及性格特征，突出白杨树的不平凡。

(5) 那是力争上游的一种树，笔直的干，笔直的枝。它的干呢，通常是丈把高，像是加以人工似的，一丈以内绝无旁枝；它所有的丫枝呢，一律向上，而且紧紧靠拢，也像是加以人工似的，成为一束，绝不旁逸斜出；它的宽大的叶子也是片片向上，几乎没有斜生的，更不用说倒垂了；它的皮，光滑而有银色的晕圈，微微泛出淡青色。这是虽在北方的风雪的压迫下却保持着倔强挺立的一种树！哪怕只有碗来粗细罢，它却努力向上发展，高到丈许，两丈，参天耸立，不折不挠，对抗着西北风。

(6) 这就是白杨树，西北极普通的一种树，然而绝不是平凡的树！

第四部分：(第7—8自然段) 从礼赞白杨树到直接揭示其象征意义。

(7) 它没有婆娑的姿态，没有屈曲盘旋的虬枝，也许你要说它不美丽，——如果美是专指“婆娑”或“横逸斜出”之类而言，那么，白杨树算不得树中的好女子；但是它确是伟岸，正直，朴质，严肃，也不缺乏温和，更不用提它的坚强不屈与挺拔，它是树中的伟丈夫！当你在积雪初融的高原上走过，看见平坦的大地上傲然挺立这么一株或一排白杨树，难道你觉得树只是树，难道你就不想到它的朴质，严肃，坚强不屈，至少也象征了北方的农民；难道你竟一点也不联想到，在敌后的广大土地上，到处有坚强不屈，就像这白杨树一样傲然挺立的守卫他们家乡的哨兵！难道你又不更远一点想到这样枝枝叶叶靠紧团结，力求上进的白杨树，宛然象征了今天在华北平原纵横决荡用血写出新中国历史的那种精神和意志。

（8）白杨不是平凡的树。它在西北极普遍，不被人重视，就跟北方的农民相似；它有极强的生命力，磨折不了，压迫不倒，也跟北方的农民相似。我赞美白杨树，就因为它不但象征了北方的农民，尤其象征了今天我们民族解放斗争中所不可缺的朴质、坚强，以及力求上进的精神。

第五部分：（第9自然段）作者表明了不同于顽固派的观点，进一步抒发对白杨树的赞美之情！首尾呼应。

（9）让那些看不起民众，贱视民众，顽固的倒退的人们去赞美那贵族化的楠木，去鄙视这极常见，极易生长的白杨吧，但是我要高声赞美白杨树！

这篇作品茅盾写于1941年3月，当时国民党军队消极抗日，积极反共，日本侵略者趁机对我根据地进行扫荡，在共产党的领导下，广大人民团结战斗，粉碎了敌人的多次扫荡，巩固了抗日根据地。作者从人民身上看到了民族的希望，于是写下了这篇文章，借白杨树来赞颂北方农民以及中华民族坚强不屈、力求上进的精神和斗争意志。

2. 概括主题

概括主题，指的是概括出作品的中心思想。概括主题就是进一步深化对作品的理解，它是对作品认识的升华。概括主题语言应凝练、准确。例如，《白杨礼赞》这篇朗读作品的主题是：通过对白杨树不平凡形象的描写，歌颂了在中国共产党领导下坚持抗战的北方农民以及中华民族坚强不屈、力求上进的精神和斗争意志。

3. 联系背景

联系背景，指的是朗读作品的现实背景，即人们当前正在进行的社会实践活动的大背景，它有别于作品的创作背景。现实背景包括两个方面：上情和下情。上情，是指党和国家的施政方针、政策、主要工作，等等。下情，是指国内外的现实情况及其变化。下情又分主流和支流。主流是现实生活中积极的方面；支流则是现实生活中消极的方面（存在的问题）。联系背景是让我们了解此时听众的心理，把握好分寸，使朗读更有针对性。例如，《白杨礼赞》这篇作品的现实背景是：

上情：国家现阶段的施政方针是，维护国家的主权和领土完整，用和平方式解决国际争端，积极维护地区的和平与稳定。

下情：主流：中国政府及中国人民向国际社会发出声音，中国人民捍卫国家领土主权的决心不会改变。支流：日本右翼分子在钓鱼岛不断挑起事端，日本政府一再纵容，致使中日关系紧张。回顾历史，日本右翼势力曾经把国家引向军国主义道路和战争策源地，给中国人民及亚洲国家造成深重灾难。以史为鉴，中国人民乃至整个世界，都应当对日本右翼势力的野心保持高度警惕。

4. 明确目的

明确目的，指的是我们为什么要朗读这篇作品，读它要实现的社会意义和作用。目的是针对问题提出来的。明确目的可调动朗读的愿望，加强与听众交流。例如，《白杨礼赞》这篇作品朗读的目的：对日本右翼势力的野心保持高度警惕，激发中国人民的爱国情怀，理性爱国。

5. 分清主次

分清主次，指的是分清哪些是重点，哪些是非重点。分清主次非常重要，因为对一篇朗读作品的分析，最终要落在主次上。处理好主次关系，能使朗读的各个部分形成和谐的整体。

重点是主题表达最集中、情感表现最强烈、最容易感染听众的地方，表现重点有两种方式：

集中式：重点集中在一两个部分、层次、段落、某几句、某几个字上；

分散式：重点散落全篇的一些部分、层次、段落的一些语句上。

例如，王鼎钧的《那树》，这篇朗读作品的重点是：第 9—11 自然段，写现时的大树。具体描绘大树惨遭虐杀的命运，含蓄地表达了作者的愤恨之情。

（9）这天，一个喝醉了的驾驶者，以六十英里的速度，对准树干撞去。于是人死。于是交通专家宣判那树要偿命。于是这一天来了，电锯从树的踝骨咬下去，嚼碎，撒了一圈白森森的骨粉，那树仅仅在倒地时呻吟了一声。这次屠杀安排在深夜进行，为了不影响马路上的交通。夜很静，像树的祖先时代，星临万户，天象庄严，可是树没有说什么，上帝也没有。一切预定，一切先有默契，不再多言。与树为邻的一位老太太偏说她听见老树叹气，一声又一声，像严重的气喘病。伐树的工人什么也没听见，树缓缓倾斜时，他们只发现一件事：本来藏在叶底下的那盏路灯格外明亮，马路豁然开旷，像拓宽了几尺。

(10) 尸体的肢解和搬运连夜完成。早晨，行人只见地上有碎叶，叶上每一平方厘米仍绿。绿世界的残存者已不复存，它果然绿着生、绿着死。缓缓的，路面染上旭辉，缓缓的，清道妇一路挥帚出现。她们戴着斗笠，包着手臂，是都市的寄生者，是树的亲戚。扫到树根，她们围着年轮站定，看那一圈又一圈的风雨图，估计根有多大，能分裂成多少斤木柴。一个说：昨天早晨，她扫过这条街，树仍在，住在树干里的蚂蚁大搬家，由树根到马路对面流成一条细细的黑河。她用作证的语气说，她从没有见过那么多蚂蚁，那一定是一个蚂蚁国。她甚至说，有几个蚂蚁像苍蝇一般大。她一面说，一面用扫帚划出大移民的路线，汽车的轮胎几次将队伍切成数段，但秩序毫不紊乱。对着几个睁大了眼睛的同伴，她表现了乡间女子特有的丰富见闻。老树是通灵的，它预知被伐，将自己的灾祸先告诉体内的寄生虫。于是小而坚韧的民族，决定远征，一如当初它们远征而来。每一个黑斗士在离巢后，先在树干上绕行一周，表示了依依不舍。这是那个乡下来的清道妇说的。这就是落幕了。她们来参加了树的葬礼。

(11) 两星期后，根也被挖走了，为了割下这颗生满虬须的大头颅，刽子手贴近它做了个陷阱，切断所有的动脉静脉。时间仍然是在夜间，这一夜无星无月，黑得像一块仙草冰，他们带利斧和美制的十字镐来，带工作灯来，人造的强光把举镐挥斧的影子投射在路面上，在公寓二楼的窗帘上，跳跃奔腾如巨无霸。汗水赶过了预算数，有人怀疑已死未朽之木还能顽抗。在陷阱未填平之前，车辆改道，几个以违规为乐的摩托车骑士跌进去，抬进医院。不过这一切都过去了，现在，日月光华，周道如砥，已无人知道有过这么一棵树，更没有人知道几千条断根压在一层石子一层沥青又一层柏油下闷死。

重点需要突出，非重点需要弱化处理，但并不是读成一片，要读出层次、读出变化。重点是非重点声音和感情运动的导向和归宿，非重点具有铺垫、蓄势的作用。在重点段中再细化，可找出重点段中的重点句、重点词，如：《那树》第9自然段中的“一个喝醉了的驾驶者，以六十英里的速度，对准树干撞去。于是人死。于是交通专家宣判那树要偿命”。“电锯从树的踝骨咬下去，嚼碎，撒了一圈白森森的骨粉，那树仅仅在倒地时呻吟了一声。”都是重点句，其中“醉”“撞”“偿”以及“咬”“嚼”“呻吟”都是重点词，其他语句中的“屠杀”“气喘病”“格外”等也是重点词。第10自然段中的“连夜的‘连’”以及“生”“死”“亲戚”等是非重点句中的重点词。第10自然段中的重点句是“住在树干里的蚂蚁大搬家，由树根到马路对面流成一条细细的黑河。她用作证的语气说，她从没有见过那么多蚂蚁，那一定是一个蚂蚁国”。“汽车的轮胎几次将队伍切成数段，但秩序毫不紊乱。”“它预知被伐，将自己的灾祸先告诉体内的寄生虫。于是小而坚韧的民族，决定远征，一如当初它们远征而来。每一个黑斗士在离巢后，先在树干上绕行一周，表示了依依不舍。”“它们来参加树的葬礼”。第11自然段重点句是“为了割下这颗生满虬须的大头颅，刽子手贴近它做了个陷阱，切断所有的动脉静脉”。“人造的强光把举镐挥斧的影子投射在路面上，在公寓二楼的窗帘上，跳跃奔腾如巨无霸”“更没有人知道几千条断根压在一层石子一层沥青又一层柏油下闷死”。重点词是“大”“刽”“切”“巨”“闷”等。

有了重点段、重点句、重点词，并不是机械的让我们加重语气、加大音量去读，而是让我们加深对作品的理解、加深内心的感受。有了具体而充实的感受之后，处理好主次关系，使整篇作品各个部分在朗读者头脑中形成有机的整体，然后用有声语言朗读出来，才能表意准确，突出重点、体现目的，从而使我们的朗读更加生动形象。

6. 确定基调

基调，指的是朗读作品总的感情色彩和分量。这里的总的感情色彩和分量既包括作品本身所具有的感情态度，也包括朗读者自身的感情态度。有了鲜明的态度，朗读的目的才能得以实现。不同的作品会有不同的基调。有的热情赞美、有的愤怒批判、有的舒展豪放、有的含蓄细腻，等等。例如王鼎钧的《那树》，古老的大树是值得人们尊敬的形象，它用自己的身躯为人类庇荫，让鸟儿嬉戏，孩子们欢畅，它对人类是有公德的。然而人类在环境改造中却肆无忌惮地将其砍伐，人类应该反思自己的行为，促进人与自然和谐共存。所以《那树》这篇作品的朗读基调是：沉滞凝重。

基调会随作品的内容的发展变化，在感情色彩和分量上发生变化，所以，不必有固定的格式。

对于朗读的六个步骤，我们要活学活用，按照播音艺术家齐越老师归纳的方法指导我们练习。那就是“抓主题贯全篇，感情真实有分寸，基调统一有变化”。

二 情景再现

情景再现，指的是朗读者以作品为原型，把作品中叙述、描写的一切尽可能地再现为设身处地的感受，获得现场感，使作品中的人物、事件、情节、场面、景物等在朗读者头脑中“活”起来，进而引发相应的态度和情感。

情景再现分为四个步骤：理清头绪、设身处地、触景生情、现身说法。

1. 理清头绪

是指朗读者要将分析完的书面作品在头脑中还原成具体的活动的画面。它是对作品的进一步感受。如：开头是怎样的？接下去又是如何发展变化的？结果如何？哪里是重点“特写”？哪里是中景、远景？等等。例如朱自清的散文《背影》，我们在对作品深刻分析、理解的基础上，头脑中还原出如下画面：

开头是中景，（第1自然段）我思念父亲，最不能忘记的是他的背影。

（1）我与父亲不相见已二年余了，我最不能忘记的是他的背影。

紧接着是分镜头，追忆往事：

分镜头一，（第2—3自然段）我回家奔丧，家境惨淡；

（2）那年冬天，祖母死了，父亲的差使也交卸了，正是祸不单行的日子。我从北京到徐州打算跟着父亲奔丧回家。到徐州见着父亲，看见满院狼藉的东西，又想起祖母，不禁簌簌地流下眼泪。父亲说：“事已如此，不必难过，好在天无绝人之路！”

（3）回家变卖典质，父亲还了亏空；又借钱办了丧事。这些日子，家中光景很是惨淡，一半为了丧事，一半为了父亲赋闲。丧事完毕，父亲要到南京谋事，我也要回北京念书，我们便同行。

分镜头二，（第4—5自然段）父亲送我，一路上对我无微不至的关心和爱护；

(4) 到南京时，有朋友约去游逛，勾留了一日；第二日上午便须渡江到浦口，下午上车北去。父亲因为事忙，本已说定不送我，叫旅馆里一个熟识的茶房陪我同去。他再三嘱咐茶房，甚是仔细。但他终于不放心，怕茶房不妥帖，颇踌躇了一会。其实我那年已二十岁，北京已来往过两三次，是没有什么要紧的了。他踌躇了一会，终于决定还是自己送我去。我再三回劝他不必去；他只说："不要紧，他们去不好！"

(5) 我们过了江，进了车站。我买票，他忙着照看行李。行李太多了，得向脚夫行些小费，才可过去。他便又忙着和他们讲价钱。我那时真是聪明过分，总觉他说话不大漂亮，非自己插嘴不可。但他终于讲定了价钱；就送我上车。他给我拣定了靠车门的一张椅子；我将他给我做的紫毛大衣铺好座位。他嘱我路上小心，夜里要警醒些，不要受凉。又嘱托茶房好好照应我。我心里暗笑他的迂；他们只认得钱，托他们只是白托！而且我这样大年纪的人，难道还不能料理自己么？唉，我现在想想，那时真是太聪明了！

分镜头三，(第 6 自然段）是重点，特写。浦口分别，望父亲爬过铁道为我买橘子的背影，父子分手，惜别的背影，将父亲的爱子之情推向了高潮。

(6) 我说道："爸爸，你走吧。"他往车外看了看说："我买几个橘子去。你就在此地，不要走动。"我看那边月台的栅栏外有几个卖东西的等着顾客。走到那边月台，须穿过铁道，须跳下去又爬上去。父亲是一个胖子，走过去自然要费事些。我本来要去的，他不肯，只好让他去。我看见他戴着黑布小帽，穿着黑布大马褂，深青布棉袍，蹒跚地走到铁道边，慢慢探身下去，尚不大难。可是他穿过铁道，要爬上那边月台，就不容易了。他用两手攀着上面，两脚再向上缩；他肥胖的身子向左微倾，显出努力的样子，这时我看见他的背影，我的泪很快地流下来了。我赶紧拭干了泪。怕他看见，也怕别人看见。我再向外看时，他已抱了朱红的橘子往回走了。过铁道时，他先将橘子散放在地上，自己慢慢爬下，再抱起橘子走。到这边时，我赶紧去搀他。他和我走到车上，将橘子一股脑儿放在我的皮大衣上。于是扑扑衣上的泥土，心里很轻松似的。过一会说："我走了。到那边来信！"我望着他走出去。他走了几步，回头看见我，说："进去吧，里边没人。"等他的背影混入来来往往的人里，再找不着了，我便进来坐下，我的眼泪又来了。

结尾，镜头由近及远，（第7自然段）思念父亲，读父亲书信，眼前又浮现出父亲的背影。首尾呼应，浑然一体。

(7) 近几年来，父亲和我都是东奔西走，家中光景是一日不如一日。他少年出外谋生，独立支持，做了许多大事。哪知老境却如此颓唐！他触目伤怀，自然情不能自已。情郁于中，自然要发之于外；家庭琐屑便往往触他之怒。他待我渐渐不同往日。但最近两年的不见，他终于忘却我的不好，只是惦记着我，惦记着我的儿子。我北来后，他写了一信给我，信中说道："我身体平安，惟膀子疼痛厉害，举箸提笔，诸多不便，大约大去之期不远矣。"我读到此处，在晶莹的泪光中，又看见那肥胖的、青布棉袍黑布马褂的背影。唉！我不知何时再能与他相见！

2. 设身处地

是指朗读者把作品中叙述、描写的一切，作为亲眼所见、亲耳所闻、亲身所历，获得现场感。例如朱自清的散文《背影》：

我们要能设身处地地把自己假设成作者或现场的目睹者，亲身经历并感受到父亲对儿子的爱，以及儿子思念父亲的浓浓父子之情。

3. 触景生情

是指朗读者受到头脑中画面情景的触动而产生的某种情感。或喜悦、或忧伤、或愤恨等。例如朱自清的散文《背影》：

父亲送我，一路上对我无微不至的关心和爱护。浦口分别，父亲爬过铁道为我买橘子时的背影。父子分手，惜别的背影等。这一切怎能不让我们动情呢？它会让我们产生强烈地对父亲爱的情感！赞颂父亲的情感！

4. 现身说法

是指朗读者把对作品的理解、感受，以及由此引发的情感用有声语言准确生动地表达出来。例如朱自清的散文《背影》：

通过对作品《背影》的理解、感受，激起了我们强烈的爱的情感！赞颂父子亲情这一中华民族的传统美德！向人诉说的愿望也更加迫切了，此时我们把朗读作品用有声语言真实、准确地表达出来，就会令人信服。

思考与练习

1. 备稿六步骤具体指哪六步骤，请详细说明。
2. 情景再现分几个步骤，每个步骤指的是什么？
3. 请找出普通话朗读作品44号《我为什么当老师》【［美］彼得·基·贝得勒】、朗读作品27号《麻雀》【［俄］屠格涅夫，巴金译】，先熟悉作品，加深感受；然后，按照备稿六步骤对作品进行分析；最后练习情景再现。

第三节　普通话朗读的外部技巧

朗读的外部技巧主要包括停连、重音、语气、节奏等。

一　停连

（一）停连的含义

停即停顿，连即连接。停连，指的是朗读语流中声音的停顿和连接。朗读中之所以要停顿，相当一部分是出于生理上的原因。由于一个人不可能一口气读完一个相对较长的句群或段落，这中间需要换气，需要停顿。这就是生理停顿。在朗读的时候，有时出于突出作品中的某一内容和结构的需要及相关的逻辑需要，也需要停顿。这是心理停顿。通常来说，生理上的停顿需要服从心理上的停顿，否则会造成不恰当的停顿。停顿只是声音的暂时性休止，但却不是思想感情运动的中断，有停还要有连。停连可用符号表示：顿挫号“/”，表示语意间短暂的停顿；停顿号“ > ”，表示停顿时间稍长一些；间歇号“≯”，表示停顿时间更长一些；连接符号“⌒”，表示连读，通常只用于有标点符号的地方。

（二）停连的位置

朗读作品时，作品中原有的“标点符号”是朗读者安排停顿的重要参考。但是，不能把标点符号作为确定停连的唯一的、终极性的依据。根据作品内容的内在逻辑及语言表达的内在逻辑规律，实际朗读中停连的处理，会比标点符号所标示的更灵活、更具体。为了表情达意的需要，有标点符号的地方有时可能要连起来读，没标点符号的地方有时也可能要做适当的停顿。也就是说，朗读中的停与连的处理，虽然要考虑到标点符号，但却又不能唯标点符号，必须同时还要考虑到符合作品内容的内在逻辑及语言表达的内在逻辑规律的需要，符合心理上的需要，等等。这也是克服朗读中呆板念字弊病的有效方法。例如：

例1：有一天，我伏案写作时，它居然落到我的肩上。我手中的笔不觉停了，生怕惊跑它，呆一会，扭头看，这小家伙竟趴在我的肩头/睡着了。

（《珍珠鸟》）

这里强调一种宁静安谧的气氛——不要惊醒这“小家伙”，所以，“这小家伙竟趴在我的肩头睡着了”这句话虽没有标点符号，但我们为了表情达意的需要也可以在“肩头”后稍作停顿，然后慢慢读出后面的“睡着了”。

例2：——暴风雨！暴风雨就要来啦！

（节选自高尔基《海燕之歌》）

连接符号处，虽有标点符号，但却不能长停，只有连起来读才能表现出海燕敢于斗争，迫切呼唤革命高潮到来的强烈愿望。

以上的例子就是突破标点符号的束缚而进行的停顿与连接。

需要特别注意的是，无论停顿与连接，都不能造成对一个双音节或多音节词语的肢解或对一句话、一段话的误解与歧解。例如：

例1：每天，把分到的一塑料桶淡水匀给它喝，把从祖国带来的鲜美的鱼肉分给它吃，天长日久，小鸟和水手的感情日趋笃厚。

（节选自王文杰《可爱的小鸟》）

读这句话时应注意，“一塑料桶淡水”一定要连读，可在“淡水”后顿挫，而不能将“一塑料桶淡水”分开读，读成“一塑料”／“桶淡水”。

例 2：有一夜，那个在哥伦波上船的英国人指给我看天上的巨人。

（节选自巴金《繁星》）

在这句话中，“哥伦波”是个地名不能分解读，读成“哥伦”／“波上船的英国人”。

断义的朗读，会曲解原作品表达的本意，出现歧义现象。因此，朗读的停顿与连接，一定要“表义准确”。

（三）停连的方式

1. 停顿的方式

（1）落停

落停是指句尾声音顺势而下，停顿的时候声音止住，气息也刚好用完，停顿的时间相对较长。多用于一个完整的意思说完之后停顿。例如，罗斯福的演讲：

我要求国会宣布：自 1941 年 12 月 7 日——星期日日本进行无缘无故和卑鄙怯懦的进攻时起，和众国和日本帝国之间已处于战争状态。

这段话的结尾，就是落停。

（2）扬停

扬停是指声音停顿之前稍上扬或持平，停顿的时候声音止住，但气息未尽，停顿的时间相对较短。多用于一个意思还没有说完，而中间又需要停顿的地方。例如：

我要求国会宣布：自 1941 年 12 月 7 日——星期日日本进行无缘无故和卑鄙怯懦的进攻时起，和众国和日本帝国之间已处于/战争状态。

这段话中“已处于”的后面是顿挫，可采用扬停。

2. 连接的方式

（1）直连

直连是指声音顺势而连，不露连接痕迹，多用于内容联系密切，却有标点符号之处。例如：

> 我们现在预言，我们不仅要做出最大的努力来保卫我们自己，我们还将确保这种形式的背信弃义永远不会再危及我们。我这样说，相信是表达了国会和人民的意志。

这段话中“说”和“相信”可采用直连。

(2) 曲连

曲连是指声音在连接处虽稍有空隙，但连而不断。多用于既要连接又要有所区分之处。例如：

> 昨天，日本政府已发动了对马来亚的进攻。
> 昨夜，日本军队进攻了香港。
> 昨夜，日本军队进攻了关岛。
> 昨夜，日本军队进攻了菲律宾群岛。
> 昨夜，日本人进攻了威克岛。
> 今晨，日本人进攻了中途岛。

一连串的排比句，采用“曲连”的方式，既可环环相连又会有所区别，可以恰如其分地表达情感。

(四) 停连的类型

1. 区分性停连

区分性停连是指根据语句的意思，能够区分语义、顺畅语气安排的停连。例如：

> 下面请蒋校长下台颁奖。

不同的人对这句话理解的侧重点会有所不同，因此停顿位置也会有所差异：

①下面请蒋校长 > 下台颁奖。在校长后停顿，下台颁奖连读。

②下面请 > 蒋校长下台颁奖。在“请”的后面停顿。

③下面请 > 蒋校长 > 下台颁奖。在请和校长后停顿。

④下面请>蒋校长下台>颁奖。在“请”和“下台”后面安排停顿。

以上四种停顿，很明显④的停顿位置是错误的。如果选择这样的停连位置，那么听者会怎样理解呢？是不是会听成这句话暗含着“请蒋校长下台”呢？这种停顿会曲解语义，是停顿的大忌。当然，这句话的本意是“请蒋校长走下台来颁奖”。①②③的停顿是正确的。

又如，“她看见我走了”这句话，如果在“我”后停顿——“她看见我/走了”，表达的意思是她看见我后，她走了；如果在“她”或“她看见”后停顿——“她/看见我走了”或“她看见/我走了”，表达的意思是她看见的是我走了。可见，一句话因停连位置不同，表达的意思也会不同。所以，切不可任意破坏词语之间的语义关系，随意停连句子中的词语。

在准确理解语句意思的基础上，为了突出某种事物、表达某种情感，寻找停连的位置，还可以考虑以下几种方式：

2. 呼应性停连

呼应性停连是指在朗读中为了强调语句的内在联系而安排的停连。呼与应是相对的，如果有呼无应或有应无呼，都会使听者有“前言不搭后语”的感觉。因此，在朗读中应做到有呼又有应，这样语义才会更完整。例如：

现在介绍>前进煤矿/开展安全生产活动的/具体做法。

这句话中“介绍”是呼，后面应停顿；“具体做法”是应，在其前面也应顿挫（短暂停顿）；“前进煤矿”后是顿挫（区分性停顿）。

又如：大家一致认为，刘湘这个人>温柔、善良、有责任感

“刘湘这个人”是呼，后面应停顿；“温柔”“善良”“有责任感”分别与呼相应，应连读。

3. 分合性停连

分合性停连是指在朗读中为了突出内容分述性与总括性的关系，而在分合的交界处安排的停连。例如：

一锅小米稀饭，一碟大头菜，一盘自家酿制的泡菜，一只巷口买回

的烤鸭，>简简单单，不像请客，倒像家人团聚。

（节选自中国台湾：杏林子《朋友和其他》）

这里，“一锅、一碟、一盘、一只”是并列性关系，即分述性关系，而“简简单单，不像请客，倒像家人团聚”是总括性关系。因此，应在“简简单单”前停顿，二者之间的停顿是分合性的，停顿时间要长一些。

4. 转换性停连

转换性停连是指在朗读中为了表达语意、情感、态度的转变而做的相应的停连，以显示转换关系。转换性停连有时也可借助书面语言中表示转折关系的“但是”“然而”等关联词语来确定。但是，转换性停连的上文和下文的停顿时间应相对缩短，甚至连起来读。例如：

沙丘的移动虽然慢，>可是所到之处，森林全被摧毁，田园全被埋葬，城廓变成丘墟。

（节选自竺可桢《向沙漠进军》）

作为一名建筑师，莱伊恩并不是最出色的。>但作为一个人，他无疑非常伟大。

（节选自游宇明《坚守你的高贵》）

5. 强调性停连

强调性停连是指在口语表达时为了突出强调某一事物或某个语意、某种感情，而在它的前、后安排停顿或前后同时安排停顿。不需强调的词、词组或句子之间，停顿时间要缩短，甚至连读。例如：

这是我们在 2013 年/最后的一次会议。（强调最后）

这就是舍己救人的最美教师——/张丽丽。（强调张丽丽）

任何停顿和连接在位置上都不是呆板的，固定不变的，在朗读处理上，朗读者应依据具体情况，对此保持适当的灵活性。

二　重音

（一）重音的含义

重音是体现语句目的的重要手段。我们这里所说的重音，是就语句而言的。词和词组内部的轻读、重读，我们把它叫做轻重格式；段落和全篇的重要句子或层次我们把它叫做重点。语句重音是指那些最能体现语句目的、在朗读中需要运用声音形式着意强调的词语。

重音是依据语句的内容、态度感情的脉络而确定的。朗读的时候，首先应从宏观的角度纵观全篇，把握体现全文意图的主要内容，然后再落实到具体的语句当中，切不可一开始就陷入每一个具体的语句当中。对于每一个具体的语句，必须注意区分句子中哪些词是主要的，需要着意强调的；哪些词是次要的，应从属于主要的词。重音的符号，是在字下加“·”来表示的。例如：

那是力争上游的一种树，笔直的干，笔直的枝。它的干呢，通常是丈把高，像是加以人工似的，一丈以内，绝无旁枝；它所有的丫枝呢，一律向上，而且紧紧靠拢，也像是加以人工似的，成为一束，绝无横斜逸出；它的宽大的叶子也是片片向上，几乎没有斜生的，更不用说倒垂了；它的皮，光滑而有银色的晕圈，微微泛出淡青色。这是虽在北方的风雪的压迫下却保持着倔强挺立的一种树！哪怕只有碗来粗细罢，它却努力向上发展，高到丈许，两丈，参天耸立，不折不挠，对抗着西北风。

这就是白杨树，西北极普通的一种树，然而决不是平凡的树。

（节选自茅盾《白杨礼赞》）

（二）重音表达方式

重音不是“加重声音”的简称，重音的表达方式是多种多样的，可重中显轻，快中显慢，高低对比，虚实转换等。常见的有：

1. 重音重读

重音重读是指通过加大音强（音量）的方式突出强调某个词或词组。例如：

让暴风雨来得更猛烈些吧！

（节选自高尔基《海燕之歌》）

“更”是主要重音，猛烈是次重音，只有加大音强重读，才能表现海燕一往无前的气势。

刘香给单位造成了巨额经济损失，我绝不原谅她！

“绝”字只有加大音强重读，才能表现出对刘香的“强烈不满”。

2. 重音轻读

重音轻读是指通过轻读主要重音，突出强调某个词或词组。例如：

漓江的水真静啊，静得让你感觉不到它在流动；漓江的水真清啊，清得可以看见江底的沙石；漓江的水真绿啊，绿的仿佛那是一块无瑕的翡翠。

（节选自陈淼《桂林山水》）

这里的主要重音“静、清、绿”就不能重读。如果重读，漓江的水则要“咆哮”“怒吼”了，就会破坏语言文字所描绘的语境。应通过轻柔、缓慢方式去突出漓江水的“静、清、绿”，让人能够从声音中领略到优美的自然风光，真正体味、咀嚼到漓江水的“静、清、绿”。

表达重音的方式还包括重音轻读与重音重读配合使用等。朗读者朗读时应根据思想感情表达的需要，结合具体语境来灵活运用。

（三）重音的类型

1. 对比性重音

对比性重音是为了达到对比的目的，渲染对比的氛围，突出作品中语意相对的词或词组的对比关系的重音。例如：

在当今有许多百万富翁，但也有不少贫困家庭。

2. 呼应性重音

呼应性重音是体现作品中语句的呼应关系的重音。例如：

他是谁呢？他就是王丹彤的爸爸王明。

3. 递进性重音

递进性重音是揭示人物、事件、空间等变化顺序，显示语言链条的承续性的重音。例如：

朋友起身告辞，没有挽留，没有送别，甚至也没有问归期。

4. 反义性重音

反义性重音出现在表示否定的反义语中，其表达的意思与文字表达的意思正好相反。例如：

他们假公济私，却还有人大张旗鼓的宣传他们在为人民群众谋福祉。

他疲惫辛劳，人们却说他是最有力量的人。

5. 强调性重音

强调性重音没有固定的位置，随着需要着意强调的词语的变化而变化，目的是突出强调口语表达中重要的、关键的词语。

例1：这是近年来，教育部门最严重的春游交通事故。

例2：明天下午二点学习。

对于重音的确定，没有固定的格式，我们应该在思想感情的运动状态中来把握。

三　语气

语气是指在思想感情运动状态支配下朗读语句的具体声音形式。它包括两个方面：一是具体思想感情；二是具体声音形式。

1. 语气以具体思想感情为灵魂

我们在朗读时，语气受思想感情所支配，而这种思想感情是具体的，表现在我们的态度倾向（如反对、赞成、鄙视、欣赏、否定、肯定、抨击、歌颂等）和感情情绪（如爱、憎、喜、怒、哀、乐等）具体性质。而这种思想感情又是处于运动状态的，不是一成不变的，我们要在变化中把握整个思想感情的运动规律和细节的具体感受，使语气丰富多彩。如果我们朗读的语气失去了思想感情的依托，那么我们的声音就会像断了线的风筝，飘忽不定。

2. 语气以具体的声音形式为形象

语气的声音形式是语气的形象。丰富的思想感情，只有通过变化多端的声音形式才能表现出来。

语气是以语句为单位，语句所包含的思想感情色彩不同、分量不同。语句的思想感情的分量不同，具体表现在有轻度、中度、重度之分，如“哭”分为：潸然泪下、痛哭流涕、号啕大哭等。我们在朗读的时候就不能句句都一样。但也应注意每个语句并不是孤立存在的，它离不开具体的语言环境，因此在朗读的时候，我们使用什么样的语气，既要考虑整体表达的基调，又要置于整个思想感情的运动状态中来把握。

语气的感情色彩和分量是通过与之相应的具体的声音形式，即语势表现出来的。语势主要有以下几种形态：波谷类、波峰类、上山类、下山类、半起类等。

例如：

波谷类：（句子中间低于句头、句尾。）如：我上小学的时候。

波峰类：（句子中间高于句头、句尾。）如：那是力争上游的一种树！

上山类：（由句头起，逐渐上升，句尾最高。）如：这就是我党优秀共产党员——孔繁森！

下山类：（由句头起，顺势而下。）如：人民将永远怀念你！

半起类：（由句头起，向上升到一半到句尾，气提声止。）如：那个人是谁？

以上五种，只是基本语势。在具体朗读中，还会衍生其他多种语势，因此不必过于拘泥某种固定的腔调，应灵活运用。

四　节奏

节奏是由朗读者思想感情波澜起伏所形成的，在朗读过程中显现的快与慢、强与弱、抑与扬等声音形式的回环往复。节奏不是一个句子或一个小层次的声音形式，而是就整篇作品而言，具有整体性表现特征。

（一）节奏的类型

节奏的确定要从整体出发，依据朗读的内容，思想感情的运动所形成的语气、语势的变化，语义前后转换特点，形成一条主线，切不可像个大杂烩，胡乱拼凑。常见节奏的基本类型及其相应的技巧如下：

（1）轻快型：主要语句、段落表现得轻快、欢畅，多上山类语势。如冯骥才《珍珠鸟》。

（2）凝重型：主要语句、段落表现得浑厚、有力，语势平缓。如阿尔封斯·都德《最后一课》。

（3）低沉型：主要语句、段落表现得低沉、缓慢，多下山类语势。如史铁生《秋天的怀念》。

（4）高亢型：主要语句、段落表现得激昂、豪迈，多上山类语势。如高尔基《海燕》。

（5）舒缓型：主要语句、段落表现得舒展、自如，多上山类语势。如巴金《小鸟的天堂》。

（6）紧张型：主要语句、段落表现得紧张、急促，多上山类语势。如李元兴《我的战友邱少云》。

（二）节奏运用的技巧

在朗读中，不可能只是一种节奏，可能是以一种节奏类型为主，几种节奏互相渗透。节奏的变换运用，通常采用的形式有：

1. 欲扬先抑，欲抑先扬

“扬”通常语势向上，“抑”通常语势向下。如果重点要“扬”，前边的非重点就要“抑”；反之，则相反。“扬”和“抑”之间是循序渐进的，要通过声音形式表现出声音色彩和分量的层级变化。

2. 欲慢先快，欲快先慢

“慢”是指语速慢、停顿多且长；“快”指语速快、停顿少且短；如果重点要“慢”，前边的非重点就要“快”；反之，则相反。

3. 欲重先轻，欲轻先重

“重”指加大音强；“轻”指音强减弱。如果重点要“重”，前边的非重点就要“轻”；反之，则相反。

4. 凸显对比，控纵自如

该强调的和该弱化的部分要通过声音形式（高、低；慢、快；重、轻）加以区分，但又不能生硬、无度，要恰到好处。

以上介绍的表达技巧，并不是孤立的，它们既相互联系又相互区别。语气是停连、重音、节奏的核心，它支配停连、重音、节奏，而停连、重音、语气的综合运用，则形成了朗读的不同节奏。这几种普通话朗读的外部技巧应刻苦训练，达到运用自如的效果。

思考与练习

1. 什么是停连、重音、语气、节奏？
2. 简述停连、重音的主要表达方式。
3. 简述停连、重音、语势、节奏的类型。
4. 灵活运用停连、重音、语气、节奏技巧朗读普通话 60 篇朗读作品。

第二编　教师通用口语表达

教师通用口语表达是教师教育教学口语表达的基础。教师通用口语表达是指教师在日常交际活动中所使用的语言。它以有声语言为主体，借助非语言辅助手段传情达意，它架起了人与人之间交往的一座桥梁，是现代教师必备的一种能力。

教师日常生活中常常面临着各种说话的场合，或交谈、或主持、或演讲、或辩论，等等。这些活动要求教师不仅要善于表达，而且要精于表达，使口语表达得凝练、准确、规范。良好的口语表达能力不是天生的，而是经过后天的正确训练和努力练习逐步获得的。教师只有在实践中不断地磨砺，才能提高口语表达水平，增强“语言”的魅力。

本编将系统介绍口语表达的要求和特点，口语表达的基本技能，交谈、演讲、辩论技巧。

第五章　通用口语表达概述

学习导航

通过本章学习，使教师了解口语表达的含义与作用；理解口语表达的特点；掌握口语表达的原则、要求，科学、规范地进行训练。

第一节　通用口语表达的含义与作用

一　口语表达的含义

口语表达是指说话者由于某种需要，运用口语形式并借助非语言辅助手段，传递信息、沟通思想感情的一种最常用的交际方式。对于口语表达的理解应该明确以下两个方面：

1. 口语

《现代汉语词典》解释为“谈话时使用的语言（区别于‘书面语’）”。口语就是人们口头使用的有声语言，也就是说话。由于口语通常靠声音传播，并表达意义，所以，口语包含声音和意义两个部分。它是与书面语相对的两种不同语体风格形式。口语是人类最早使用的语言形式，是形成书面语的基础。文字出现之后，人类才在口语的基础上创造出书面语言。书面语是对口语的规范与丰富，对口语有一定的促进作用。

2. 非语言表达

非语言表达是指体态语（面部表情、手势、身姿语）、物体语言（服饰、发式等）、环境语言（人与人之间的空间距离、环境）等，能够表示一定意义的、非言语的、辅助性表达手段。

二 口语表达的作用

（一）口语表达架起了人与人之间交往的一座桥梁

当今社会信息交流更为广泛，更为频繁。在众多的信息交流中口语表达无疑是一种最直接、最简便、最常用的传递方式。口语表达是人与人之间交往的一座桥梁，通过这座桥梁人与人之间传递信息、交流思想、沟通感情，使不明了的事物变得清晰，使不曾相识的人成为朋友。

（二）口语表达可以使人们求同存异，达到一定程度的共识

人们在交往中，很多时候彼此对对方表达的信息能完全理解，但由于各自的立场、观点等不同，很难达成共识。这时需要智慧以及运用良好的语言表达技巧，帮助人们化解矛盾，求同存异，达到一定程度的共识。在这方面周恩来总理为我们做出了良好的榜样。例如：

1954年4月，第一次亚非会议即“万隆会议”在危机四伏的国际环境中艰难开幕。

会议在前两天一般性发言中，出现有些国家的代表当着中国代表的面攻击中国的共产主义、对邻国搞颠覆活动等等。面对会议可能走上歧途的危险，轮到他发言时，周总理当机立断，决定将原来准备的发言稿改为书面散发，而作即席补充发言。

周恩来演说的第一句话就掷地有声：“中国代表团是来求团结而不是来吵架的。”先前紧张的会场气氛一下子松弛了下来，也打破了美国妄图让万隆会议演变为一场意识形态大战的阴谋。“在我们中间有无求同的基础呢？有！”他明确表示：亚非国家存在求同的基础，这就是绝大多数国家和人民自近代以来都经受过，并且现在仍在受着殖民主义所造成的灾难和痛苦。无论是共产党领导的还是民族主义者领导的亚非国家都是从殖民主义的统治下独立起来的，可以相互了解和尊重、互相同情和支持，和平共处五项原则完全可以成为我们中间建立友好合作和亲善睦邻关系的基础。周恩来巧妙的语言既申述了中国的立场，又给与会者留下了一种自我克制、通情达理的印象。最为重要的是，周恩来发言中一贯始终的中心思想———求同存异，实际上为与会国提供了互相合作的基本准则，而这也是后来被称为“万隆精神”的主干。周恩来总理不负众望，以真诚和机智巧妙化解了危机，以卓越的外交才能在会议上三次力挽狂澜，树立了和平共处、求同存异的万隆精神。更为重要的

是，这一外交举动有效地赢得了亚非国家的同情与支持，打破了中国所处的外交僵局。①

可见，良好的口语表达可以帮助人们消除隔阂，它是人与人交往中不可或缺的重要因素。

（三）口语表达能力是现代教师必备的能力

在现实生活中，教师每天都要与学生、或是家长、或是同行等各类人员打交道，在交往中口语表达能力已成为体现一个人综合素质的重要因素。新课改要求培养中小学生较好的听、说能力，而教师首先就要具备良好的听、说能力，为学生树立榜样。在要求教师专业化的今天，教师必须在拥有知识、经验的同时，不断提高各种能力，特别是口语表达能力，灵活运用口语表达技巧，才能走进对方的世界，开启人与人之间心灵的大门。例如：

李老师下班回家，路遇班级的两个小学生吵架，便立即上前制止了这种不良行为，并问明原因。

原来几天前阿楠给罗刚起外号，罗刚生气了就把阿楠的书包扔在了地上，于是两个小伙伴结了怨，一见面就吵架。

李老师拉着阿楠、罗刚的手说："一个人走路时被路边的石头绊了一脚，脚好痛。他生气极了，又用脚狠狠向石头踢去。你们看他聪明吗?"阿楠说："傻瓜一个!""他傻在哪里?""脚已经痛了，再踢不是更痛吗?""那怎么办?""绕开走不就得了，""别人也会被绊跌跤呀，最好的办法是什么?"罗刚说："把石头搬到墙角或垃圾箱里。""对!这样做，脚既不痛，又做了好事。"

罗刚、阿楠在沉思。李老师用亲切的目光注视着他们。

过了一会，罗刚忽有所悟的说："老师，阿楠给我起外号是错的，好比石头绊了我的脚。我扔他的书包，就好像踢石头。这样既伤害了他，又伤害了我自己。"阿楠立即说："罗刚，对不起，都是我的错，我不该给你起外号。"李老师高兴地说："对极了！你们俩已经搬掉了横在你们之间的'石头'了!"②

① 辽宁省人力资源和社会保障厅辽宁省公务员局：《公务员基本功训练指南》，韩素：《周恩来与他的世纪》，中央文献出版社 1992 年版，第 319—320 页，有改动。

② 郭启明、赵林森：《教师语言艺术》，语文出版社 1998 年版，第 274 页，有改动。

李老师路遇学生吵架，她没用说教的语言去教育学生，而是针对小学生逻辑思维能力不强的特点，通过运用类比方法，启迪引导学生自己改正错误，体现了教育的智慧，值得称道。

美国口才教育专家戴尔·卡耐基说："一个人的成功，15%取决于知识和技术，而85%取决于沟通——发表自己意见的能力和激发他人热忱的能力。"教师在日常生活和工作中需要沟通，如果是"茶壶煮饺子，有货倒不出"，就会阻碍其事业发展，良好的口语表达能力是现代教师必须具备的能力。

思考与练习

1. 如何理解口语表达的含义？
2. 口语表达有何作用？
3. 在与人交往中如何消除隔阂，达成共识。

第二节　通用口语表达的特点

一　简散性

口语表达有别于书面语表达，一般比较随意、简洁、粗糙，加之辅以非语言表达等手段，便于理解语义，因此在句式上不像书面语那样严谨、完整，通常短句多、省略句多，长的、多层次的修饰语少；语序灵活，插入语、倒序句等频繁使用。例如：

刘盼买了一件浅蓝色的特别漂亮的上衣。（书面语）
刘盼买了一件上衣，浅蓝色，特别漂亮。（口语）

口语语体简约松散的句式，说之上口，听之入耳。

二　同步性

口语表达是思维的外化形式，完善的口语表达要求语言与思维必须同步。语言与思维的同步表现为思维的瞬时性与表达的即时性的密切配合。如果思维过慢，内容组合受阻，使表达陷入停顿；如果语言过慢，即使内容丰富，也会造成表达的迟滞。口语表达的这一特点，要求表达者思维必须敏捷，反应灵活，具有较强的应变能力，能够迅速、准确地进行表达。否则，难以取得口语表达的最佳效果。

三　暂留性

口语表达与书面语言最大的区别是书面语言可以反复推敲、斟酌，落笔之后还可以修改并长期保存。而口语表达语音稍纵即逝，不易保存下来，具有即时性的特点。据心理学家测试，在我们听话的过程中，能够将前面的语言片段精确地留在记忆里的时间不超过10秒钟，然后，就会被新的语言片段所替代。

四　临场性

口语表达总是在特定的时空中，面对特定的对象进行的，并且主要诉诸听觉，因而对语境的依赖较大。同样一句“我等你好久了”，出自警察之口(警察对犯罪嫌疑人所说)，与出自师生之口，在表达的语气上有很大的差异，会产生截然不同的表达效果。不同的场合、不同的听众、不同的主题，表达的内容、表达的方式都会有所不同，这就要求表达者一定要想好了再说，并能根据“现场情况”适时调整语言，做到随机应变。

五　综合性

口语表达的过程实际上是一个人知识积累、能力、素质的全面展示。如果把口语表达的结构比作一个宝塔，那么丰厚的知识积累便是第一个层次——塔底。它包括知识结构、思想观念、道德修养等；各种能力便是第二个层次——塔身。它包括认识能力、思维能力、组织语言能力等；语言表达技能技巧便是第三个层次——塔尖。它包括发音技巧（吐字归音、气息控制、共鸣控制）、倾听、表述、非语言表达技能等。塔尖必须有厚重的塔底、塔身作支撑，否则就会坍塌，三个层次缺一不可，只有相互配合，共同提高，口语表达才能锦上添花。

思考与练习

1. 口语表达有什么特点？

2. 下面是古希腊预言家伊索与主人的一段对话，请分析伊索的回答妙在哪里？符合口语表达的哪些特点？

古希腊预言家伊索年轻的时候在贵族家当奴仆，一天，主人准备设宴款待宾朋，应邀者多是哲学家。主人吩咐伊索准备一桌最好的酒菜款待客人，于是伊索置办了一桌舌头宴。开餐时，主人大惊！问伊索究竟是怎么回事？伊索答道："您吩咐我为尊贵的客人置办最好的菜，我想没有什么能比舌头这道菜更好了。因为舌头是引领各种学问的关键，对于哲学家来说，舌头宴难道不是最好的菜吗？"众人听之，大加赞赏。主人又吩咐伊索次日再准备一桌最坏的菜。第二天，开餐，又是舌头。主人问伊索为何？伊索答道："难道一切坏事不是从口中出来吗？舌头既是最好的东西，也是最坏的东西！"众人皆点头。①

3. 请在课堂、会场等场合，当众对同学进行口语表达，时间不少于3分钟。

第三节　通用口语表达的原则

一　目的性原则

目的即口语表达想要得到的结果。遵循目的性原则，就是让我们的口语表达要根据目的传达心声。无论是谈话，还是演讲、辩论，我们的表达都应有明确的目的。通常情况下，口语表达的目的有以下几种：

1. 传递信息或知识。如课堂教学、学术报告等。
2. 引起兴趣或注意。如打招呼、提问等。
3. 争取了解和信任。如交谈等。
4. 鼓励或激励。如交谈、演讲等。
5. 说服或劝告。如辩论、谈判等。

明确的目的是我们表达成功的首要条件，如果违背这一原则，我们的表达就会出现南辕北辙的现象。例如：

法国著名作家大仲马的小说畅销世界。有一次，一家书店的老板获悉大仲马即将光临，便立刻将别的作者的书全部从书架上取下，统统换上了大仲马的著作，意在讨好这位大作家。大仲马到书店一看，询问别人的书都哪里去了。老板急不择言，应声答道："都卖完了。"大仲马

① 蔡践：《口才大全》，当代世界出版社2006年版，第4页。

莫名惊诧，怏怏地离开了这家书店。①

这个例子告诉我们，由于书店老板急不择言、言不及义，说出的话与目的相左。

二　角色原则

每个人在社会关系中都扮演着一定的角色，或社会角色或交际角色。社会角色是指一个人的身份，是由其职业、经历、年龄、性别等特征构成，它相对比较稳定。如教师、学生等。不同的角色，有不同的角色职业语言。如教师在教育教学活动中使用的语言，就要符合教育教学语言的原则、特点、要求等。而学生使用的语言，则与其有一定的差别。

交际角色是指口语表达者在交际情境中所处的地位。交际角色不稳定，具有临时性特征，它随着交际情境的变化而改变。如一位女教师，面对学生，她是教师；面对她的父母，她是女儿；面对丈夫，她是妻子；面对上级领导，她是下级；面对商场、饭店、银行等服务行业的服务人员，她又是顾客。由于交际角色改变，口语表达风格也应作相应的调整。如果混淆了自己的交际角色，口语表达与自己的交际角色不吻合，就会造成沟通的失败。如有些教师在生活中与人交往，不能摆正自己的位置，在口语表达中处处居高临下、好为人师，这是极不妥当的，此时应淡化自己的教师角色。

三　得体原则

得体，是指我们的口语表达要得当；恰当，即恰如其分。口语表达离不开具体的表达对象以及环境、需要等，这就产生了一个表达是否得体的问题。如果我们在口语表达中忽略了这一要求，就会出现“话不投机半句多”，增加交往双方的隔阂。例如：

在一次婚礼上，新郎和新娘忙着给来宾敬酒，当他们来到一位大娘身旁时，刚要说话，大娘先发话了：“我不喝酒，前天我邻居就喝这酒喝死了，这酒就是毒药呀！”在场的人目瞪口呆。

在这种喜庆的气氛中，应该说一些令人高兴、祝福的话，很显然这位大

① 欧阳有权、朱秀丽：《口才学教程》，高等教育出版社2004年版，第38页。

娘的话是极不妥当的。

得体的口语表达既要符合社会规范，又要符合对象的特点、兴趣、需要、知识与态度。例如：

> 马英九在记者见面会上宣布，吴敦义为其副手。有记者针对吴敦义的成功当选，采访了曾与吴敦义因竞选高雄市长纷争而对簿公堂的谢长廷，记者问他“对于昔日对手的成功晋升，您有什么不同的意见和看法吗?”谢长廷莞尔一笑，平静地说：“虽然我和吴敦义先生有过一段交往，也曾经有过司法诉讼、管理理念的纠葛，但他的成功当选，是在民声呼唤中产生，谁都没有权利去逆反民意。所以，我首先会祝福吴敦义。刚刚遭遇的八八水灾（指当年8月6日至8月10日间发生于台湾中南部及东南部的一起严重水灾）受灾受难的人民，需要吴敦义以最大的慈悲和行动来抚慰痛苦、重构家园，祝福吴敦义能有最大的力量，来做最艰难的事。我们都要支持他。”①

谢长廷不存任何成见的一段话，感人至深。既表现出了他的坦诚相待，又显示出机智的政治家风采，堪称口语表达的典范。

选择对方乐于接受的言语方式进行表达，有助于表达成功。我们对上级、对师长的口语表达应表现出谦逊、礼貌；对下级、晚辈应表现出关心、爱抚；而对朋友则应表现出亲切、自然。

思考与练习

1. 举例说明教师通用口语表达应遵循哪些原则？
2. 依照您的角色特征，您应当有什么样的讲话风格？
3. 请自拟题目当众讲话。

第四节 通用口语表达的要求

一 规范

规范是指我们在进行口语表达时，要使用国家统一的、普及的汉民族共

---

① 李小由：《如何化“敌”为友》，《演讲与口才》2013年第10期。

同语普通话。方言中的一些地方土语的语音、语汇、语法，在交际中易引起误会，应尽量避免使用。例如：

我国礼仪大师金正昆教授上大学的时候发生的一件事：大学开学头一天，七个人准时报到，第八个是从四川来的，来晚了。宿舍的七个同学都已睡着了，学校怕学生淘气，晚上把电闸给拉了。大概凌晨两三点，这位四川兄弟进来了，费了好大劲才找到自己的宿舍，进门、开灯，灯不亮，他自己就嘟嘟，讲的是四川话："老子的床在哪里？老子的床在哪里？"他乱摸，把宿舍的人都摸醒了，还当我们老子，宿舍的人很不高兴，暗中窥视他，不吭气。他后来急了："龟儿子你们说话呀！"结果"龟儿子"们就联合起来把"老子"给打了一顿（不是真打，就骂骂咧咧地给了他几下）。很久以后才知道他有点冤，因为四川话里什么"老子"、"龟儿子"，跟北京话里哥们儿、兄弟姐妹什么的差不多，并没有什么装你长辈的意思，也没有把你当晚辈贬低或讽刺的意思。①

规范，还要求我们在口语表达时，要注意句子成分的搭配，语序、虚词的合理使用，句子之间的逻辑关系准确，咬字清晰、声音洪亮，语速适中，语流畅达，遣词造句恰当、文明，避免口头禅、污言秽语等。

二　清晰

话是说给别人听的，就得让对方听得清楚明白。这就要求我们表达时，要注意文字的推敲与锤炼，语言要简洁，表意要准确，使用好说易懂的口语，重点要突出，条理要分明。力戒模棱两可，词不达意，空洞无物，漫无边际，让人不得要领。例如：20 世纪 30 年代山东省主席韩复榘在齐鲁大学校庆大会上的演讲：

——你们都是文化人，都是大学生、中学生和洋学生，你们这些乌合之众是科学化的、化学化的，都懂七八国英文，兄弟我是大老粗，连英文也不懂，我真是鹤立鸡群了。——你们是从笔筒子里面钻出来的，兄弟我是从炮筒子里钻出来的，今天到这里讲话，真使我蓬荜生辉，感

① 金正昆：《礼仪金说Ⅱ》（金正昆教你学礼仪），陕西师范大学出版社 2006 年版，第 6 页。

恩戴德。其实我没有资格给你们讲话，讲起来就像——就像——，对牛弹琴。①

韩复榘的这段演讲，信口开河、语无伦次，听后不知所云。

三　生动

生动是指我们在口语表达时要使我们的语言具有感染力，引起听者的共鸣。

生动活泼、形象鲜明的语言，可吸引人们倾听，增强语言的可接受性。

（一）让声音有表情

我们要通过声音的高低、虚实、快慢、强弱、停顿等变化来表现喜怒哀乐、爱恨情愁。可通过听广播、看电视等方式去感受表演艺术家们在说话、演讲时表现的抑扬顿挫、轻重缓急的丰富语感，从中获得启发。如闻一多《最后一次演讲》，旗帜鲜明地揭露了反动派卑鄙无耻的丑恶嘴脸，言辞犀利，极富感染力。我们在表达时，就要通过音高、音强的变化，揭露反动派的无耻行径，向反动派宣战。如果一味地用相同的语调、语速表达，不久就会让人感到乏味。

（二）语汇形象、生动

口语表达中可多选用带有声音、色彩、动感的象声词、形容词、动词等，避免抽象、枯燥、沉闷的语汇。

（三）表达方式与表现手法多样化

口语表达中或拟人、或夸张、或排比；或描绘叙述，或议论抒情，或含蓄讽喻等等，驾轻就熟，出口成章。例如，中国台湾艺人凌峰在中央电视台春节晚会上的自我介绍：

在下凌峰，我和文章不一样，虽然我们都得过"金钟奖"和"最佳男歌星"称号。但是，我是以长得难看而出名的。两年多来，我们大江南北走了一趟——拍摄《八千里路云和月》，所到之处呢？观众对我们很多时候是支持，尤其是男观众对我的印象特别好，因为他们认为本人的长相很中国。中国五千年的沧桑和苦难全都写在我的脸上了。一般来说，女观众对本人的印象不太良好，有的女观众对我的长相已经到

① 欧阳有权、朱秀丽：《口才学教程》，高等教育出版社2004年版，第84页。

了忍无可忍的地步。她们认为我是人比黄花瘦，脸比煤球黑。但是我要特别声明，这不是本人的过错，实在是父母的错误，当初并没有征得我的同意就把我生成这个样子。但是，时代在变，潮流在变，审美的观念也在变，如果仔细地归纳一下，你会发现，现在的男人基本上可以分为三种：第一种，你看上去漂亮，可看久了以后，就觉得他没有什么男人的味道，这一种就像我的好朋友刘文正；第二种，你看上去很难看，看久了以后是越看越难看，这种就像我的好朋友陈佩斯；第三种，你看上去很难看，看久了以后你会发现，他有另外一种男人的味道，这种就是在下我了。鼓掌的都表示同意了！鼓掌的都是一些长得和我差不多的！真是物以类聚啊！接下来按规律我迎接挑战，带来一首歌曲，叫作《小丑》。从我的人生观看来，我认为每个人都在许多次扮小丑：有时候在孩子面前；有时候在父母面前；有时候在爱人面前；有时候在领导面前。我呢？是在观众面前。给大家带来一首《小丑》——掌声有没有就无所谓啦！①

凌峰的这段自白，是一种自嘲式的幽默，用词及表达方式上诙谐、生动、形象，如“中国五千年的沧桑和苦难全都写在我的脸上了”“她们认为我是人比黄花瘦，脸比煤球黑”“你看上去很难看，看久了以后是越看越难看，这种就像我的好朋友陈佩斯”，等等。前面的话是嘲讽自己如何丑陋，而后又一转，对男人进行分类概括，贬低别人、大赞自己。这种夸张式处理，妙趣横生，俗而不陋，表现出他的机智与风趣。

思考与练习

1. 举例说明口语表达有哪些要求。

2. 下面是一位领导讲话的节选，请分析这段讲话存在的问题，如果请你发言，应怎样说呢?

由于我没有充分准备，是临阵磨枪，所以只讲几句话。前面，几位同志已讲了许多问题。这些问题也就是我要准备讲的问题。由于他们讲的问题与我要讲的问题一样，所以，我就不再重复他们已经讲过的问题。重复是不必要的啰唆，不必要的啰唆是白白浪费时间。现在目前眼下，时间是那样宝贵，我绝不会也不愿意多说废话，耽误大家同志们以及在座的所有人的宝贵

① 蔡践、冯章：《演讲的风采》，中国经济出版社2005年版，第251—252页。

时间。我所要阐述的观点，很可能在座的诸位中有一部分或者大部分已经全知道，或者多少知道我所要阐述的观点；还有一部分或大部分可能或者大概不知道我所要阐述的观点。鉴于此，我个人本身自已认为，有必要或者说很有必要甚至非常有必要再次阐述以下我所要阐述的观点……①

3. 大千世界纷繁复杂，我们会遇到各种各样的事情，高兴的事、伤感的事，等等。请自设情境说一段话，按照口语表达的要求练习，表达要得体。

① 敬先纯：《只讲几句话》，转引自罗庆朴、陆地《当代讽刺小品精粹》，江苏文艺出版社1993年版，第244页。

第六章　通用口语表达基本技能

学习导航

通过本章学习，使教师了解在口语表达中如何进行心理调节；理解倾听、表述、非语言表达的含义；掌握倾听、表述、非语言表达要求，提高听辨、表达能力，使举手投足尽显迷人风采。

第一节　倾听

一　倾听的含义

倾听即仔细地听取。它是指倾听者认真接收、筛选、领悟、储存说话者所表达的各种信息（言语信息、非言语信息）的全过程。

倾听在我们口语表达中占有重要地位。有资料表明：在人们日常言语活动中，“听”占45%，“说”占30%，“读”占16%，“写”占9%。在“听说读写”中，“听”排在首位。可见，练“口”必先练“耳”。

二　倾听过程及要求

（一）注意

注意是心理活动对一定对象的指向和集中。我们在与人交往过程中，要充分利用注意的两个特点：指向性和集中性，积极主动地调动听觉器官接收信息，有意识地集中精力认真倾听。

1. 排除种种干扰

在听的过程中要排除种种干扰，如心中的杂念、嘈杂声等，用热切、真诚的目光与说话者保持目光的接触和交流，专心致志并作出相应的反应。

2. 理解含义

要善于利用大脑的机动时间回顾说话者刚才说过的话，理解其中的含义，确保更准确地了解说话者的表达意图。

3. 听出言外之意

能从口语表达者的语气、面部表情变化中体会其所流露的思想意义，能听出弦外之音，言外之意。例如：

> 某人特别自负，写了一篇文章，言语不通，却自我感觉良好。一天，他去拜访一位名人，假意请求名人指点，实则想自我炫耀一番。名人看了他的文章说："文章七窍，如今你通了六窍。"他听后大为高兴，到处向人转述名人说自己"已通六窍"。一个朋友忍不住对他说"人家是说你这人……"这时他才醒悟过来。①

注意是听知活动得以展开的前提。学会专心倾听，可以缩短口语表达者与我们的心理距离，从而达到有效沟通。

（二）要点

我们要能正确理解说话者所说内容的内在含义，并抓住要点。抓要点可以从以下几个方面来把握：

1. 对较短的讲话，要抓重点词语

例如：

> 问：从乐购到师范大学西门怎么走？
>
> 答：从乐购出来沿着黄河大街往北走，过黄河立交桥，继续往北走，经过凤凰饭店、医学院，继续往北走，再经过一座立交桥后，马路右侧就是师范大学西门了。

这段话的重点词是："黄河大街"→"北走"→过两座立交桥→马路右侧。

2. 对叙事类讲话，要抓时间、地点、人物和基本情节

例如，因爱而生：

① 国家教育委员会师范教育司：《教师口语训练手册》，北京师范大学出版社1994年版，第135页。

一场突如其来特大的山洪，袭击了贵州某地的一个小山村。许多村民的房屋被冲毁，牛羊被卷走，幸运的是大多数村民都及时地逃离了险境。只有一位六十多岁的老奶奶，因耳聋听不见大家的呼叫，被山洪卷走了。她手上还抱着仅六七个月的小孙女。

当时洪水裹挟着大量的树木和乱石，从十几米的高处落下去。所有的村民都认为：这一对老幼必死无疑。

第二天，山洪过后，村民们沿着山谷去寻找，意外地发现被淤泥半埋着的婴儿竟然气息尚存，于是立刻送往医院抢救，婴儿终于得救了。经医院全面检查，孩子全身上下竟然没有一处受到大的损害。在场的医生连连惊叹："不可思议！真是不可思议！"

两天后，村民在几里外的山谷里找到了老人的尸体。跟婴儿形成鲜明对比的是，老人全身骨骼没有一处是完好的。

老人是怎样保护婴儿的，已无人知晓，人们只能从老人血肉模糊的尸体上去猜想那曾经发生的事情了。①

这段表达以时间先后为顺序，交代了事件、地点、人物，逻辑清晰，重点突出。所以抓住了表示时间推移变化的关键词语，就可以理清故事的情节。

特大山洪袭击贵州某地小山村，老奶奶因耳聋被山洪卷走，还抱着小孙女。

↓

第二天，村民发现被埋婴儿，孩子没有一处受到损害。

↓

两天后，村民找到老人尸体，全身骨骼没一处完好。

↓

人们只能从血肉模糊的尸体上猜想曾经发生的事情。

3. 对说明类讲话，要抓说明对象的特征和说明顺序

例如，夏季衣物如何收藏：

炎热的夏季即将过去，秋天很快就要到来。夏季里穿过的五颜六色、轻薄柔软的衣物该如何收藏呢？现在向大家介绍一下夏季衣物收藏

① 雨晴：《因爱而生》，黄强：《智慧人生》，安徽文艺出版社2006年版，第261—262页。

的方法。

衣物收藏之前要将放置衣物的柜子打扫干净，把衣物清洗干净并晾干，熨烫过的衣服要等晾凉后再存放；要把孩子和大人的衣物分开收藏，收藏衣物时要特别注意检查一下衣物有没有破损、掉扣子等情况，如果有，要及时修补好。衣服上如果有金属饰物，氧化后容易损害衣物，所以，一定要摘下来另外存放。

夏天的衣物大多轻薄易叠，但“衣服质地”却各有不同。有的柔软怕压，有的容易褪色，所以在收藏时最好把针织衣衫叠起来存放，以免用衣架挂起来容易变形；丝质衣物怕压，容易生皱又不好熨烫，所以应把它们放在其他衣物的上面收藏；容易褪色的衣物挑出来，用纸袋或塑料袋包好，以免浸染其他衣物。

以上是根据夏季衣物轻薄柔软、五颜六色的特点，按照收藏的先后顺序安排材料，介绍夏季衣物的收藏方法的。首先介绍收藏前的准备工作：衣物收藏前，清洁衣柜，衣物要晾干，熨烫过的凉后存放；把孩子、大人的衣物分开收藏，检查有没有破损、掉扣子的，如有，及时修补，有金属饰物的，要将饰物另外收存。接着详细介绍衣物如何收藏：针织衣衫叠起存放；丝质衣物放在其他衣物上面，褪色衣物用纸袋或塑料袋包好存放。

4. 对议论式讲话，要抓论点、论据

例如，竞争与合作：

现代社会是一个充满竞争的社会，同样也是一个呼吁合作的社会，处理好竞争与合作的关系，才会在社会上立足。其实，竞争是合作的目的，合作是竞争的基础。

三国时期，刘备和孙权结盟共同攻打曹操，刘孙之间在合作中增强了自己，才使他们拥有了与曹操鼎足的实力。三足鼎立，互相竞争，又使他们逐渐强大。竞争与合作共同推动了他们的发展。

在植物界，加州红杉算是最雄伟的了。长成的红杉可达八九十米。一般来说，长得高的植物，根扎得就深。可加州红杉的根却扎在泥土的浅层之中。那它如何能抵挡风雨，并且长得如此高大呢？是因为它们是成群结伴而生，从没有单独生长。很多红杉的根交缠叠绕，紧紧相连，一方面使他们快速吸收水分与养分，另一方面他们又能把向下扎根的能量用来往上生长。

正是红杉的合作意识让它们长得如此高大。它们依靠集体的力量，登上了成功的顶峰。使它们有了与别的物种竞争的实力，并最终生存下来。

其实人也是如此，一撇一捺的“人”字同样也体现出了合作与竞争。正是一撇一捺互相支撑、互相合作，“人”才能站立起来，但这一撇一捺，一高一低，不也是在竞争吗？我想，人只有在这种竞争中才会变得更高大。

竞争与合作彼此之间是不能分离的，没有合作的竞争，只会两败俱伤；合作而不竞争，社会就不会向前发展。

竞争与合作是相随相生的，只有共同发展，人类才会有真进步！①

上述演讲的第一个论据：三国时期，刘、孙结盟，拥有与曹操鼎足的实力，三足鼎立互相竞争，使他们逐渐强大。第二个论据：加州红杉长得如此高大，是因为它们成群结伴而生，从没有单独生长。合作使他们有了与别的物种竞争的实力，并最终生存下来。第三个论据：一撇一捺的“人”字同样也体现出了合作与竞争。

中心论点：竞争与合作是密切相关，缺一不可的，没有合作的竞争，易出现恶性竞争，两败俱伤；只合作而不竞争，社会就不会向前发展。既竞争，又合作，人类社会才能共同发展、进步！如果我们抓住了论据、论点，所讲内容就会一清二楚。

（三）记忆

影响我们倾听的一个很重要的原因是先入为主。很多时候，我们在倾听的过程中，习惯于提前作判断、下结论，把自己的观点强加给说话者，从而导致倾听过程中先入为主，而克服这一弊病的最好办法就是搁置判断，认真记忆。可按上述“要点”记忆。

另外，为了防止忘却，最好的办法是养成记笔记的习惯，边听边记，这是集中注意力跟上口语表达者思路的绝好办法。

（四）品味

口语表达者所讲述的内容不一定完全正确，也不一定全有价值，所以，我们在倾听过程中不仅要能听懂表达的内容，而且要能辨别出字、词、句、

---

① 薛金星：《中学教材全解【九年级语文（上）】》，陕西人民教育出版社 2008 年版，第 90 页。

观点、材料的正误，以及思想内容、条理逻辑方面的优劣等，并能正确取舍，把精力集中在有价值的东西上。

思考与练习

1. 倾听主要包括哪些环节？

2. 在倾听过程中如何抓要点？举例说明。

3. 下面是美国前国务卿赖斯在北大与北京高校 40 多位学生交流时介绍的案例，请分析此案例在倾听上出现了什么问题？

纽约某公司总裁告诉其秘书："你帮我查一查我们有多少人在华盛顿工作，星期四的会议上董事长将会问到这一情况，我要希望准备得详细一点。"

于是，这位秘书打电话告诉华盛顿分公司的秘书："董事长需要一份你们公司所有工作人员的名单和档案，请准备一下，我们在两天内需要。" 分公司的秘书又告诉其经理："董事长需要一份我们公司所有工作人员的名单和档案，可能还有其他材料，需要尽快送到。" 结果第二天早晨，四大箱航空邮件送到了公司大楼。①

第二节　表述

一　表述的含义

表述是指用语言对人或事物等进行确切、系统的叙述说明。表述是口语交际中常用的表达方式，恰当地运用表述语可以加深听者对所述事物的理解和认识。

二　表述的类型

表述包括复述、描述、解说、评述等几种方式。

（一）复述

1. 复述的含义

复述就是在不改变原意的基础上对已有的语言材料进行加工整理，进而重新讲述出来的一种口头表达方式。

---

① 许玲：《人际沟通与交流》，清华大学出版社 2007 年版，第 81 页。

2. 复述的类型

复述分为重复性复述和创造性复述两大类。其中重复性复述又分为详细复述和简要复述两种类型。

重复性复述要尽量保留原材料的观点、情节或内容，不改变原材料的顺序。详细复述要求用原有材料的表现方法去表述原材料内容，对原材料内容不做增加和删减，它对记忆的要求比较高。但详细复述不同于背诵，不需要在语言上一字不落地重复材料，为了使复述清晰而且便于他人理解和记忆，可以把书面语改成口语。

简要复述就是抓住原有材料的中心和重点，适当删去次要的、解释性的和修饰性的内容，对原材料内容进行浓缩和概括。

创造性复述是根据表达的需要，在不改变原意的基础上对原材料的结构、顺序、角度或表现方法进行一定的改变，进而使内容更生动、更完整的一种语言表述形式。创造性复述可以通过联想和想象对原材料中留白的内容加以充实，但不能违背原材料观点，而且要与原内容相契合。

3. 复述的基本要求

采用复述的方法，一方面可以进行听力、记忆、理解与概括能力的训练，强化知识；另一方面可以训练有序、有节、有理的表达能力。针对不同的材料，我们可以采取不同的复述方法，或详细复述，或简要复述，或创造性复述。不论哪种形式的复述，都要注意把握以下几点：

（1）复述要反映各部分内容的内在联系，条理清晰、层次分明，有逻辑。

（2）复述要抓住实质，准确地突出原材料的重点。如复述介绍一个人，要交代清楚这个人的外貌、气质、性格特点、特长、身份等要素。

（3）复述时语言要准确表达意思，避免引起歧义。

例如，在复述刘翔奥运会摔倒事件时，可以按照运动员出场时的表现、出发后蹬栏摔倒的突发状况、带伤重返赛场后的情节等几个层次进行复述。也可以运用倒叙进行复述，先交代刘翔在跨栏时摔倒，然后再复述他出场后的表现、伤后反场的情形。

复述的重点要从内容出发，运动员“登栏”的过程和反场后的表现是复述的重点，要把事件情节的“两个转机”有条理地复述清楚。

（二）描述

1. 描述的含义

描述，是用生动形象的语言，把人物、事物或景物的状态具体地描绘出来。通过这种表达方式，可以使描述对象生动丰满，听者也可以充分获得具体可感的认识。

2. 描述的类型

从描述角度的不同来划分，可以将描述分为直接描述与间接描述；从描述详略的不同可以将描述分为细致描述与简朴描述。

直接描述又叫正面描述，是说话人把观察到、感受到的东西直截了当地说出来。用这种方法来描述人物、景物和场面都可以，它是描述中最基本的方法。

间接描述又叫侧面描述，它是说话者由于受一定的环境限制或者由于特殊的表达效果需要，通过描述与所描述对象有关联的其他人、事、物、景从而达到突出描述对象目的一种表达方式。在写作学里，这种方法称为“烘托”。

细致描述，就是抓住描述对象的特点进行精细、周密的描述。对这种描述，说话者往往要对描述对象进行精画细刻，往往运用各种表达方式和表现技巧描述对象的状况，使接受者获得极其鲜明、生动的印象。

简朴描述是一种写意式描述，是要抓住对象特点，对描述对象做简单的、概要式的描述。简朴描述对所述对象不做铺排渲染，只需用简洁的语言把事物的轮廓大致勾勒出来即可。

3. 描述的基本要求

（1）目的要明确。描述是为了使听者对描述对象有更深刻的理解和深刻的感受而采用的口语表达方式，不是炫耀口才，所以描述一定要为了表达的需要而进行，描述的内容和运用的技巧一定要紧扣中心，为交际的目的和主旨服务。否则，不该描述而描述会给听者以矫揉造作、故弄玄虚的感觉，从而影响交际的效果。

（2）抓住对象的主要特征。为了帮助听者更好地认识、理解描述对象，产生强烈的感觉，就必须要抓住对象最突出的特点来描述，如对人物进行描述，就要抓住人物的肖像、语言、行动或心理等方面的典型特征；描述具体事物就要突出它的性质和状态；描述场面既要概括整体的氛围，又要突出场面中具有代表性、特征性的个别角落。

（3）运用多种修辞手法。描述重在事物的形象，通过绘声绘色的描绘、刻画，使人能非常具体地感受到客观对象的形态、声音、色彩、气味以至软硬、冷暖等，要达到这样的目的，描述者就要善于运用多种修辞，如比喻、对比、拟人、借代、夸张、排比等，加上语气、语调、节奏和重音的变化等外部技巧，渲染出一个生动形象、立体可感的意境。

（4）在形象化的讲述中注入情感，把复杂的情境具体地、情景交融地描述出来，以便引起听者的同感、共鸣。说话人的感情因素应当是自然的、贴切的，符合被描述对象的基本状况。

例如，在口语交际中向他人描述一个人物：

> 说起我们单位的小张，他可是我们部门的宝贝。他是东北大学毕业的高才生，别看他工作没几年，可是他的实践能力却很强，听说他在上大学的时候就和同学们自主创业。他不仅业务能力强，而且多才多艺，体育、音乐、电脑行行在行，在乒乓球和篮球场上，我们单位的同事目前还没有一个是他的对手，如果你要不服气，哪天可以直接找小张切磋切磋，你要是胜了我请你吃大餐。小张唱歌很好听，模仿周杰伦那真是惟妙惟肖。他为人热情开朗，在单位他的好人缘是有口皆碑呀。

通过上面的描述，一位热情、智慧、阳光的年轻人形象呼之欲出，对方虽然未见其人，但通过描述者生动的描述，已经清楚了他的主要特点。

（三）解说

1. 解说的含义

解说是对事、理、情进行解释说明的表述法，它往往用言准意明的文字，对事物的形状、性质、特征、成因、关系、功能等情况进行解释说明。解说是人们获得知识的重要途径，在实际生活、工作和学习中，具有很强的实用性，在教育教学情境下，解说是教师讲授文化科学知识时最常使用的表达方式。

2. 解说的类型

从不同的角度可以把解说划分为不同的类型。第一，从解说的详略、规模划分，可以分为以言简意赅为特点的简约性解说和以具体细致为特点的详细性解说；第二，从解说的语言风格划分，可以分为平实性解说、形象性解说和谐趣性解说；第三，从解说的内容划分，解说还可以分为实物解说、程序解说和事理解说。

3. 解说的基本要求

在教育教学中无论运用哪种解说方式，都要求做到：

（1）内容要真实准确。解说的目的是使听众对所述对象的相关情况获得真实客观的认识，因此，解说一定要客观公正、实事求是。解说的真实准确是指传达的观点是正确的，内容是符合客观事实的，态度是诚实的，对听众不能产生误导和欺骗。

（2）条理要清晰分明。解说要使听者听得清楚明白，说者的表达就要清晰分明，说者要把所述内容进行分类整理，根据所述对象的特点按合理顺序把内容进行排序，解说时做到依层循序，有条不紊。

（3）运用适当的说明方法。解说时可以采用下定义、举例子、作比较、打比方、分类别、列数字、作对比、引材料、用图表等说明方法，使所述内容更易于理解。

（4）语言要简洁精当。解说的语言要做到准确、清晰、简明。解说要抓住事物的关键，使人一听就领悟其要点。解说还要切合听者的理解水平，少用专业术语，力求深入浅出，通俗易懂。

例如下面一则参观游览的解说：

> 呈现在你眼前的就是古生物博物馆了，从我们这个角度看，它的外形就像一只巨大的恐龙骨架，下面这个突出的半圆体，我们叫它“恐龙蛋”，从里面进去，你就会发现它实际上是博物馆一层的大展厅，里面展出几只完整的恐龙标本和模型，它们有几层楼高。我们要想进去参观必须走侧面的外楼梯，你们看，这台阶有几百个，台阶两边的建筑造型模仿的是远古地形，这样，我们一路向上走，就好像走回到了远古时代。你们看，正门就在台阶的顶上，博物馆的展厅顺序是从最高层开始向下排列，从正门进去后，可以直接到第一展厅参观了。博物馆一共有8个展厅，16个展区，通向第一展厅的通道两边是模仿远古的断层岩。下面，就请大家跟着我一起走回到远古吧。

上面的解说是按照参观的顺序逐次进行的，其中运用了比喻、列数字等说明方法，便于理解与记忆。

（四）评述

1. 评述的含义

评述，就是对特定的对象发表自己的见解或主张。评是表达自己的见解和感受；述是介绍要评论的内容。评述是把叙述和议论有机结合，叙中有议，议中有叙。教师的评述能帮助学生提高认识，是推动教育教学目标实现的重要手段。

2. 评述的类型

从评与述的先后顺序来看可以把评述分为三类：先述后评，先评后述，边述边评。

先述后评是评述最普遍最基本的方式，它有两种类型，即自述自评和他述我评。述是评的基础，评是述的目的和深入。述时要做到清晰全面，听者要细心聆听，必要时加以记录，评时根据所述内容，做要点评述或全面评述。

先评后述，就是评者在表述之前先亮明自己的观点，稍作阐述，然后再叙述特定材料。先评后述具有直截了当的特点，所以能使听者一下子领悟评者的观点和倾向。但有时也因为此种评述方法缺乏事先的铺垫和材料基础，使评论显得突兀，造成听者感知上的隔阂，所以这种方式限于特定的时间、地点和场合。

边述边评是一边复述或描述客观事物，一边进行评论。叙述和议论兼而有之，述与评交错进行，二者相辅相成。

3. 评述的基本要求

（1）述要真实准确，评要客观公正。述是评的基础，评论的依据来源于述的内容，所以要想有正确的议论，首先要保证叙述的内容要真实，做到叙述尊重事实，贴切无误。评论的意见要以述的客观事实为依据，做到有理有据，持论要客观公正，不感情用事，更不能任由主观好恶。

（2）观点明确，理据充分。对所述内容在评的时候一定要表达自己鲜明的立场和观点，做到态度鲜明，观点明确，不可捉摸不定，含糊其词。同时论据要充分，不能天马行空，东拉西扯，要紧扣观点，令人信服。

（3）条理清晰，逻辑严谨。评述要注意对内容的梳理，使之条理分明。评述讲究论证，论证要逻辑严密，言之有序。

（4）语言准确、简练、通俗、流畅。述要做到简洁明快，通俗晓畅，让听者比较容易理解，评要做到明确达意，提纲挈领，让听者能迅速抓住重点和关键。

下面是一则关于“人造美女”这个话题的评述：

> 近一段时间来关于“人造美女”这个话题争论得很热闹，我也谈谈我的看法。我的观点是：量力而行，适可而止。首先，我认为“爱美之心，人皆有之”，女孩子们比较注重自己的外表，这是大家都能理解的。如果非要在自己的身体上通过手术达到美容效果，我看有两种情况大家还是能接受的，一是由于事故或疾病导致的容貌或身体损伤，那么通过医疗整形的手段美化容貌或形体，这对于当事人来说是必要的；

二是对那些有强烈爱美愿望的女士，考虑一些对自身伤害较小的手术修饰容貌，也是可行的，如割双眼皮、去痣等。但那些危险系数较高的整形手术不应提倡，更不应该无休止的依赖于整形达到美丽的目的，至于那些通过多次手术把自己变得“面目全非”的情况更不可取，如果是损害自身健康的整形应坚决避免。女士们在注重外表的修饰外，更要加强内在的修养，以塑造完美的形象。

该评述观点鲜明，意见中肯，条理清晰。

思考与练习

1. 什么是复述、描述、解说、评述？
2. 复述、描述、解说、评述分别有哪些要求？自找材料进行复述练习。
3. 请解说你做过的实验或拿手菜。
4. 描述一件记忆最深刻的事或你心目中的英雄。
5. 根据下面题目做评述练习：

（1）说海选

（2）谈诚信

（3）千里之行，始于足下

（4）业精于勤，荒于嬉

第三节　非语言表达

借助有效的非语言表达方式，可以提高语言表达的效能。如果以消极的态度来表现一种积极的信息，那留给对方的印象主要是你消极的表情，而不是你想传送的积极信息。这说明在口语表达中非语言的因素对口语表达有巨大的影响。

一　非语言表达含义

非语言是指用来配合有声语言表情达意的体态语言（面部表情、手势、身姿语）、物体语言（服饰、发式等）、环境语言（人与人之间的空间距离、环境）等等。它与有声语言表达相伴而生，是发自内心的，自然而生动的，它体现了表达者内在的气质、风度和人格，极易感染人。因此，我们在进行口语表达时，要对表现出的非语言符号格外注意，应努力使非语言表达对口语表达起到推波助澜、锦上添花的作用。

二　非语言表达的基本类型

（一）身姿语

口语表达时常用的身姿语包括站姿、坐姿和行姿。

1. 站姿

站姿是人体直立时的一种姿态。优美的站姿给人以挺拔、舒展、端庄、大方的美感。在口语表达中，男性的站姿，要表现出英武、强壮、潇洒的风采，表现出男性的阳刚之美；而女性的站姿，则要表现出娴静、玲珑、妩媚的韵味，表现出女性的阴柔之美。

（1）口语表达站姿要领

头要端正，下颌微收；双肩放松，两臂自然下垂于体侧，有时会伴有适当的手势、头语（头部的转动）等；挺胸、收腹、立腰、提臀。整个人有向上的感觉。

（2）口语表达常用的站姿：

①“V”形站姿

两脚脚跟靠紧，脚尖分开45°—60°；两臂自然下垂于体侧；身体重心落在两脚上。此种姿态，男女皆宜。

②“丁”形站姿

两脚尖稍展开，一脚在前，将脚跟靠于另一脚内侧中间位置，腿绷直并严，腰背挺直。男性可以一只手自然下垂于体侧，另一只手肘关节弯曲，手心向里，手指自然弯曲，放至身体前端中腹部。女性则要求两只手在腹前交叉，使内侧四指不外露，左右手的大拇指内收于手心处。身体重心放在两脚上。

③分腿站姿

两脚分开，两脚尖与脚跟的距离相等，两脚之间的距离不能超过肩宽；双手在腹前相搭，也可以右手大拇指与四指分开搭在左手腕部或双手交叉于身后；腰背挺直；身体重心放在两脚上。此种站姿，男士专用。

2. 坐姿

（1）口语表达的坐姿要领

神态从容自如，双肩放松，两臂自然弯曲放在腿上（女性一只手搭在另一只手上），也可放在椅子或沙发扶手上（单手放也可），掌心向下。躯干自然挺直，稍向前倾，要根据口语表达需要，侧转身体方向，但上身仍保持挺直姿态，动作要自然，不能僵化。要坐在椅子的1/2—2/3处。男性双膝可以分开，但不能超过肩宽。女性双膝必须并拢。

（2）口语表达常用的坐姿：

①标准式坐姿

上身与大腿、大腿与小腿、小腿与地面皆成直角；双膝、双脚完全并拢或者男性两脚成“V”形，女性两脚成“丁”形。这是正规场合用得最多的坐姿。

②开膝式坐姿

上身与大腿、大腿与小腿都成直角，小腿与地面垂直；双膝分开，但不得超过肩宽。此种坐姿适于男性。

③叠放式坐姿

双膝先要并拢，然后双脚并拢或脚踝交叉，向左或向右斜放，腿部与地面呈45度角。适用于穿裙子的女性使用。

无论入座离座，都要礼让尊长，待长者入座、离座之后，我们才能入座、离座。入座、离座要左进、左出，动作轻柔，不要使座椅乱响。女士若着裙装入座，应先用手将裙子稍微拢一下再入座，不要坐下后再拉拽衣裙。

3. 行姿

行姿，通常用“行如风”来表现这种动态美。男性矫健、洒脱、豪迈的步伐，如一阵疾风，气宇轩昂；女性轻盈、飘逸、典雅的步伐则如一缕春风，沁人心脾。

行走的正确姿势是：头正，面容自然平和，下颌微收；挺胸、收腹，立腰；身体稍向前倾；双肩放松，两臂前后自然摆动。男性两脚交替踩在3厘米左右的平行线上，脚跟先着地，然后过渡到脚掌，脚尖略外向展；女性则两脚交替踏在一条直线上。

（二）手势语

俗话说：“心有所思，手有所指。”口语表达离不开手势，手势能代笔描绘形象，抒发强烈的情感，它是口语表达中最丰富、最有表现力的非语言表达，因此有人说手势是人的第二唇舌。

1. 运用手势的具体要求

（1）手势幅度

手势幅度是指手势的活动范围。手势的活动范围与我们口语表达的内容密切相关，通常手势的活动范围不易过大，伸展无度会缺乏美感。一般手势左右摆动范围不能太宽，宜在人的胸前或右方进行。

（2）手势频率

①手势不宜过多。手势过多会令人目不暇接、眼花缭乱，分散人们的注意力，影响口语表达的效果。

②手势不易过快。手势过快会显得杂乱无序，会让人失去节奏平衡，而产生一种紧张感。

（3）手势准确性

手势既有动态的，也有静态的，运用手势时一定要注意与表达内容紧密配合，做到协调一致，准确恰当，自然得体。切忌过于夸张和拘谨，否则会喧宾夺主。

2. 常用手势语的含义

掌心向上：表示诚恳、谦逊、服从、尊重，这种手势不会给对方压力和威胁感。

掌心向下：表示约束、强制，这种手势易给对方造成高高在上或命令的感觉。

切掌：手掌由上向下切表示果断的决定。

握拳向上：摇动手臂用来表达强烈的要求。

手掌相握伸出食指来指点：表示要引起他人的注意，含有教训人的意味，这种手势具有强制性、镇压性，易使对方自尊心受到伤害，在口语表达中慎用。通常将手指伸直并拢来代替这种手势。

下面手势语使用要考虑语言环境：

跷起大拇指：在我国表示夸奖、赞美别人。但在美国和欧洲部分地区，表示要搭车；在澳大利亚就表示骂人“他妈的”。

OK 手势：在我国表示“零”；在泰国则表示“没问题”；在美国表示“同意”“很好”；在法国表示“零”或“毫无价值”；在日本表示“钱”；在巴西是表示粗俗下流。

V 形手势：掌心向外，表示“胜利”。若掌心向内，则表示骂人的手势了；有的地方表示数字“2”。

（三）表情语

人的面部表情丰富而多彩，它是人心理变化的晴雨表。把握好面部表情可帮助我们获得口语表达的成功。

喜怒哀乐表情

①喜：面部肌肉放松，额头舒展，眉毛微微上扬，眼睛微睁，嘴角略微上翘。

微笑是喜的表情的一种，也是口语表达中最常见的表情语，人们往往用微笑来表示友善、谦恭、诚信、尊重等。在一般的口语表达中，要微笑先行，笑语皆美。

②怒：面部肌肉紧张，眉头紧锁，怒目圆睁，嘴略微张开。

③哀：面部肌肉松弛，眉毛、眼角、嘴角微微下垂。

④乐：喜到了一定的程度就会成为乐。乐比喜的面部肌肉更放松，额眉更舒展，眼睛眯成一道缝，嘴半张开，嘴角上扬。

以上四种面部表情都有一个幅度的问题，我们要根据表达内心喜、怒、哀、乐的程度不同，表现幅度有所差异。通常程度越深，幅度越大。我们要根据口语表达的实际情况，适度运用。

（四）目光语

在人的五官中，眼睛最能表情达意。运用目光语的具体要求：

1. 注视对方的部位

口语表达的场合不同、对象不同，注视对方的部位要求不同。

（1）公务目光语：注视对方从额头到双眼以上的三角区域。这种目光语适用于正规的公务场合，如洽谈、磋商、谈判等正式场合。表示认真、严肃、有诚意。

（2）社交目光语：注视对方双眼到嘴之间的三角区域。这种目光语适用于日常的社交场合，如茶话会、舞会、各类友谊聚会。表示亲切、友好。

（3）亲密目光语：注视眼睛到胸部之间的区域，这种目光语适用于亲人、恋人、家庭成员。表示喜爱。

2. 注视对方的时间

与人交谈时，注视对方的时间约占全部谈话时间的2/3为宜，表示友好与敬意。时间过短，对方对你的可信度会产生怀疑；时间过长，则有一种咄咄逼人的气势，会让对方感到不舒服。

3. 注视对方的方式

（1）平视：适用于普通场合身份、地位平等之人。表示平等、友好。

（2）仰视：适用于面对尊长之时。它表示尊重、敬畏之意。

（3）俯视：表示轻视，也表示长辈对晚辈的怜爱。

（4）凝视：表示专注。

（5）点视：表示示意或具有针对性。

（6）斜视：表示轻蔑。

（7）漠视：表示冷漠。

（8）环视：与听众交流。

无论采用何种目光语，都不能死盯对方一眼不眨或频繁眨眼；也不能眼球转动头不动或挤眉弄眼，而影响交流。

（五）服饰语

服饰是一种文化，它反映了一个民族的文化素养、精神面貌和物质文明发展程度。服饰又是一种外在的语言，它反映了一个人的思想修养、审美情趣和生活品位等多种信息，它具有扬美抑丑的功能。

服饰要达到和谐统一的视觉效果，人们就要恪守服饰着装的基本原则。

1. 着装要与环境、社会角色相协调

不同的语言环境对着装有不同的要求。如公务交往，需要身着端庄的西服等职业装；休闲场合宜着休闲便装；喜庆场合服装色彩可明亮一些；吊唁活动服装色彩以黑色调、深色调为宜。

着装还要与自己的社会角色相吻合。如教师着装规范是文明着装。

男性在正规场合，如庆典仪式、会见外宾等场合，可穿中山服。中山服是我国的民族服装，通常是上下身同色的黑色、深蓝色或深灰色，由毛料精制而成，内穿白衬衣，穿深色袜、黑色皮鞋。也可穿深色西装。穿西装须打领带，领带打在硬领衬衫上，领带长度在皮带扣处为佳。如果内穿毛衣或背心等，领带须置于毛衣或背心里面，衣服下端不能露出领带头。领带夹的位置在衬衫从上往下数第 4 粒至第 5 粒纽扣之间为宜。领带颜色和花纹要与西装、衬衫颜色协调。一般场合可穿夹克、牛仔服等，但要穿得大方、整洁，不能皱皱巴巴。

女性着装要美观大方，并适当化淡妆，戴一些美丽、飘逸的饰物（饰物不宜过多，一只手上不能同时戴两只或两只以上的手镯或手链；戒指最好只戴一枚，戴在左手上）。

女性在正规场合穿着典雅大方的套裙，一般场合穿套裙、连衣裙、旗袍等均可。穿裙子时，应穿长筒或连裤丝袜，肉色为宜，袜口不得短于裙摆边。

职场着装禁忌：

（1）短：西裤过短（标准西裤的长度是裤长应盖住皮鞋）；裙子过短（裙子在膝盖以上）。

（2）露：露出胸部、肚脐、脊背。

（3）透：内衣、内裤等若隐若现；

（4）紧：内衣、内裤的轮廓显露在外；

（5）乱：穿西服不扣衬衫扣、卷袖子，颜色过杂（着装超过三种颜色，深色西装配白袜），衣裤袋内鼓鼓囊囊，饰物过多等。

（6）随意：工作场合穿拖鞋，穿西服配便鞋，着短袖衬衣打领带，西服袖子长于衬衫袖，西服上装两扣都扣上（双排扣西服则应都扣上，一粒扣应扣上，两粒扣只扣上面一粒，三粒扣应扣中间那一粒）等。

2. 着装要与自身条件相协调

脖子短者宜穿U型领；脖子长者宜穿高领；身材矮小者宜穿造型简洁、垂直线条服饰；肤色偏黄者不宜穿与肤色相近的土黄或较暗的棕色、深灰色等服装；腰粗腹大的女性宜穿H型套裙，溜肩女性宜穿垫肩服装，男性双肩过窄宜穿V型夹克衫等。

（六）空间距离语

在非语言符号系统中，空间距离是一种特殊的无声语言，在人们交往过程中懂得对方的空间语言是十分必要的。

1. 亲密距离

交流双方的距离在0.5米之内。这个距离适用于家人、恋人、至交以及迎宾时的拥抱。一般人是不允许闯入这个距离的，尤其是陌生人、异性。所以不要轻易越过这道防线，否则就会使人局促不安，甚至厌恶。

2. 社交距离

交流双方的距离在0.5米至1.5米。这个距离适用于一般交际应酬场合，如促膝谈心、各种宴会或非正式场合站立交谈时的最佳距离，便于双方亲切交谈。

3. 礼仪距离

交流双方的距离在1.5米至3米。这个距离适于正式的社交、业务往来场合，如谈判、访问等，使交流双方头脑清醒、理智。

4. 公共距离

交流双方的距离在3米以外，这个距离适于正式场合公开讲话，如开会（领导对员工讲话）、课堂（教师对学生讲话），以及公众演说、作报告等。

口语表达中，身姿语、手势语、表情语、服饰语、空间距离语要紧密配合，协调一致，补充和强化有声语言信息，使口语表达的表现力与感染力得以升华。

思考与练习

1. 职场着装有哪些禁忌？

2. 口语表达时正确的手势语、目光语、面部表情语是怎样的？

3. 在公务交往中，与陌生人之间的距离：

① 在0.5米之内

② 在0.5米至1.5米之间

③ 在1.5米至3米之间

4. 在口语表达中下列姿态哪些是正确的？哪些是错误的？

立姿：

①正式场合站立时，将手插入裤袋或交叉在胸前。

②头正，下颌微收；两臂自然下垂于体侧；有时会伴有适当的手势、头语（头部的转动）等；两脚脚跟靠紧，脚尖分开45°—60°；身体重心落在两脚上。

坐姿：

①长者入座、离座之后，我们才能入座、离座。

②两腿叉开，身体半躺在椅子上；将腿放在桌椅上；脚尖指向他人；手夹在两腿之间；女性双膝、双脚分开。

行姿：

①歪肩晃膀、弯腰驼背、左顾右盼、内八字。

②身体稍向前倾，双肩放松，两臂前后自然摆动。

第四节　心理

语言是最重要的交际工具，但运用起来并非是一件容易的事。有的人平时说话侃侃而谈，可是一在众人面前说话就立刻战战兢兢、情绪紧张；有的人词不达意，令人费解；有的人丢词忘词、语无伦次等，这些都是交际中的心理问题。心理学上称为“心理因素”干扰造成的，若想实现顺畅表达，则必须先训练自己的心理素质。影响口语表达的主要心理问题是怯场。

一　怯场心理的形成

怯场是指人们在口语表达时因紧张、害怕而不敢说话，或表现出拘谨不自然的现象。怯场是恐惧的一种情况，说话恐惧是正常的，但经过训练，这种恐惧是可以克服的。造成怯场的原因有很多，归纳起来主要有：

(一) 自卑

自卑是指自我评价偏低、认为自己不如别人。它是一种消极的心理倾向。有的人自卑是因为有生理上的缺陷，如相貌丑陋、个头矮小、声音沙哑等，害怕别人耻笑；有的人自卑是因为对自己缺乏正确的评价，自愧自己无能，或把缺点扩大化，消极的心理暗示导致表达失常。

(二) 性格

性格是表现在个人对人、对事的态度和行为方式中较为稳定的心理特征。性格内向的人，习惯于自己的小天地，缺少与人交往的机会，平时就金口难开，一旦在众人面前讲话，就会越发紧张，忐忑不安。

(三) 惧怕权威

这里的权威是指在一定范围里有威望、有地位的人。很多人对权威是一种仰视的态度，因为有权威（领导或某一领域的专家）在场，怕说错话当众出丑而变得胆怯。

克服怯场心理，就是让我们能够正确评价自己，多发现自己的优点，克服性格中的不良因素，由自卑变得自信；敢于经常让自己“当众出丑”，经过多次磨砺之后，我们就能做到临场不乱了。

二 克服怯场心理的技巧

克服怯场心理的技巧多种多样，现介绍几种供大家参考使用：

(一) 想象调节法

1. 遐想愉悦的场景

请闭上眼睛，用鼻呼吸，想象自己独自漫步于幽静的树林里，怡然自得；或想象自己在海边愉悦奔跑；或想象自己站在悬崖峭壁面对高山大声呼喊；等等。这样可以转移自己的紧张心情。

2. 把听众当作熟人

与熟人说话一般都不会紧张，在讲话前不妨尝试将听众当作自己熟悉的人，这样便会自然些。

3. 想象自己讲话成功的场景

感到紧张时，可自言自语“我是最受欢迎的”“我是成功的”，给自己正确的激励。

4. 临场熟悉法

提前来到现场，熟悉环境（场地、音响等），了解听众情况（年龄、文化层次、工作性质等），做到心中有数，打有准备之仗。

5. 饮料摄入法

夏天可喝上一小杯冰水、淡盐水，其他季节则可饮用一小杯与人体体温差不多的淡茶水或白开水，但需要注意不能喝得太多，达到润口即可，避免出现尿频现象。

6. 自我暗示法

积极的自我暗示对消除怯场心理具有一定的作用。罗斯福克服怯场有一条不错的经验："通过按照仿佛一无所惧的样子去行动，只要把这种状态保持一段时间，他就会从一种假装变为真实，渐渐不再害怕了。"

在口语表达前，为了让自己情绪稳定，可深呼吸，使全身放松，暗示自己："别人能做成的事，我一定也能做成！""听众一无所知，自己是最棒的！""坚定明知山有虎，偏向虎山行的信念"，胸中升起熊熊激情，充满表现的欲望。

7. 活动转移法

确定一个物体，凝神观望，琢磨其形状、颜色、距离等；或拿一面小镜子观看自己的各种表情、神态，一切牵肠挂肚的念头便会随之消失。

8. 效仿偶像法

学习自己仰慕的领导、成功人士的说话方式，回想他们讲话时的情景，或潇洒指点，或语调平稳，或信心十足等，为自己提供借鉴。

克服紧张恐惧的方法还有很多，每个人可以根据自身情况进行摸索、总结和选用。

思考与练习

1. 怯场心理是如何形成的？
2. 怎样克服怯场心理？
3. 请在众人面前非常自信的介绍自己的成长经历或愿望。

第五节　思维

任何正规场合的口语表达都是有目的的信息传递过程，每个人在表达时都要进行必要的思考。比如为什么说？怎么说？对谁说？用什么语汇？用什么语气？这些都直接影响着语言表达的效果。这些问题的答案都来自表达者对要表达内容的思考。没有思维基础的口语表达只能是空洞无物和杂乱无章的。

一 思维的含义

思维是人脑对客观事物本质属性及其规律的概括的间接的反映。思维与语言是密切联系的。人的思维活动是在感知觉、表象所提供的材料的基础之上，借助语言实现的，语言是思维的工具。人们通过语言概括出事物共同的、本质的属性。语言表达的意义正是思维的内容或结果。所以，若想提高口语表达水平，就要重视对思维能力的训练与培养。

思维主要包括形象思维、逻辑思维、直觉思维和创造思维等，这些思维类型反映出一个人思维能力发展的不同阶段，也反映出人的不同思维特征。具有不同思维特征的人在表达时会体现出不同的语气和风格。如形象思维能力较强的人在口语表达累时会说：哎呀，今天累死我啦！而逻辑思维能力较强的人会说：今天干了十个小时的工作，真累了。直觉思维能力较强的人会说：今天太累了，明天得注意点，不然会累坏的。创造思维能力较强的人会说：今天太累了，有没有能够把事情做好，但又不太累的方法呢？

二 思维的基本类型

关于思维类型的论述有很多，这里仅介绍几种基本的思维类型。

（一）形象思维

1. 形象思维含义

形象思维是以表象为材料的思维。即运用思维对象的形象信息，结合主观的认识和情感，对思维对象进行识别，并通过一定的手段创造形象的一种基本的思维形式。

2. 形象思维训练

进行形象思维训练要突出语言表达的形象性。

（1）对事物要有深刻的、全方位的感知，从中获得真实的内心体验和明确的态度。

（2）抓住形象的主要特征，捕捉情感的连接点，通过分析、综合、加工，最后得出结论。

（3）使用夸张、拟人、比喻等修辞方法对形象进行描述。

例如：小木碗

第一次教我们端碗的是父母，为了不把碗打碎，父母为孩子准备了小木碗。小木碗很轻，又不烫手，有天然木质的花纹，古朴乖巧。随着孩子一天天长大，他们开始用稚嫩的眼睛打量着他们即将进入的社会。他们发现社会上的人端着各式各样不同的碗。有人过着荣华富贵的生活，他们端着贵重的金碗，但内心忐忑不安，总怕有人算计，失去他的金碗。有人在社会高层或是做白领，他们端着精美的瓷碗，但他们劳累忙碌，又总怕打碎了自己的碗。而更多的人是生活温饱，衣食无忧，他们端着不怕丢失也不怕打破又很实用的普通粗碗。于是，端粗碗的希望自己有一天能有精细的瓷碗。端瓷碗的希望自己有一天能有金碗。有金碗的希望自己的子子孙孙都抱着金碗。

说实在话，其实，不同的碗有不同的长处和短处，做事万万不能强求，强求往往倒会打碎自己现在的碗。总之，无论你现在拥有什么，无论你追求什么，我们都不能忘记，父母给我们的小木碗。更要记住当初父母教导我们的要如何端碗。①

通过对碗的描述，形象贴切地比喻了各类人群的生活态度，告诉人们应如何端碗，体现了形象思维的特征。

（二）逻辑思维

1. 逻辑思维含义

逻辑思维是借助概念、判断、推理来解决问题的思维。即运用概念、判断、推理的形式，通过分析、比较、综合、概括等达到揭示事物本质和规律的思维方式。它是最基本、最重要的思维方式。

2. 逻辑思维训练

进行逻辑思维训练要突出语言表达的逻辑性。

（1）将无序的事物按照事物的发生、发展变化规律排列，使之有序化。

（2）将看似毫无关联的人、物等巧妙的联系起来，使其顺理成章。

（3）从纷繁的事物中提炼主要成分，使之主次分明。

（4）正确运用各种逻辑推理方法，如演绎、归纳、类比等，将内容精练、清楚地表述出来。

例如：三国

三国俨然一段小春秋，曹操、诸葛亮、刘备、周瑜都在乱世中跃登于政治舞台。我认为，三国的政治家还应首推曹操。过去的传统史学

---

① 翁茹：《主持人思维训练教程》，中国传媒大学出版社2007年版，第23页。

家，把分裂和篡夺的罪名委之于他，对他持否定态度。虽然我们不能说否定曹操毫无根据，但仍觉得有些片面。评价曹操更应客观地从他的功过是非来衡量。

首先，曹操在有生之年并未分裂和篡夺皇权。他身为汉朝丞相，“挟天子以令诸侯”，为的是匡扶汉室基业，整顿朝纲，因此曹操在自己的职位上为自己画下了一个圆满的句号。

其次，曹操这个人其实很不寻常，有人说他生性机警狡诈，且善用权术。其实不然，他从小到老一直勤奋好学，博览群书。他的儿子曹丕曾说他，“上雅好诗书文籍，虽在军旅，手不释卷”。曹操当时是大文豪，写下了“东临碣石以观沧海”这样脍炙人口的佳句名篇。因此，曹操在文学上也是画上了完满的句号。

还有人说曹操嫉贤妒能，但杨修便是一个典型的例子，说明曹操唯才是举，知人善任。他的一些主要将领，有的提拔于行伍之间，有的发现于俘虏之中，曹操为后代成就大业打下了坚实的人才基础。他作为一名领导者，同样为自己的人生打下了一个精彩的句号。

他在任丞相时，将北方地区治理得相当好，使经济得到明显的恢复与发展，使百姓过上了富足的生活。他在治理天下之时，同样显示了非凡的才能，为自己打下了第四个圆满的句号。

“乱世之英雄”、“天下英雄无过曹操”，这都是对曹操的评价，而我说，曹操是一位方方正正的大政治家、军事家、文学家、大英雄。①

这段表述按照“总分总”的基本体例，从四个方面有理有据地对曹操进行了客观评价，并且推导出自己的结论。层次清晰，语言表达精练准确，具有明显的逻辑思维特征。

（三）直觉思维

1. 直觉思维含义

直觉思维是指对新事物、新现象、新问题未经逐步分析，仅凭借内因的感知便迅速地对其作出判断或设想，它是一种突然的领悟或理解的思维方式。如猜测、预感、顿悟等都是直觉思维的常见表述。

2. 直觉思维训练

进行直觉思维训练要突出语言表达的灵敏性。

---

① 翁茹：《主持人思维训练教程》，中国传媒大学出版社2007年版，第93页。

（1）选择一种（事物或现象等），展开充分的想象，产生奇思妙想，抓住突如其来的“灵感”和“顿悟”。

（2）明确中心，理清思路，进行有序、有理的表述。

例如：□

一看到这个图形，我首先想到的是一扇窗户。我们知道，透过窗户可以看到外面的一切，了解外面的世界，与更多的人接触，获得更多的知识。但是如果在这扇透明的窗户背后涂上一层银粉，它就变成了一面镜子。窗外的一切都看不到了，就只能看自己。当一个人眼里只有自己时，他是孤独的，是形影相吊的，是茫然不知所措的。他必须一个人承载所有的痛苦和忧愁，也没有人与他分享快乐。之所以如此，就是心灵的窗户蒙上了一层银粉。因此，我们应该随时擦亮自己的窗户，打开心门，享受与朋友交流分享的快乐！①

这段表述体现了表达者直觉思维的特点，从抽象的图形联想到窗户。透过窗户又把自己的想象嵌入进去，给出了一串联想和感慨。这种联想是因人而异的，是和表达者的生活经历和思维特点相联系的。

（四）创造思维

1. 创造思维含义

创造思维是运用创造性的方法解决问题的思维。即以感知、记忆、思考、联想、理解等能力为基础，综合利用各种思维形式，从而获得与众不同结论的思维方式。创造性思维是经过长期的知识积累、训练才能形成的一种思维方式。

2. 创造思维训练

进行创造思维训练要突出语言表达的差异性。

（1）立足于客观事实，进行合理、大胆的想象，但不能为猎奇而置实际于不顾。

（2）求异标新，从不同角度对问题进行分析或表述。

例如：武则天

定向：春天的太阳很温暖，给万物以生机和力量。夏天的太阳热情奔放。秋天的太阳柔和清丽。冬天的太阳给寒冷送来希望。历史上有这

① 翁茹：《主持人思维训练教程》，中国传媒大学出版社 2007 年版，第 35 页。

样一个女人，她包含了四种太阳的美。

武则天像春天的太阳，总有一种向上的力量，即使是男人，对她也不可小视。而她也像夏天的太阳，充满激情，光芒万丈，不能不折服于她。她也如秋天的太阳，她的妩媚让男人们拜倒在她的石榴裙下。她也像冬天的太阳，在寒冷中，照旧散发着金光。所以，武则天是一个集美貌、才干于一身的女人，不愧为一代女皇。

逆向：春天的太阳使人慵懒。夏天的太阳令人焦躁，无法接近。秋天的太阳惨淡萧杀，使人悲伤。冬天的太阳，软弱无力，死寂凄凉。

武则天像春天的太阳，让男人无力抗争，正应了“红颜祸水”的说法。她也像夏天的太阳暴烈、焦躁，她为了实现野心，动用酷刑，不择手段。她又像秋天的太阳，用自己表面的妩媚，掩盖她杀害自己骨肉亲人、获取权力的真相。她还像冬天的太阳，虽竭尽全力，也抵挡不了严寒，避免不了晚年孤独的下场！所以，武则天是一个历史上有名的野心勃勃、自找苦吃的女人。①

表达者从正反两个角度描述了四季不同的太阳，用来表现和类比武则天好变、多疑、专横跋扈、野心勃勃等性格特点。这种描述手法生动形象、富于创造。这种创造不仅体现在武则天与太阳的类比，而且体现在为了全面描述武则天的各种性格对太阳特性的集大成总结。

可见，思维是语言表达的骨架。具有良好思维的人在语言表达过程中会具有生动形象、条理清晰、干净利落、系统全面和出人意料等特征。

思考与练习

1. 举例说明思维有哪些类型。

2. 以《我爱我的家乡》为题，从家乡风土人情、历史文化、自然景观等方面，进行表达练习，体现形象思维的口语表达特点。

3. 按时间顺序描述一件事情的发生发展过程，体现逻辑思维的语言表达特点。

4. 春天的牡丹、夏天的荷花、秋天的菊花、冬天的梅花，这四种花有不同的特征。请根据这四种花的特征，从正向思维和逆向思维两个方面进行创造性思维的口语表达练习。

---

① 翁茹：《主持人思维训练教程》，中国传媒大学出版社 2007 年版，第 106 页。

第七章　通用口语表达综合技能

学习导航

口语表达是一个复杂的过程，受环境、听众等多种因素制约，表达者要能根据不同的交际目的、现场的具体情况等，抓住听众所思、所感，坦诚地与听众进行交流。通过本章的学习，使教师了解交谈、演讲、辩论的含义、类型，以及演讲、辩论的准备工作；明确交谈、演讲、辩论的特点、要求等；掌握交谈、演讲、辩论的技巧。

第一节　交谈

交谈是人类口语表达活动中最常用的一种言语交往方式。在人类文明高度发展的今天，交谈已成为政治、外交、教育、公关等各领域中不可缺少的一项言语活动。

一　交谈的含义

交谈是指两个或多个人，为实现交流思想、沟通情感、协调行为等目的而进行的双向或多向信息交流的口语表达活动。交谈以对话为基本形态，有其自身的特点和规律。合理地运用交谈技巧，可以增进交谈语言艺术，提高事业成功的概率。

二　交谈的类型

交谈有多种分类，这里主要介绍两种划分类型。按照交谈形式划分，可分为主动式交谈与被动式交谈；单个式交谈与群体式交谈。按照交谈内容划分，可分为问题式交谈与评价式交谈等。

主动式交谈是指交谈各方都有与对方交流的愿望，彼此围绕着大家共同关心的问题，畅所欲言。如久别重逢时的畅谈。

被动式交谈是指交谈者中有一方是在别人的要求、引导下进行的交谈。如教师家访时的谈话。

单个式交谈是指交谈双方各有一人参与进行的交谈。如某教师找个别学生谈话。

群体式交谈是指交谈各方或其中一方以群体形式出现而进行的交谈。如高年级学生干部与低年级学生干部座谈；校长与部分教师座谈。

问题式交谈是指交谈各方或其中一方根据可能存在或已经存在的问题，提供防患于未然或有助于解决问题的方法的交谈。此法，宜事先准备好一系列的问题，交谈时启发对方阐述已见，从中获得有用信息，以求解决问题。

评价式交谈是指在交谈中适时、适度地表达自己的观点（或肯定，或否定等）的一种交谈。采用此种方式要注意尊重、理解对方，不能以“仲裁者”自居，不负责任地对他人见解妄加评论。

三 交谈的特点

（一）听说兼顾

交谈包括听和说两部分内容。交谈过程中，交谈双方互为听众和说话者，而且双方的话语都要受到对方的制约，因此，交谈双方只有密切配合，相互支持，有呼有应，才能使交谈深入展开。不能搞一言堂，剥夺对方的话语权。

（二）话题灵活

受交谈时间、地点以及交谈对象、内容的影响，交谈的话题也是灵活多变的，有时交谈可就某一话题全面深入展开，有时则根据需要，中途变换话题，因此，交谈者要具有随机应变灵活变化话题的能力，否则，难以保证交谈的顺利进行。

（三）通俗易懂

交谈讲究朴实自然，通俗易懂、口语化的语言是其重要特征。交谈中应尽量避免华丽辞藻的堆砌，深奥的语言。使用简明扼要、大众化的语言更易于对方接受。

四 交谈的要求

（一）言之有益

“与君一席谈，胜读十年书。”人们都希望通过交谈，获得知识、拓宽视野。因此，交谈最好选择那些对生活、学习、工作、思想有积极意义，健康、乐观、向上的内容作为话题，切忌低级趣味、消极颓废。

（二）言之有物

《周易·家人》中警示后人说："君子以言有物，而行有恒。"言之有物，就是要求说话内容要充实，不空洞无物、废话连篇。在与人交谈时，要准确地传递信息，达到事真、理真、情真，克服说空话、大话、套话的习惯。

（三）言之有礼

言之有礼，就是说话要注意讲究礼节礼貌，不恶语伤人或使用污言秽语。要讲究"口风""口德"，使用谦敬语，以表现交谈者儒雅风度和良好的教养。

五　交谈的技巧

（一）交谈中听的技巧

1. 关注讲话者

全神贯注，倾听对方说话，始终保持积极的身体参与和心理参与。如发出积极的肢体语言信号：身体朝向对方、思索式的点头、抚摸下巴或一手托着下巴，并温和地看着对方；在理解对方讲话内容的同时，将自己的理解准确反馈给对方。如用"哦""是啊""嗯"等语气词来表明你在仔细倾听，把握住交流的脉搏。

2. 适时插话

靶要打得好，枪就得瞄得准；话要插得好，就要选好时机。在倾听过程中，不要随意打断对方说话，要有足够的耐心听对方说完，可在对方停顿时适当插话。如"您的意思是……""这是谁的主意呢"等。插话时，语气要柔和，音量不宜过大，内容不宜过多，不要喧宾夺主。注意避免打岔和审讯式的询问，以免引起对方的烦躁和不快，要让对方感到放松并且愿意提供给你信息。

3. 察言观色

正确了解对方谈话意图或事实真相，是非常重要的。在交谈中，有的现象是隐蔽的，对方不直接告诉你，而用含蓄的话语暗示，这就需要集中精力，提炼有效信息。另外，要了解一个人的深层心理，仅仅通过语言是靠不住的，我们还要善于从对方的语调、手势、面部表情等，观察了解对方表达的真正意思，准确推断出对方所思、所想、所爱、所恨。

（二）交谈中说的技巧

1. 了解对方

沟通的最高境界是成功地实现与别人交流。若想交谈顺利进行，就需要摸清对方的底细，了解对方的性格、经历、愿望、生活状况，区别对待不同的交流对象。对于文化层次高的人，言辞应含蓄文雅、引经据典，切忌肤浅、粗鲁；对于文化层次低的人，说话应通俗易懂，多举事例，切忌高深理论；对于性格内向的人需要循循善诱、委婉道来，不宜直截了当；对于性格外向的人，不能九曲十八弯、遮遮掩掩，而应直抒胸臆、爱憎分明；对于地位高于自己的人，说话要表现出尊重，不要东拉西扯，多听对方高见；对于地位低于自己的人，说话要郑重其事，不能漫不经心，高高在上等等。

2. 选好切入点

交谈的语言环境不同，话题提出的方式也会有所差异。根据语言环境的需要，有时可直截了当地提出话题；有时话题则需迂回切入。为了不让对方觉得索然无味，选择合适的交谈切入点，可以轻松自然地将对方带入交流的境地，消除陌生感。利用问候语、生日、朋友、身边的事物为话题切入点，或寻找大家共同关心、感兴趣的话题，如曾就读学校、爱好、出生地等适时切入，会快速拉近彼此之间的距离，达到一见如故的效果。

赤壁之战时，诸葛亮的哥哥诸葛谨（字子瑜）是鲁肃的忘年交，鲁肃初见诸葛亮用一句“吾，子瑜友也”，一下子就拉近了二人间的距离，找到了交谈的共同点。①

3. 把握分寸

说话看场合有分寸，切忌不分场合、对象，一套说辞。说话要根据场合、对象的不同，有所区别。无论是赞美，还是批评都要恰到好处。过分的赞美或者谄媚就会流于俗套，会被人认为是虚伪；批评不注意分寸，也会产生矛盾。交谈中要留心对方的反应，不要以自我为中心。采取对方易于接受的形式进行沟通，留给对方的是面子，留给自己的是风度。

4. 体现真诚

“你希望别人怎么对你，你就怎么对人。”这条金科玉律在交谈时同样

① 辽宁省人力资源和社会保障厅、辽宁省公务员局：《公务员基本功训练指南》，沈阳出版社2010年版，第331页。

适用。敞开心扉，以谦虚的、富有亲和力的语言，说出自己的诚意，打动对方，而不是高谈阔论或咄咄逼人。问话也要讲求艺术，问题过于抽象、复杂、生硬，会使对方难于应对，而问得巧，能使交谈有声有色，采用开放式提问，使对方打开话匣子。

例如：当年，在国际函授学校丹佛分校经销商的办公室里，戴尔·卡耐基正在应征销售员工作。

> 负责面试的经理是约翰·艾兰奇先生，他看着年轻的卡耐基身材瘦弱、脸色苍白，不禁摇了摇头。在得知卡耐基从没有干过推销后，约翰·艾兰奇先生更加失望。因为，从外表看，戴尔·卡耐基显示不出丝毫特别的销售魅力。
>
> 约翰·艾兰奇开始提问："现在请回答几个有关销售的问题，推销员的职责是什么？"
>
> 戴尔·卡耐基回答："让消费者了解产品，从而心甘情愿地购买。"
>
> 艾兰奇先生点点头，接着问："你打算对推销对象怎样开始谈话？"
>
> "'你的生意真不错！''您的帽子真漂亮！'……"艾兰奇先生点点头，接着提出了一个尖锐的问题："那你会用什么办法把打字机推销给农场主？"
>
> 戴尔·卡耐基稍稍思索一番，有点泄气地回答："抱歉，先生，我没办法把这种产品推销给农场主，因为他们根本就不需要。"
>
> 艾兰奇高兴地从椅子上站起来，走过来拍拍戴尔的肩膀说："很好，你通过了，好好干，年轻人，你会成为一名出色的推销员的。"①

原来，在众多面试者中，唯有卡耐基对最后一个问题的回答表现出了诚实、负责的态度。

5. 控制方向

在与别人交谈时，为了维系良好的交谈气氛，完成交谈目的，就要学会控制和引导谈话方向。控制和引导交谈方向的方法很多，当对方说话出现卡壳时，可用语脉接引法衔接来补救对方表达的不足；当对方跑题时，可委婉提醒，使之回到原话题；当出现必须一议的话题时，可对前面内容稍加概括，转入新话题；当交谈进入了死胡同，遇到一些不便或不愿谈论的内容

---

① 赵晓波：《说话有艺术》，金城出版社2009年版，第190页。

时，可用相近话题、一词多义、幽默诙谐的方式转移话题，使交谈向着既有目标发展。

思考与练习

1. 您怎样看“滔滔不绝”和“洗耳恭听”？

2. 您是如何理解“倾听不仅仅是保持沉默”的。

3. 如何控制谈话的方向。

4. 你的同学因为情感问题闷闷不乐，你怎么通过交谈让她放下烦恼，快乐起来。

5. 试分析下面案例，说明其中的交谈技巧。

小说《人到中年》中，住院的傅家杰正在病床上读诗，他爱恋的医生陆文婷正好查房，傅家杰问道：“陆医生，你喜欢诗吗?”“我？我不懂诗，也很少念诗。”她微笑着略带自嘲地说：“我们眼科是手术科，一针一剪都严格得很，不能有半点儿幻想的……”“不，你的工作就是一首最美的诗。”傅家杰打断她的话，热切地说：“你使千千万万的人重见光明……”他微笑着注视着她那明亮清澈的大眼睛，感觉两颗心靠得那么近。①

第二节 演讲

演讲是阐明观点，传播文化，宣传真理，促进人类文明建设的重要手段。通过演讲可以展现个人魅力、提升影响力。演讲是提高教师口语表达能力的一种有效途径。

一 演讲的含义

演讲是指在特定的时境中，演讲者通过有声语言并辅之以非语言，面对听众发表自己的见解，阐明事理，抒发情感，以感召听众产生共鸣的言语交流活动。它是一种带有艺术性的社会实践活动。

演讲，以讲为主，以演辅之。讲就是用经过加工组织的语言讲清道理，演讲内容要有一定的逻辑推演过程；演则是指“表演”，即演讲要有与内容配合的适度的非语言表达为讲服务。这种既讲又演的语言传递形式，是人类沟通、交流的重要方式。

---

① 墨生：《如何补救说出的错话》（傅家杰错话生发幽默话），《演讲与口才》2014 年第 8 期。

二　演讲的类型

对于演讲的分类，不同的角度有不同的划分，没有固定不变的规定。从演讲形式上划分，可以分为命题演讲、即兴演讲等；从演讲内容上划分，可以分为政治演讲、学术演讲、生活演讲等；从演讲功能上划分，可分为使人知演讲、使人信演讲、使人激演讲、使人动演讲等；从演讲目的上分，有说服性演讲、鼓动性演讲、传授性演讲、娱乐性演讲等。这里介绍几种常见的演讲形式，旨在为大家演讲时提供一些参考。

命题演讲。命题演讲是指由演讲组织单位确定演讲题目或演讲范围，演讲者根据给出的题目或范围经过准备后所做的演讲。命题演讲包含全命题演讲和半命题演讲两种形式。全命题演讲，演讲题目一般是由演讲组织单位来确定。半命题演讲，由演讲活动组织单位限定演讲的范围，演讲者根据限定的范围自己拟定题目进行的演讲。

即兴演讲。即兴演讲是指演讲者在事先没有准备的情况下，由于受眼前人物、景物、气氛的激发，临时起兴发表的演讲。如婚礼祝词、聚会演讲等。

政治演讲。政治演讲是指演讲者针对国内外现实生活中的某个政治问题或与政治相关的问题阐明观点、立场，宣传政治主张的一种演讲。要求演讲者传播的政治主张要富有政治远见，且深思熟虑。演讲者要具备对社会高度负责的态度和一定的政策水平。如国家首脑的竞选演讲、外交演讲、军事演讲、政治集会上的演说等。

学术演讲。学术演讲是指演讲者为传播科学文化知识、交流学术见解及研究成果而发表的演讲。要求演讲者所述内容必须科学、严谨。如学术报告等。

生活演讲。生活演讲是指演讲者就现实社会中的某些现象、问题以及某种风俗等表达自己见解的一种演讲。要求演讲者要善于发现生活中的真、善、美，假、丑、恶，弘扬民族正气，鞭挞歪风邪气。如各类联欢演说、祝酒词等。

三　演讲的特点

（一）鼓动性

演讲具有强烈的鼓动性。其鼓动性表现在演讲的目的是说服人、教育人、激励人、影响人们的思想和行为，促进人们奋发向上。所以，演讲者以自身活跃的思维、炽热的情感、高亢的激情向人们传播真善美，表达自己的爱憎，唤起听众强烈的情感共鸣，从而统一思想，并促使其行动。

（二）现实性

演讲属于现实的社会活动范畴，不属于艺术活动范畴。演讲的生命力就在于它切合时代之脉搏，与社会和时代节拍同步。演讲者之所以要当众演讲，主要不是以艺术欣赏为目的，而是以解决现实问题为目的。演讲者通过对现实生活中某一问题的分析、判断，表明自己的主张、见解，讲的是真人真事，其内容都是现实生活中人们关注的问题，即使涉及历史或艺术的某些材料，也是为了解答现实的问题。所以，演讲是一种针对性很强的社会实践活动。

（三）艺术性

演讲不仅要以理服人，还要以情动人。这就需要演讲者借助一些艺术表现手段来创造艺术感染力，给听众带来美的愉悦感受。例如：演讲内容饱含真情，波澜起伏；演讲语言凝练清新，音调抑扬顿挫，节奏急缓有致；演讲者的面部表情从容自信，手势自然优美；着装得体大方；演讲形式突出以讲为主，以演辅之，讲与演的有机结合，把单一的语言表达，变为立体的、复合的语言表达，形成了整体协调统一的美感。

（四）道德性

演讲是在公众场合的演说活动，致力于宣传真理，引导人们正确的人生观、价值观，强调道德性特征。全球演讲学首席导师 S. 卢卡斯认为有道德的公共演讲基本指导原则：第一，确保自己的目标从道德上讲站得住脚——目标符合社会和听众的利益。第二，要为每一次演讲做好充分的准备。第三，诚实地表达自己想说的话。第四，要避免谩骂和其他辱骂性语言。第五，实践公共演讲中的道德原则，在困难的条件下遵循这些原则，而不仅仅是在便利的时候这么做。①

四 演讲准备

成功的演讲，离不开充分的准备工作。

（一）确定主题与标题

所谓主题就是演讲者要传达给听众的主要思想观点，也就是演讲的中心论点。主题是演讲的灵魂和统帅。确定主题要单一，切忌贪多求全不知所

① ［美］S. 卢卡斯：《演讲的艺术》，李斯译，海南出版社 2002 年版，第 48 页。

云；确定主题要切中时代脉搏，为新时期人们普遍关注、急需解决的问题呐喊；确定主题要鲜明深刻，无论赞颂与贬斥，肯定与否定，都不能似是而非；确定主题要新颖，从自己熟悉、深思熟虑的内容中发掘、提炼出新颖独到的见解；确定主题要符合听众心理，了解听众的年龄、性别、阅历、文化程度、职业状况等，根据听众的心理需要因人施讲，做到有的放矢。

所谓标题就是演讲稿的名称。标题是对演讲内容的高度概括。通常在主题确定之后才拟出标题。拟定标题需要认真思考、反复推敲，为演讲添彩。标题或是直接揭示主题（如《科学的春天》），或是概括内容（如《中国人站起来了》），或是提出问题（如《知足者常乐吗?》），或是交代场合、背景（如《在马克思墓前的讲话》），等等。拟定标题要遵循准确、新颖、短小、顺口原则，巧用修辞、数学式、引用套用诗词文章、流行歌词、广告语、成语等，拟定出看似“熟”实则“巧”的题目。如《拥抱青春》、《1+1 >多》、《我的未来不是梦》、《少年壮志不言愁》等。

（二）收集材料

1. 收集材料的主要途径：

收集材料的途径多种多样，概括起来主要有三个途径：一是获取直接材料，即演讲者在日常工作、学习、社会活动中，通过自己的观察、体验、感受、调查等获得的第一手材料。二是获取间接材料，即演讲者从网络、电视、广播、书籍、报刊、文献中等获得的第二手材料。三是获取创新材料，即演讲者在大量的直接材料和间接材料的基础上，经过归纳、分析、研究所获得的新材料。

2. 收集材料的方法

一是勤于收集，即勤听、勤看、勤动手记录。二是善于整理，即将收集的零碎的、杂乱的材料进行分析和鉴别，去伪存真，去粗取精。三是肯于发掘。对收集的材料进行深入研究，发掘新意，使材料具有自己独特的色彩。

3. 收集材料的要求

为了避免收集材料的盲目性和随意性，我们应制订计划围绕演讲的主题选择材料。收集的材料既包括理论论述又包括生动案例；既有正面、反面材料，又有纵向横向材料；等等。收集的材料要注意选择真实的、典型的材料，真实、典型的材料最具说服力且具有代表性，易于深刻揭示事物本质。收集的材料还要注意选择新鲜的、感人的、具有针对性的材料，新鲜、感人、具有针对性的材料更易激发听众的兴趣，调动听众的情感，便于深化主旨，达到演讲的目的。

五 演讲的结构

演讲结构通常的模式为开头、主体、结尾。人们习惯用元代散曲家乔梦符的话“凤头、猪肚、豹尾”来形容这三部分的内容。即开头像凤头一样美丽、精巧，富有吸引力；主体像猪肚一样丰满、充实；结尾像豹尾一样简洁、有力。

（一）开场白

开场白即演讲开头的道白。好的开场白，能产生巨大的吸引力，把听众自然顺畅地带进演讲的情境中，调动听众的兴奋点，为演讲成功开辟道路。开场白的方式多种多样，常见的有：

1. 直入式

开宗明义，不绕弯子，直接进入演讲正题。或者交代演讲题目，或者讲解演讲缘由，或者叙述演讲主题等。这种方式开场，开门见山进入演讲情境，抓住听众的心。例如，乔丹“在电视新闻发布会上的告别演讲”开场白：

> 朋友们，我经常强调说，一旦我失去动力或不需要再证明什么了，我就应该退役。现在是我离开的时候了，这并不是我不爱这项运动，我只是觉得我已经达到了自己事业的顶峰，我没有什么可再证明的了。①

乔丹的这段开场白，以平和的语气、朴实的语言，讲述了自己退役的原因，表达了由衷的情怀。开宗明义，且意味深长。

2. 引用式

通过引用名言、警句、诗词、寓言等作为开头语，以渲染气氛，创造一种氛围，抓住听众的注意力。这种方式开场，言简意赅，富有哲理，具有很强的说服力。例如，李燕杰教授就常以诗开头来营造气氛：

> 我今天发言的主题思想用一句话概括，叫：海到无边天作岸，山临绝顶我为峰。是什么意思呢？……

引用诗作为开头，语言凝练，极富感染力。

---

① 蔡践、冯章：《演讲的风采》，中国经济出版社2005年版，第268页。

3. 提问式

一开场就提出问题，引人入胜，让人思索。用这种方式开场，容易缩短演讲者与听众之间的距离，平常中见奇效。例如，代君丽“莫要见硬就回”演讲中的开场白就采用了提问的方式：

古人说，“不撞南墙不回头”。不过，撞了南墙就该回头吗？见硬就该后退吗？我们“起五更爬半夜”，走了很远的路，气喘吁吁地翻过几个山头，眼看就要到达目的地了，却被一堵南墙挡住了去路。这时，我们用头撞一下南墙就回头？还是想办法翻过墙去？①

这段开场白通过一句俗语“不撞南墙不回头”，引出问题，撞了南墙就回头？还是想办法翻过墙去？达到迅速集中听众的注意力的效果，具有入题快，不拖沓的优点。

4. 叙事式

向观众讲述身边真实感人的生动事例或有意义的突发事件作为开场白，容易调动听众的兴奋点，唤起其好奇心，自然顺畅导入下文。例如，下面的介绍辞：

作为地理学者，他为了保护鄂西生态明珠神农架而不惜失去一条腿，导致终生与轮椅相伴；虽然坐着轮椅，但他仍然跋山涉水进行科学考察，为政府建言献策，提出五十多份咨询报告，而且建议全部被采纳；他忍着巨大的病痛折磨，花费十几年的心血，撰写出国内首部《地理学思想史》，填补了中国地理学思想史研究的空白；他爱学生、爱讲台、爱教育，五十年的时光，他用轮椅和拐杖，在菁菁校园里书写了一个智者和强者的诗行。他就是华中师范大学刘盛佳教授。②

这段介绍辞，让我们感受到了一位可敬可爱的师者的良知与奉献，一下子抓住了人们关注焦点，激起了人们继续倾听的愿望。

5. 道具式

一开场演讲者就以“实物”作为演讲的道具来设置悬念，营造一种特

---

① 代君丽：《莫要见硬就回》，《演讲与口才》（学生读本）2013 年第 3 期。

② 杨海亮：《把握“三字经”，说好演讲者的介绍辞》，《演讲与口才》2013 年第 10 期。

殊的现场气氛，增强演讲的形象性与感染力。例如：

“红土地之歌”演讲大赛的第一名是老山前线归来的一名主攻团团长。他走上讲台时双手抱着一个红布包，上面覆盖着一面党旗。他先给大家敬了一个军礼，然后说：“同志们，今天站在这个讲台上的不是我，而是他们。”说完，他把红布包一层一层打开，全场观众都以惊异的神情注视着这个红布包。打开一看，不是骨灰盒，而是两本书。他接着说：“这本书叫《风浪集》，记述老一辈革命者的丰功伟绩；这一本，我把它叫《无名集》，上面记满了这几年倒在我身边的战友的名字，他们是——‘我心中的太阳’，这就是我演讲的题目。”①

通过覆盖党旗的红布包设置悬念，到拨开层层迷雾，打开红布包，展示两本书，到最后点题《我心中的太阳》。一连串的动作增强了演讲的可看性，激发了观众强烈的好奇心和探究欲，为演讲成功开辟了道路。

除以上这几种方式之外，还有其他方式，如悬念式、抒情式等。希望大家在练习时灵活把握。

（二）主体

主体是演讲的核心，阐明观点，讲述事情，表达情感等都依赖这一部分。在表达这部分内容时，要围绕主题，有血有肉地展开论述，主次要分明，详略要得当，要注意通篇格局，演讲的结构通常为“问题、分析论证、结论”，给人以整体感。主体部分要处理好层次、段落、过渡、照应等，形象化地将观点印入听众的脑海中，水到渠成地将演讲推向高潮。

1. 分清层次

层次即演讲内容展开的步骤。层次与层次间的关系，常见的有如下几种方式：

(1) 并列式

即从不同方面表现演讲的主题，彼此之间呈并列关系。或按照空间分布展开，或按照问题的逻辑结构展开。例如，孙玉刚的就职演说，主体部分就是从三个方面并列展开来表现主题的：

来这主持工作随身带了三件东西。

① 王广礼：《演讲名家评说》，北京广播学院出版社1992年版，第31页。

第一，我带来一只碗。平时，碗口总是向上，什么意见都能装，一定广采众议，悉心听取；形成了决议，碗口即朝下，包括我在内，谁也不能轻易再翻动——要实行集中指导下的广泛民主，在广泛民主基础上最大集中。同时，还要用它装满水，举起来，大家看端得平不平。

第二，我带来一张纸。决不用它打收条、打欠条。我要用血汗写下今后的历史，交上合格的答卷。

第三，我带来一颗心。除了布置工作和检查工作，大家就是同志朋友关系，手足之间以诚相待。我要用自己的心换同志们的心。①

利用并列式，要避免简单的罗列现象，应深入挖掘各部分材料间的联系，注意整体效应。

（2）螺旋式

即从纵的方面展开表达层次，几个层次呈现出螺旋式层层深入的递进关系。

或按照事件的起因、发展、高潮、结局排序；或按照时间推移排序；或按照认识由浅入深排序等，逐层递进。例如，湖南师范大学党委副书记戴海同志在一次大学生晚会上的即兴讲话——《矮子的风采》，其主体部分就呈现出螺旋式层层深入的递进关系。

第一，是要有自信。论个子，我比他低一头，而论觉悟、学识、才能，可能比他更胜一筹！这也叫“以长补短”吧？

第二，不要犯忌讳，大凡麻子怕说麻子，秃子甚至怕说电灯泡，其实越犯忌讳越尴尬，不如自己说了反而没事。我常有机会跟北方的汉子们在一起开会或聊天，我跟他们开玩笑：我不如你高，你可别怪我，怨只怨我们那山上的猴子就个子小些！

第三，把胸脯挺起来，但也用不着踮脚尖。衣着讲究适当，比方不穿横条、方格的衣服，但也用不着老穿高跟鞋，我主张矮要矮得有骨气，还是脚踏实地好！

第四，最重要的还是本人的德学才识，有修养，有风度，对社会有

---

① 国家教育委员会师范教育司：《教师口语训练手册》，北京师范大学出版社 1994 年版，第 170 页。

贡献，自然受人爱戴。①

主体部分阐述了四个方面。这四个方面紧扣中心，逐层展开，层层深入，语言诙谐又蕴含哲理。

（3）对比式

即通过对比的方式阐明事理。对比的方式有很多，有时间对比、空间对比、正反对比，等等。例如，侯存忠同学的演讲：

> 我“有”什么，是同学们经常谈论的话题；而我“是”什么，却很少被大家关注。这种重“所有”，轻“所是”的现象，是我们对人生幸福的一种误解。我要说，一个人可以“一无所有”，但绝不能“一无所是”。生活的幸福，不仅包含着享受，更意味着创造……生活的底色总是那样的自然与纯正，尽管“所是”是那么的朴实无华，“所有”是那么的光耀炫目，但是我们还是应该坚守自己的精神家园，把脚步踏在创造的节奏上，努力成为一个最好的自我……人的生命只有创造与奉献，才能赋予生活以意义，并具有永恒的价值。一个人如果不能在精神世界中把握自己，那他的物质生活再富有，也不可能抵达自由的王国。②

侯存忠同学，通过对比的方式，说明一个人可以“一无所有”，但绝不能“一无所是”，表明了坚守精神家园的重要意义。

（4）总分式

即围绕主题先提出总的观点或主张，然后分别阐述。反之亦可。

以上几种结构方式，还可以综合运用。例如，《一个遗臭万年的日子》——罗斯福总统在参众两院联席会议上的演讲：

> 副总统先生、议长先生、参众两院各位代表：
>
> 昨天，1941 年 12 月 7 日——一个遗臭万年的日子——美利坚合众国遭到了日本帝国海空军部队蓄谋已久的突然进攻。

---

① 国家教育委员会师范教育司：《教师口语训练手册》，北京师范大学出版社 1994 年版，第 149 页。

② 杨羡市：《巧设升华点，演讲更成功》，《演讲与口才》（学生读本）2013 年第 2 期。

和众国当时同该国处于和平状态，而且，根据日本的请求，当时仍在同该国政府和该国天皇进行着对话，对于维持太平洋的和平有所期待。实际上，就在日本空军中队已经开始轰炸美国瓦湖岛之后的一小时，日本驻和众国大使及其同事还向我们的国务卿提交了对美国最近致日方的信函的正式答复。虽然复函声言继续现行外交谈判似已无用，但并未包含有关战争或武装进攻的威胁或暗示。

应该记录在案的是：由于夏威夷同日本的距离如此之遥，这次进攻显然是许多天乃至若干星期以前就已蓄意策划好了的。在策划过程中，日本政府通过虚伪的声明和表示希望维系和平而蓄意欺骗了和众国。

昨天对夏威夷群岛的进攻，给美国海陆军部队造成了严重的损害。我遗憾地告诉各位，很多美国人丧失了生命，此外，据报，美国船只在旧金山和火奴鲁鲁岛之间的公海上也遭到了鱼雷袭击。

昨天，日本政府已发动了对马来亚的进攻。

昨夜，日本军队进攻了香港。

昨夜，日本军队进攻了关岛。

昨夜，日本军队进攻了菲律宾群岛。

昨夜，日本人进攻了威克岛。

今晨，日本人进攻了中途岛。

因此，日本在整个太平洋区域采取了突然的攻势。昨天和今天的事实不言自明。和众国的人民已经形成了自己的见解，并且十分清楚这关系到我们国家的安全和生存本身。

作为陆、海军总司令，我已指示为我们的防务采取一切措施。

但是，我们整个国家都将永远记住这次对于我们进攻的性质。

不论要用多长时间才能战胜这次预谋的入侵，美国人民要以自己的正义力量赢得绝对的胜利。

我们现在预言，我们不仅要做出最大的努力来保卫我们自己，我们还将确保这种形式的背信弃义永远不会再危及我们。我这样说，相信是表达了国会和人民的意志。

敌对行动已经存在。毋庸讳言，我国人民、我国领土和我国利益都处于严重危险之中。

相信我们的武装部队——依靠我国人民的坚定决心——我们将取得必然的胜利——上帝助我！

我要求国会宣布：自 1941 年 12 月 7 日——星期日，日本进行无缘无故和卑鄙怯懦的进攻时起，和众国和日本帝国之间已处于战争状态。①

这篇演讲稿的主体部分就是将几种结构方式巧妙地融在一起，通过陈述事实真相，分析战争性质，铺垫蓄势，激起了人们愤怒心理，表明抗战决心，当天对日宣战。

2. 创造高潮

演讲的内容应具有戏剧的特点，波澜起伏，扣人心弦，最忌平铺直叙。在演讲过程中，演讲者应靠真知灼见的思想、智慧的语言、恰切的修辞、得体的非语言表达创造一个或几个高潮，以产生极强的感染力，使听众诚服心动。例如马丁·路德·金的《美国给黑人一张不兑现的期票》的一段演讲词：

我梦想着，有那么一天，甚至现在仍为不平等的灼热和压迫的高温所炙烤着的密西西比，也能变为自由与和平的绿洲。

我梦想着，有那么一天，我四个孩子，能够生活在不以他们的肤色，而是以他们的品性来判断他们的价值的国度里。

我梦想着，有那么一天，就在邪恶的种族主义者，仍然对黑人活动横加干涉的阿拉巴马州，就在其统治者拒不取消种族歧视政策的阿拉巴马州黑人儿童将能够与白人儿童如兄弟姐妹一般携起手来。

我梦想着，有那么一天，沟壑填满，山岭削平，崎岖地带铲为平川，坎坷地段夷为平地，上帝的灵光大放光彩，芸芸众生共睹光华！这就是我们的希望！这是我们返回南方时所怀的信念！②

演讲者用生动、义深的排比句式“我梦想着”，来表达对自由、平等的渴望，说出了千百万黑人的心声。语言气势磅礴，在情感上抓住了听众，在道理上说服了听众，在内容上吸引了听众，使听众内心的激情燃烧起来，酿造出了演讲的高潮，令人心服、心动。

---

① 罗斯福：《一个遗臭万年的日子》，转引自叶晗《大学口语教程》，浙江大学出版社2004年版，第262页。

② 马丁·路德·金：《美国给黑人一张不兑现的期票》，转引自蔡践、冯章《演讲的风采》，中国经济出版社2005年版，第26页。

（三）结束语

明代谢榛曾在论及文章结尾时说：“结句当如撞钟，清音有余。”演讲的结束语也应如撞洪钟，留下不绝于耳的清音，留下永久思索的余地，并使听众产生强烈的情感共鸣，为演讲成功增添光彩。常见的结束语有：

1. 概括式

概括式结束语即在演讲结束时对所讲的内容进行简明、扼要的归纳和总结，使听众对所讲内容有一个概括、完整、深刻的印象，加深听众对演讲内容的理解，得出明确的结论。例如，广威的《别让“官场文化”浸染了学生的心灵》，最后的结束语是这样概括的：

中小学生想“当官”，暴露的不仅是社会风气层面上的问题，也是我们的教育方式在某一方面偏差的结果。社会风气的扭转不是一时半会儿可以完成的，需要全社会不懈地共同努力，培养他们形成正确的理想观、人生观。

人小鬼大，少年老成。我不清楚没有童年没有童心，这样的孩子还是不是孩子，结果会怎么样？我不是说“当官”、“做明星”不能成为理想或不是好理想，而是当有这么多的孩子不约而同地作出同一选择，并且看中的只是这种选择可以带“权”和“钱”时，就不容我们不好好思考一下了。①

2. 呼应式

呼应式结束语即首尾保持一致。由某人某事引出话题，结尾再回到某人某事上去，并进一步引申，增强说服力，这种演讲首尾圆合，结构完整。例如，《沙尘暴——自然对人类的报复》演讲，就采用了呼应式结束语。它的开场白是这样的：

“敕勒川，阴山下，天似穹庐，笼盖四野。天苍苍，野茫茫，风吹草低见牛羊。”这首诗描绘了一幅优美辽阔的草原风景图，也曾经感染过几代人。然而，由于人类对大自然毫无节制的索取，盲目开垦，过度放牧，从而导致了土地退化，荒漠化扩展，沙化加剧。一望无际的大草

① 广威：《别让“官场文化”浸染了学生的心灵》，《演讲与口才》（学生读本）2013年第2期。

原已是“天苍苍，沙茫茫，风吹沙地掩牛羊”了。

主体内容部分讲述了沙尘暴的形成、沙尘暴带来的灾害，如何治理沙尘暴等。其结尾是这样的：

为了减少沙尘暴天气对我们生活、工作的影响。为了保护我们赖以生存的脆弱星球，也为了给我们的子孙后代保留可以健康生长的空间，让我们每个人都行动起来，为环境保护尽一份义务，做一些贡献。那么一定会让我们的地球存留更多的一份生机，《敕勒歌》中“风吹草低见牛羊”的美好景象也一定会再现！

这篇演讲首尾遥相呼应，融为一体，增强了演讲的说服力。

3. 引用式

引用诗词、名言、警句结束演讲，可以启下心扉，丰富和深化演讲的主题，言尽而意未绝，令人回味无穷。例如，西藏军区曾令安的演讲《爱与奉献》结尾就采用了此方法：

别林斯基曾说过：“对于一个健康而完备的人来讲，社会的重担总是沉重地加在他的心头，他为社会的痛苦而痛苦，为社会的欢乐而欢乐。”我们西藏边防，就是由一批又一批这样“健康而完备的人”筑起的钢铁长城，他们为祖国、为社会，为人民奉献牺牲，愿我们每个人都来做这样的牺牲者、奉献者！①

这种结语，掷地有声，发人深思，深化了演讲主题，做到了化平淡为生动。

4. 抒情式

用诗一样优美的语言直抒胸臆结束演讲，感染力强，易点燃听众心灵的火焰，使演讲获得成功。例如郭沫若《科学的春天》演讲结束语：

春分刚刚过去，清明即将到来。“日出江花红胜火，春来江水绿如

① 曾令安：《爱与奉献》，转引自曾湘宜《演讲与口才》，北京工业大学出版社 2006 年版，第 63 页。

蓝。”这是革命的春天，这是人民的春天，这是科学的春天！让我们张开双臂，热烈地拥抱这个春天吧！①

5. 呼吁式

用真挚感人、发自肺腑的内心呼唤，唤起听众与演讲者思想感情的共鸣，将演讲推向高潮。例如，李燕杰的《国家、民族与正气》演讲的结尾就采用了此方法：

青年朋友们，爱我们的国家吧，爱我们的民族吧。同心协力，把我们民族的正气，把我们中华民族奋发图强的爱国主义精神极大地发扬起来！最后，用几句名人名言作为结束语：

谁不属于自己的祖国，他就不属于人类！

爱国主义的力量多么伟大呀！在它面前，人的爱生之念，畏苦之情，算得什么呢？

我无论做什么，始终在想着，只要我的精力允许我的话，我就要首先为我的祖国服务。

真正的爱国主义不应该表现在漂亮的话上，而应表现在为祖国谋福利、为人民谋福利的行动上。②

结束语的形式是多种多样的，还有诸如祝愿式、议论式等，切不可仅拘泥于以上几种形式。

六　演讲的技巧

毋庸讳言，成功的演讲既要有文才、口才，还要懂得演讲技巧。

（一）非语言表达技巧

非语言表达具有丰富的表达内涵，运用恰当会为演讲平添秋色。比如演讲者的出场亮相以及结束下台，都应步伐稳健、充满自信。面对听众的面部表情也要自然，目光亲切，视线宜落在会场中后部。演讲中，可把目光投向

① 郭沫若：《科学的春天》，转引自戴锡琦主编《中国演讲辞珍品赏析》，湖南出版社 1997 年版，第 236 页。

② 李燕杰：《国家、民族与正气》，转引自武传涛《著名演讲辞鉴赏》，山东人民出版社 1992 年版，第 363 页。

微笑、点头以示首肯的人。站姿可选择小八字式、丁字式等，身体要挺拔，不能抖动和摇晃。着装干净、整洁、得体。化妆不要太浓，以清新自然为宜。

(二) 停连、重音、语气、节奏技巧

演讲中要正确运用停连、重音、语气、节奏技巧（详见第四章第三节)。停连、重音、语气、节奏的变化是演讲者思想感情波澜起伏在语言上的自然流露，必须与演讲者表达的思想内容、现场气氛保持一致。四种技巧的运用必须综合起来考虑，不能把一种技巧的运用孤立起来分析。比如：一个停连和重音的运用，一个语气的确定，具体节奏地把握，都应放在整个演讲中去考虑，依据演讲内容的主次去考虑，应按照演讲的基调去考虑，按照演讲表达目的去考虑。这样就把握了一个大的系统，在整个的大语境、大系统中去考虑具体语境的运用，才能使技巧为表达目的服务。反之，如果孤立地运用技巧势必会适得其反。

(三) 应变技巧

演讲中往往会出现一些意想不到的情况，演讲者要根据具体情况，从速做出应变处理。

1. 应对自身变化

演讲中自身方面的变化主要有怯场、失误等。

怯场是一种心理现象，造成怯场的原因主要有自卑、惧怕权威、对自己期望过高、准备不充分等。克服怯场的办法有很多。如积极暗示，树立信心："人人如此""勇者必胜""我是最棒的"等；移情于物，转移注意：做几次深呼吸、整理一下话筒、移动一下水杯或讲稿，等等。

失误。无论多么高明的演讲者也都有出现失误的可能，只不过经验丰富者善于及时补救而已。演讲中最容易出现的失误就是忘词儿、说错话。忘词儿了要沉着镇定，不能中途放弃演讲，也不能不知所措地站在台上冥思苦想，更不能说"对不起，我忘词儿了"，或是乱讲一气，愚弄听众。正确的做法是：如果忘记的不是重要内容，则可自然地过渡到下面的内容；如果忘记的是重要的内容，则可以有意重复前面内容，引起回忆，实在想不起就可略过某些内容。如果回头又想起前面的重要内容，则可以适当地铺垫，对其进行补充以保证内容的完整性。如果不慎讲错话了，可及时按正确的说法再复述一遍，或运用机智及时补救。对于错字、丢字、落字、语法不规范等没产生歧义的失误，可不予理会；但如果是产生歧义的大失误则必须予以纠正。

2. 应对现场变化

在演讲过程中，听众有时候会用微笑、点头、鼓掌等方式来表达对演讲内容或演讲者观点的理解和赞同；有时也会用反应冷淡、议论、喧哗取闹等方式来表达不同意见。在演讲过程中，演讲者如果不能把握主动，对现场情况实施有效控制，就会阻碍演讲活动的顺利进行。

（1）冷场控制

演讲中出现冷场现象，多是听众对演讲的内容不感兴趣。这就要求演讲者迅速变换话题，调整内容；或缩短演讲内容；或运用幽默、悬念来吸引听众注意力，变冷场为热场。

（2）搅场控制

对有人故意捣乱的，要处之泰然，坚信真正义必定战胜邪恶，以坚韧不拔的精神坚持到底；如果是自己用词不当，则需及时纠正；如果是观点有冲突，要尽己所能，做耐心解释，以理服人，如解释不了，要告诉听众今后继续学习，有机会一起探讨，切不可中途退场，或拒绝回答；如遇到突然停电、麦克风发出异样响声等意想不到的事情发生，也需要沉着镇定，主动适应，运用幽默等方式轻松化解。

思考与练习

1. 什么是演讲？演讲有何特点？
2. 演讲的结构包括哪几部分？请举例说明。
3. 演讲的控场技巧有哪些？
4. 参考下面题目写出演讲稿，当众为大家演讲。

（1）我的理想，我的梦

（2）微笑着面对生活

（3）规则与道德

（4）永不放弃

（5）爱，永恒的旋律

（6）中国“太空梦”

（7）隐形的翅膀

（8）节约是一种美德

（9）书山有路勤为径

（10）言必信，行必果

5. 即兴演讲在日常生活中应用广泛。由于即兴演讲是受现场语境的诱发或现场由他人提议进行的演讲，所以，表达方式灵活多样。其结构既可以像命题演讲那样采用开场、主体、结尾的方式，也可以采用其他方式。

（1）三步法

是什么、为什么、怎么做？

（2）四部法（理查德归纳）

①喂，请注意！（开头激起听众兴趣）②为什么要费口舌？（强调演讲的重要性）③举例子。（用具体事例形象化地将一个个论点印入听众脑海里）④怎么办？（具体讲清大家该怎么做）

（3）引申发挥法

①根据现场环境或某种氛围，激发联想，表现主题；②从前者讲话内容中捕捉话题，加以引申，表现主题；③在现场中，抓住某物在特定场合、特定时间的象征意义，进行发挥，表现主题；④将某些孤立的词语，瞬间连接，引出新意，表现主题。

请任选上述一种方式，练习即兴演讲。

第三节 辩论

辩论是人类探求真理的一种方式。通过辩论可以帮助人们辨明真假、是非、优劣。辩论可以锻炼教师思维的全面性、敏捷性、准确性、条理性，提高教师思想认识水平及口语表达能力。

一 辩论的含义

辩论是指持不同见解的双方针对同一问题，为证明各自观点的正确，用充足理由进行论证、反驳的说理会话过程。辩论包括辩题、立论者、驳论者三要素。辩论是一种语言传播活动，是不同思想观点之间的语言交锋，通过这种交锋，可以更深入地了解彼此的立场、观点，达到对问题的清晰认识。

二 辩论的类型

辩论通常有日常辩论、专题辩论、赛场辩论等类型。

日常辩论是指没有专人组织，人们在日常生活、工作、学习、交往中，对某些问题看法不同而展开的辩论。这种辩论不受时间、地点和人数的限制，是无准备的、即兴的辩论。

专题辩论是在特定场合，对某一领域的预定议题，按一定程序进行的辩论。如法庭辩论、论文答辩、竞选辩论等，这种辩论是有组织的，并且受时间、地点、参加者和内容的限制，事先要做好充分的准备。

赛场辩论是一种有组织、有规则，具有竞技性质的辩论。这种辩论有专供比赛使用的辩题，有评委、有观众，而且要决出胜负，因此，做到有备无患、应对自如，方可百战不殆。

三　辩论的特点

（一）观点针锋相对

在辩论过程中，辩论双方总是千方百计地要维护、证明己方观点正确，达到驳倒、击败对方的目的。这就决定了双方的立场、观点，必然是尖锐对立的，不针锋相对，辩论也就不存在了。

（二）辩论逻辑严密

在辩论过程中，必须构建严密的逻辑框架，无论是立论还是驳论，必须遵循形式逻辑、辩证逻辑的思维规律，一方面使己方思路清晰，观点正确，用词、造句、推理严密，辩论角度适宜，论据充分、论证精当，天衣无缝，让对方无懈可击；另一方面要善于发现对方辩论中的漏洞、破绽，及时进行有力的揭露、反驳，击中要害。否则就会败下阵来。

（三）反应机敏准确

辩论不仅是舌战，更是智慧的较量。在辩论过程中，由于受发言时间的限制，辩论双方面对面的唇舌交锋，语言信息传递速度极快，辩论双方既要全面阐述己方的观点，又要明察对方的纰漏，予以反击。如果反应迟缓，就会使己方处于劣势。所以，若想摆脱被动，就必须反应机敏、准确，具备快速思维和瞬间组织语言的能力。

四　辩论准备

在辩论中若想出奇制胜，就要知己知彼，做好充分的准备。

（一）分析辩论题目

1. 辨清题意

（1）明确辩题概念

把辩题分解成若干小的词语单位，然后对词语进行概念界定，理解每个概念的内涵及所指对象。

（2）分析辩题范围

把握辩题所包含的意义或辩题所涉及的实际内容。它是建立在对辩题每个概念的范围分析基础上勾勒出来的辩题的范围。例如：

“中学生异性交往弊大于利”的辩论，正方通过对“中学生”“异性”“交往”“弊”与“利”概念范围的界定，认为，此辩题对正方有一定的局限性。因为在当今社会，男女同学交往已是普遍现象，辩论中正方如果否认中学生异性交往利大于弊，不容易被人接受。于是正方采取追加条件的方式，把辩题限定为“中学生异性交往‘任其发展’必定弊大于利”。通过缩小外延，使辩题变窄，排除了不利因素，可见，在辩论前就应对辩题范围做到心中有数。

2. 找准核心概念

准确把握双方争论焦点所在，找准核心概念。例如：

“温饱是谈道德的必要条件”这一辩题，通过对“温饱”“谈”“道德”“必要条件”进行概念界定后，确定“必要条件”是辩题的核心概念，反方只要列举出“不温饱也能谈道德”的事例，就能给正方有利的反击。

3. 拓展思路

了解辩题的起源、历史及现实状况，把触角伸到广泛的未知领域，帮助辩论者进一步理解辩题、明确论点、把握住辩论方向。

4. 确定立论

通过对辩题中双方争论的焦点进行缜密的分析，严密的思维，本着趋利避害原则，确定适合己方的基本论点，为辩论成功开辟道路。

（二）选择辩论论据

论据是支撑论点的素材，论据的选择要为己服务，避免成为对方的证据。论据分为立论论据和驳论论据。论据的选择要注意以下几点：

1. 准确：指辩论的论据应当真实、可信。

2. 典型：指辩论的论据应当具有广泛的代表性。

3. 充分：指辩论的论据数量应充分。

4. 新颖：指辩论的论据应避免陈词滥调。

5. 简洁：指辩论的论据应避免长篇大论。

论据包括：理论、事实材料，历史、现实材料，正面、反面材料，数据、名言警句，等等。

（三）确定辩论策略

根据辩论过程中可能出现的各种情况，采用灵活多变的辩论方针和辩论方式。或主动出击，直指对方的错误所在；或旁敲侧击，从侧面驳斥对方的论点、论据、论证的毛病；或包围进攻，从对方中心论点周围的分论点及论据进行驳斥，或以退为进达到否定对方的论题而击败对方等。找准了恰当的辩论角度，就能别开生面，攻守自如了。

（四）制订辩论方案

1. 知己知彼。对双方情况要了如指掌，如了解双方的观点正确与否，论据是否真实、充分、具有关联性，论证可能出现的纰漏，双方优势、劣势，心理、性格、兴趣爱好等。

2. 写出辩论方案。要根据辩论题目、时间、场所、听众等写出辩论方案，确保论述全面、严谨。

3. 模拟辩论。模拟辩论不仅可以锻炼选手临场胆量、培养临场经验，还可以通过演练检验辩论方案是否奏效。模拟辩论应尽量逼真，使演练者完全进入角色。模拟辩论结束后，演练者要迅速进行总结，对辩论方案及时调整、修正和补充，最终形成一个符合实际的最佳辩论方案。

五　辩论过程

（一）开始阶段

辩论开始阶段，辩论双方要针对辩题提出自己的见解，表明自己的立场、态度、观点，建立各自的论点。论点应准确、鲜明、针对性强、有独到见解。常见的方法有：直截了当亮出己方论点，然后加以论证；或先摆出对方论点，在破中求立；或双方论点同时摆出，明辨正误；或列举例证引出论点等。论点既要追求出新出奇，同时还要合情合理。

（二）展开阶段

辩论展开阶段决定着辩论的胜负。此阶段是智慧、意志力、辩才大比拼，也是辩论最精彩、最具攻击力的阶段。辩论双方围绕辩题全面铺开，进行辩护和辩驳。所谓辩护，就是千方百计保护、证明己方辩题正确，符合客观事物的本质和规律；批驳对方论题错误、荒谬。所谓辩驳，就是反驳对方立论的不足或错误，从而说明、肯定己方立论正确。辩护要做到立论有理、持论有据、推理证明方法恰当。辩驳则主要通过反驳论点、反驳论据、反驳论证等进行。

（三）结束阶段

辩论结束阶段，就是进一步提高认识或分清是非正误的阶段。通常辩论结束会出现如下情况：

1. 辩题没有被解决

辩论结束了，辩题没有得到解决，但是通过辩论，辩论双方对彼此的立场、观点有了更加清晰、明确的认识，使辩论涉及的问题更加明朗，为人们今后继续探究、分辨、解决这些问题打下了基础。

2. 辩题得到部分或全部解决

通过辩论，辩论双方对辩题进行了充分的阐发，辩题得到了部分或全部解决，最终趋于正确认识或达到一定程度的共识。

辩论赛的终结阶段，由一位辩手总结陈词，即对己方观点进行全面总结，批驳对方的论点以及论证中的谬误，弥补己方不足，系统归纳己方立论依据，并在价值层面上将其升华到新的高度，完美落幕。同时，大赛评判团专家对辩论双方对辩题的认识，战略战术的运用，辩论焦点及现场表现等进行讲评，宣布辩论评决结果（辩论赛胜负评判标准不由立场、观点的正确性决定）。

六　辩论的技巧

辩论是最高级的会话说理过程，辩论双方若想克敌制胜，必须做到“攻防兼备”。这里介绍几种常见的辩论技巧。

（一）击中要害

打蛇要打在七寸，击中了要害，方能见奇效。在辩论交锋中，不要在枝节问题上纠缠不休，要善于在对方立论中捕捉要害，一攻到底。如“发展旅游业利多于弊”这一辩题，反方紧紧抓住只有在“一定条件下”发展才有利，指出“无条件”“无节制”发展有弊无利，这一要害问题，使对方理屈词穷，陷入窘地。

（二）善用矛盾

俗话说“有理走遍天下，无理寸步难行”。在辩论过程中，双方语言信息传递速度快，变幻莫测，极易出现矛盾。因此，辩论双方一定要集中精力，及时发现对方自相矛盾之处（如偷换概念、混淆辩题、前后表述不统一等），给予彻底地揭露并扩大其矛盾，使对方难以自圆其说。

（三）借梯登高

在辩论中，借助对方提供的话题或回答，先表面上认同对方的观点，然后顺藤摸瓜，沿着对方的逻辑加以演绎，由此推导出谬误的结论，使对方欲辩也无从置喙。例如：

有一个人母亲死了，服丧时偶然吃了一次红米饭，被一个迂腐的书生看见。书生当众指责说：“不孝子孙”。有人问他理由，他说：“红色代表喜庆嘛!”于是问的人说:“有理有理,那么我们天天吃白米饭,当然天天在服丧喽!”书生张口结舌,众人大笑。①

用对方的观点、方法、逻辑进行类推,推导出同样荒唐的结论,从而达到一点胜人的目的。

(四)旁敲侧击

在辩论中,避开对方的锋芒,从旁另辟一条路线,作为进攻路径,打击对方。例如,“治愚比治贫更重要”的辩论。

新加坡国立大学队:中国作家写了这本书《愚昧比贫穷更可怕》,说明治愚比治贫更重要,可见对方同学似乎没有看这本书呀!

新南威尔士大学队:中国政府也说:生存权、温饱权是人的第一权利。对方如何回答?

新加坡国立大学队:如果治愚不比治贫更重要,为什么中国人说:“养儿不读书,不如养头猪?”

辩论双方都避开锋芒,另辟蹊径引用权威言论、俗语反问,加强己方攻势,增强了反对抗的力度。

(五)借船出海

为避免立论中的重要概念直接受到对方攻击,在辩论中将重要概念隐藏其后,而借用新概念,与对方周旋来化解碰到的逻辑上、理论上都非常难辩的辩题,以削弱对方攻击力的一种辩论方法。例如:

悉尼大学队与复旦大学队在1993年8月进行的辩论赛的辩题是“艾滋病是医学问题/社会问题”。作为反方复旦大学要辩“艾滋病是社会问题,不是医学问题”。关于“艾滋病”的问题我们都比较清楚,它既是医学问题,也是社会问题。在辩论中,复旦大学如果完全否认艾滋病是医学问题,就会于理太悖,他们采用借船出海的办法,借用“医学途径”这一新概念,强调用“社会系统工程”的方法去解决艾滋病,“医学途径”则是这个系统工程中必要的部分之一,这样,他们就巧妙地变被动为主动,迫使对方花费了很多精力纠缠在新概念上,从而削弱

① 叶晗:《大学口才教程》,浙江大学出版社2004年版,第336页。

了对方的攻击力。

其技法之高明，令人称叹！

（六）以退为进

在辩论中面对对方强大的攻势，正攻也会无济于事，则可采取情感冷处理法，坚守自己的立场、观点、以退为进，采用否定的形式，在不动声色中，令对手措手不及。例如：

1984 年，在美国竞选总统的电视辩论中，里根的竞选对手蒙代尔自恃年轻力壮、学识渊博，竭力攻击里根年龄偏大，不宜担此重任。里根如果以牙还牙、破口大骂，自然有失作为长辈的沉稳持重、老谋深算的优势；但如果逆来顺受、装聋作哑，那么在年轻气盛的蒙代尔面前又会显得老气横秋、难有作为。于是，里根根据自己的长处和对方的短处，使用故作否定的形式，面带微笑地回答蒙代尔说：

"蒙代尔说我年龄大而精力不充沛，我想我是不会把对手年轻、不成熟这类问题在竞选中加以利用的。"①

里根宽宏大度的答辩，扬长避短，显示了长者的足智多谋。

（七）以谬制谬

诡辩是论辩者有意混淆是非，进行似是而非的论证。对于提出刁钻的选择性问题，置人于"二难"境地的，则可以以诡辩对付诡辩，用同样的方式回敬对方。例如：

据传说，古希腊一个叫作欧提勒士的人，向当时著名的辩论者普罗泰哥拉学习法律。师生之间订有合同，合同规定，在毕业时欧提勒士付给老师一半学费，另一半学费等欧提勒士第一次出庭打赢官司时再付清。但欧提勒士毕业后并没有出庭打官司，普罗泰哥拉等得实在不耐烦了，就向法官起诉，要欧提勒士付另一半学费。

普罗泰哥拉的论证是这样的："如果你欧提勒士这次官司打赢，那么按照合同，你应付给我另一半学费，如果你欧提勒士这次官司打输，那么按照法官判决，你也应付给我另一半学费。你这次官司或者打赢，

① 袁芳：《跟我学辩论口才》，中国经济出版社 2006 年版，第 225 页。

或者打输，你都应付给我另一半学费。”

欧提勒士进行了反击，他回答道：“如果我打赢了这场官司，那么按照法庭判决，我不必给你另一半学费；如果我打输了这场官司，那么按照合同，我也不必给你另一半学费；我或者打赢或者打输，我都不必给你另一半学费。”①

思考与练习

1. 什么是辩论？辩论有什么特点？

2. 简述辩论过程。

3. 举例说明辩论有哪些技巧？

4. 分析下面案例，说明其使用的辩论技巧。

一辆公共汽车上，有一个青年乘客在抢着下车时把一块车窗玻璃撞碎了。

售票员和颜悦色地对这位青年说：“同志，玻璃是你打碎的，按规定要赔偿。”

青年反问道：“为什么要我赔？”

售票员耐心地解释说：“损坏了人民的财产就应该赔。”

青年说：“我是人民中的一员，人民的财产有我一份，用不着赔，我那份不要了！”②

5. 参考下面论题，自由组成小组进行辩论赛。

（1）中小学生应该补课/中小学生不应该补课

（2）网络对大学生的影响利大于弊/网络对大学生的影响弊大于利

（3）信息社会需要读书破万卷/信息社会不需要读书破万卷

（4）大学生做家教利大于弊/大学生做家教弊大于利

（5）道德教育比知识教育更重要/知识教育比道德教育更重要

---

① 袁芳：《跟我学辩论口才》，中国经济出版社2006年版，第254页。

② 同上书，第241页。

第三编　教师教育教学口语表达

教师的主要工作就是教育教学。在教育教学过程中，教师需要阐明教材相关内容、传授不同学科知识，不断激发学生的学习积极性，对学生进行思想道德教育、行为规范教育，等等。完成这一系列活动所用的言语就属于教师教育教学口语。教师教育教学口语是传递教育教学信息的主要载体，是教师完成教育教学任务的基本工具。教师作为学生学习的传授者、促进者、合作者、引导者，应在教师通用口语表达的基础上，不断提升自身的教师教育教学理论素养，能用符合教育教学理论的语言开启学生的智慧、培养学生终身学习能力，以适应课程改革对教师提出的新的、更高的要求。

本编将系统介绍教师教育教学口语表达的特点和要求，教学口语表达、教育口语表达的基本类型以及面对不同学生、不同场合的教育口语表达方式。

第八章　教师教育教学口语概述

学习导航

通过本章学习使教师了解教师教育教学口语的含义与作用，熟悉教师教育教学中的口语表达风格，掌握教师教育教学口语的特征，不断提高教师口语的教育性。

第一节　教师教育教学口语的含义与作用

不同学科的教师口语各有特色，体现了各自学科的特点。不同的教育理念需要对应的教师口语来体现，体现了教育学、心理学的特点与规律。基于建构主义理论的现代教育理念，改变了教师的角色定位，提出了诸如“以生为本”“注重学生个体”和“尊重学生主体地位”等行为准则。教师教育教学口语毫无疑问也将发生一系列明显的变化。

一　教师教育教学口语的含义

教师教育教学口语是指教师为了实现教育教学目标，根据教育教学规律和学生的特点，在教育教学活动中所使用的专业口头用语。教师教育教学口语是教师进行教育教学的最基本的手段。教师教育教学口语与日常口语最大的区别在于其教育性。教师教育教学口语是为完成预定教育教学目标，针对特定学生群体的具体情况，经过认真思考和充分准备的口头语言。教师教育教学口语是教师进行教育教学活动过程中不可缺少的信息交流工具之一，是答疑解惑、互动交流和评价反馈等教育教学过程的主要方式和手段。教师教育教学口语通常也称为教师口语。它包括以下两个方面：

（一）它是在教育教学特定环境中的口语表达

教师要根据教育教学时间和教育目的的要求，详略得当地进行条理清晰的口语表达，具有一定的计划性特点；在教育教学过程中，教师要根据学生的实际表现进行恰当的口语表达，具有一定的即兴性特点。

（二）它是通过听觉刺激形成对学生思维和心理产生影响的口语表达

教师教育教学口语表达的目的是让学生实现三维教育目标。因此，教师必须关注学生在知识与技能、过程与方法和情感态度价值观诸方面的变化要求，为学生的变化提供必要的辅助手段和方向引领。只有能够被大多数学生理解并接受的口语信息才是最佳的口语表达。

二　教师教育教学口语的作用

随着时代的发展和教育理念的进步，产生了许多新的教育教学方式和教学手段，但是，无论采用何种教育教学方式和手段，教师口语仍然是教育教学中最基本、最重要的手段。

（一）教师教育教学口语能够提高教师专业化水平

教师是一种专业化很强的职业，我国于 1994 年 1 月 1 日开始实施的《中华人民共和国教师法》规定："教师是履行教育教学职责的专业人员"，这是我国教育史上第一次从法律上确认了教师的专业地位。教育教学是一种不可替代的专门性工作，教师要提高专业化水平必须提升相应的专业素养，教师口语是教师专业素养中一项重要内容，是教师必须掌握的一项专业技能。掌握教师口语艺术是教师专业化的内在要求，增强教师口语表达能力能够促进教师个人专业化的发展，提高教师专业化水平。

（二）教师教育教学口语能够提升教育教学质量

教育教学工作决定了教师每天要进行大量的言语活动，教师口语水平直接关系到教师的工作成效。规范、艺术的教师口语能够促进教育教学的质量，提升教育教学效果。纵观教育一线的优秀教师，他们一般都具有较高的语言造诣，像魏书生、任小艾、李镇西、孙维刚等优秀教师，他们凭借精良的教师口语取得教育成功的案例俯首即拾，他们在教育教学实践中发挥了教师口语四两拨千斤的力量，使各种教育教学难题迎刃而解，处理起繁重的教育教学事务显得举重若轻。实践证明，熟练运用教师口语会提高教育教学效率，增强教育教学效果。

（三）教师教育教学口语能够促进和谐的师生关系

融洽的师生关系需要语言来沟通，无论是同学生进行信息交流，还是对学生的表扬、激励，或是对学生的批评、劝导，只要掌握了恰当的教师口语技巧，就能够让教育走进学生的心灵，让学生感受到师爱的无私与纯净。教师优美、文明、透彻的语言能够传递情感、教化人格、指导人生，学生面对教师温暖真诚的话语能够放下思想包袱、打开心扉、消除戒备。贴切的话语能够拉近师生的距离，如班主任在校门口迎接学生时亲切地问候："同学们好!"简洁的话语表现了浓浓的师爱。教师温暖智慧的语言可以沟通学生的心灵，增进师生间的理解和支持，进而促进和谐的师生关系。

思考与练习

1. 什么是教师教育教学口语?
2. 教师教育教学口语与日常口语最大的区别是什么?
3. 教师教育教学口语有哪些作用?

第二节　教师教育教学口语的特征

一　教育性

德国教育家赫尔巴特说："教学如果没有进行道德的教育，只能是一种没有目的的手段。道德教育如果没有教学，则是一种失去了手段的目的。"他把传授知识和道德教育看成是一个统一的过程。[①]

教育性是教师教育教学口语的首要特征。教师要根据国家的教育方针，在教育教学过程中，以生动、感人、有力的教师口语，引导学生形成正确的价值观、人生观和世界观，逐步养成较强的社会责任感，学会做人。例如：

> 《最后一课》里的韩麦尔先生对自己的学生说："法国语言是世界上最美的语言——最明白、最精确。我们必须把它牢记在心永远别忘了它。亡了国当了奴隶的人民，只要牢牢地记住他们的语言，就好像拿着一把打开监狱大门的钥匙"。[②]

这样的教师口语，使学生在课堂上不仅从教师那里学到了知识，还培养起了对祖国的无限热爱的感情。

历史课的教师口语里蕴含着浓郁的爱国主义成分，地理课的教师口语更

① 刘焕阳：《普通话与教师口语艺术》，高等教育出版社2010年版，第170页。
② 《最后一课》，《七年级语文教材》（下册），人民教育出版社2010年版，第47页。

容易激发学生对祖国河山、对家乡热爱的情感，物理课在教学时经常会介绍物理学家的生平和重要贡献，教师恰当的教师口语能更好地帮助学生理解物理概念，掌握物理规律，并从物理学家的经历中体会更多的科学思维方法和科学态度。教师在运用教师教育教学口语时，要注意对学生的点拨和引导，将知识传授和德育教育有机地结合起来，从而达到教书又育人的目的。

无论是文科还是理科的教学都充满着教育性。正如苏联著名教育家苏霍姆林斯基指出的那样："你们在物理、化学、生物、数学课的讲堂上教授教材时，不要只是毫无感情的说明真理，而是要使青少年沿着科学的艰险道路做一次富有探索精神的、充满为真理而斗争的崇高动机的旅行……要使对科学知识的认识理解和领会变成为青少年反对繁琐哲学、不学无术和那种使人盲目相信教条、禁止人们敢想敢干的宗教毒素的内心斗争……要让这一思想红线始终贯穿在你们的课堂上"①，"不激动人心，不触及精神系统就简直不能进行宣传活动……而没有这一点，就谈不上教育性"②。由此看来，教师口语的教育性渗透力极强，涉及面极广。

教师教育教学口语不仅反映教师的专业素养和教学水平，也反映教师的思想、道德情操的水平。教师在传授学科知识、培养学生能力的过程中进行思想教育，熏陶和提高学生的道德情操，教师要把自己先进的思想、高尚的道德情操融化在自己的语言中。教师要把先进的思想、美好的理想、奋发的精神、旺盛的求知欲、锲而不舍的意志力以及审美情感等融于口语表达中，潜移默化地教育学生。

二　规范性

规范性指教师教育教学口语要具有普通话的表达规范，具有教育学的教育规范，心理学的行为规范和学科自身的科学规范。教师规范的口语给学生语言以营养、给学生思维以启发、给学生行为以劝诫，促使孩子身心健康成长。教师在教育教学中使用规范的口语，学生在有意无意中受到教师语言的影响，从而也会促进学生语言规范性的形成。教师教育教学口语的规范性主要表现在以下三方面：

（一）语音语法的普通话规范性

教师在运用语言进行教育教学时，应符合普通话对语音、语汇、语法所

① 冯克诚、田晓娜：《教师基本功全书》，中国三峡出版社1997年版，第208页。

② 《最后一课》，《七年级语文教材》（下册），人民教育出版社2010年版，第47页。

作出的要求，把话说通说准。做到声音洪亮、吐字清晰，不讲方言土语，在语法方面，注意语序或语汇搭配，无论是句子还是句群，都应符合普通话的语法习惯，克服口头禅，使用文明健康用语，增强语言的美感，使教师口语深入学生的心里。

（二）专业术语的科学表述规范性

任何一门学科都有各自不同的知识领域和知识体系，使用不同的专业术语。教师在教学中必须使自己的语言具有学科特点。如科学课教师不能将“头”说成“脑袋”，或者把“心脏”说成“心”；思想品德课教师不能把“货币”说成“钱”；数学教师不能把“直线”说成“线”，等等。教师讲授的特定的专用名词、术语、定义、定律等，必须符合学科教学的基本要求和特点，保证所授知识科学、准确。

（三）符合教育教学基本规律的教育学心理学规范性

教师教育教学口语的价值和作用在于能够对学生的思想、思维、知识、技能等各个方面产生有意义的影响。只有符合教育教学基本规律的教师教育教学口语才能起到应有的效果。这就要求教师讲授的知识，阐明的观点，要符合客观事物发展规律，符合教育教学基本规律。教师要精心设计、组织语言，用精练、准确的语言由浅入深、由表及里进行表达，绝对禁止信口开河、随心所欲、语无伦次地表达。

规范的教师教育教学口语可刺激学生的听觉神经兴奋程度，形成良好的心理感受，达到“说比唱还好听”的听觉效果。它有助于学生集中注意力，掌握规范的语言表达技能，提高学习效率。

三　启发性

启发性的教师教育教学口语，能疏通学生学习中的障碍，启迪学生的智慧，引发学生的创新，激励学生的探索，促进学生学习的过程。

孔子曰：不愤不启，不悱不发。教师教育教学口语始终要注重引导和启发学生去积极思考。教师不能替代学生的思维活动，应为学生的思维活动营造适宜的环境。教师应该是学生学习的组织者，要抓住恰当的时机进行启发点拨，要调动学生积极思维。启发性就是要求教师教育教学口语能引起学生兴趣，促使学生思考并使其有所领悟，启发学生思维和想象。教师教育教学口语的启发性主要表现在：

（一）渐进启发

人的思想转变和对知识的理解都是需要一个过程的，不能一蹴而就。所以教师应把握学生的思想动态和能力状况，结合学生的实际情况进行由表及里、层层递进的说明道理，让学生逐步理解消化。渐进启发一般都是通过提出一组具有递进关系的问题实现的。例如，一位教师在教授课文《精彩的马戏》时的一组富有启发性的提问：

师：同学们，本节课学习目标是学会精读课文。这节课我们继续学习第十五课《精彩的马戏》，请同学认真阅读课文，回答以下问题：

问题1：课文先后写了哪几个节目？分别拟出小标题。

问题2：课文中描写的小猴子是什么模样的。

问题3：课文使用了哪些动词、形容词描述小猴子爬竿动作的。

问题4：对照课文，分析作者用词有什么特点。

问题5：读了这一段你知道了什么道理。

问题6：对于课文描写的后两件事你能提出哪些问题，能解决哪些问题。

问题7：你用什么学法学课文的后两段内容，有什么收获。

教师通过一系列逐层深入的问题，将课程目标进行了有效的分解。每个问题的解决都有利于对后一个问题的理解或解决。这些问题提示了学生思考脉络，启发和活跃了学生的思维，促进了学生的学习，最终实现了学生精读课文。

（二）适时启发

教育教学的最终目的是让学生自己获得正确的认识。学生在学习过程中会遇到各种问题，在解决问题时会遇到各种障碍，教师要在学生遇到障碍的时候进行适时的启发，给出必要的指导性建议，使学生对问题的理解和解决思路更加明确，达到启发学生解决问题的目的。例如：在针对“读书无用论”的观点展开的思想教育中，学生列举了很多没有上大学而取得了辉煌成就的名人来说明读书是没有用的，使对这个问题的理解陷入了僵局。针对此情况，教师对没考上大学不等于没有文化，不等于不爱学习，不等于不读书等观点进行了分析：

教师讲道：苹果公司创始人乔布斯，1972年高中毕业后，在波兰的里德大学虽然只念了一学期的书，但乔布斯却找到了思想上的依托——禅。他读到了铃木大拙写的《禅道》和《禅学入门》。他认为如果一定需要上大学，他愿意去上一家禅学院。他认为对于禅学的研习和思考，是他最大的成功“智慧”。他从里德大学辍学返回硅谷后，经常到日本禅师乙川弘文主持的禅宗中心修习。在创办苹果之前，乔布斯一度不知道对自己的未来该如何决断，他很想去日本继续修习，但是又无法放弃创业的理想，于是向禅师求教。而禅师则对他讲出了那则著名的禅宗故事——“风吹幡动”。“千百年前，有僧人说：‘是风动。’又有僧人说：‘是幡动。’六祖慧能说：‘不是风动，也不是幡动，而是心动。’”①

乔布斯听了六祖慧能的话后开始了他的创业历程。一个人的学习，不仅仅局限于学校，社会的大课堂，需要我们终身学习。乔布斯的成功也是通过不断的读书、学习以及艰辛的努力才最终实现的。

（三）类比启发

所谓类比，就是依据两种事物在一些特定属性的相同或相似，并在其中一种事物所具有属性已知的前提下，去推测出另一事物也可能具有的相同属性。类比是利用熟悉知识掌握新知识的重要方法。当学生思考问题时，教师可以通过抽象与具体、陌生与熟悉的方式进行类比，达到对问题的进一步理解，化抽象为具体，变枯燥为趣味。

由于中学生刚刚接触到专业物理语言时，容易理解不透，教师可以选用一些富有情趣的比喻深入浅出地讲解，或者选用类比等修辞，能够化抽象为具体，避免枯燥，这样就可以提高学生的学习积极性。如：一个初速度为零的物体做加速运动，当其加速度逐渐减小的过程中其速度将如何变化。学生初学时总觉得加速度减小速度必然也会减小，为此教师可借用生活中的实例，以这样的教学语言进行解释：今天你向银行存入十元钱，以后每天递减一元钱地连续存入，则你在银行的存款总额将如何变化。这样用学生生活中的事物来对比，学生也就能够正确对上述问题做出回答了。

（四）方向启发

正确的思考方向可以避免南辕北辙的错误。要想让学生懂理、明理，正确认识知识的本质，教师必须关注学生的思维方向。学生在思考问题时，往往会出现方向性的错误或对问题的理解过于浅显现象，这时教师必须进行方

---

① “缅怀乔布斯的佛教人生”2011 年 10 月，百度文库（http：//wenku. baidu. com/view/3f486dd133d4b14e852468c1. html）（综合整理）。

向启发，启发学生或变换角度思考，或加深对问题的理解，从而达到全面、准确地解决问题。

如学生解数学题时，往往只注意分析题意的外显成分，列出一两种解题方法就满足了，而忽视了对题目深层次的分析探究和辨析比较。此时，教师可用启发性的评价去诱导他们做深层次的思考和判断，以培养学生思维的深刻性、批判性和敏捷性等思维品质。例如：

> 小华和小明同时从甲地到乙地，小华每分钟走50米，比规定时间迟到了3分钟；小明每分钟走60米，比规定时间提前了2分钟。问两地距离多少米？
>
> 学生一般可以给出答案：50×［60×（2+3）÷（60-50）］=1500（米）；

如果教师不注意把握学生的思维方向，学生就可能去做下一道题了。这时教师提出还能不能有其他的解法呢？学生很快列出来以下解法：

> 列式1：60×［50×（2+3）÷（60-50）］=1500（米）
> 列式2：50×［（50×3+60×2）÷（60-50）+3］=1500（米）
> 列式3：60×（2+3）÷（60÷50-1）=1500（米）①

这时学生很兴奋，教师趁热打铁又进一步启发，这些解法有什么共同的特点呢？学生进行了热烈的讨论后，达到了对应用题多角度分析的目的。

四 针对性

在教育教学活动中，教师要在不同时间、不同场合，针对不同状况的学生解决不同的问题，面对诸多复杂的要素，教师应视不同的情况采用灵活多变的口语表达方式，有针对性地运用教育教学口语，把话语字字句句地讲到学生心坎儿上，才能取得好的教育教学效果。

（一）因人施言

就学生个体来说，每个学生的性格特征、兴趣爱好、行为习惯、家庭背

① 张耀香：《小学数学教学案例》，2012年，山西省小学全员教师远程培训网（http://shanxi2013.fxl.teacheredu.cn/Main/Index.aspx）。

景都不尽相同。就学生群体来说，不同年级学生的接受水平、理解水平不同，不同班级学生的班级文化各异；一个班级内大大小小的非正式群体也体现出积极型、中间型、消极型的不同特征。教师在对学生进行教育教学之前，必须先清楚地了解教育教学对象的特点，针对不同的教育教学对象采用适合的言语策略，才能取得理想的教育教学效果。如对低年级学生的教师口语，就要符合儿童的年龄特征，用词要浅显、通俗，更多地采用描述、举例、比喻、对比等表达方法，突出教育教学口语的形象性、生动性和趣味性，增强表象储备，为其理解概念、原理打下基础。小学教师斯霞在这方面为我们树立了良好的榜样。她自己在介绍这方面的体会时说，比如表现待人的态度，我在一年级用“客气”“和气”“和好”，二年级用“和蔼”“亲切”“忠实”，三年级用“慈祥”“慈爱”“友好”，四年级用“和蔼可亲”“平易近人”“谦逊待人”“虚心诚恳”等等。一个意思百样说法，目的在于对帮助孩子更好地理解和接受。

而对高年级学生的教师口语则要根据高年级的学生的逻辑思维能力、情感稳定性都比较强的特点，适当运用逻辑性强的语言，提高话语中知识信息的密度和讲解的深度，满足他们较强的求知欲；较多地运用精当的点拨语、诱导语，促使他们开动脑筋自己探索；话语中可穿插一些哲理性强的语句，使话语含蓄、浓郁，引导他们细细品味。

教师要根据不同年龄段学生的认知规律和心理特征，有针对性地发出语言信息，并根据反馈不断调整，使学生接受信息的效果达到最佳状态。

（二）因时施言

教师在对学生进行思想教育时，要善于选取有利时机，见机而言，使教师教育教学口语发挥最大的作用。就教育学生来说，教师一定要抓住引发学生思想转变的关键期进行教育。在事件发展的不同阶段，教师要采取相应的教育口语，以达到不同的教育目的，如在问题爆发之前，是苗头期，这是理想的教育时机，教师如能随机跟进，与学生进行口语交际，容易取得教育的主动权，避免事情向消极的方向发展；在问题冲突爆发时，是事件的高潮期，教师采用的教育口语主要是为了平息事端，缓和冲突；在问题冲突结束之后，是尾声期，教师采用的教育口语就要利于解决问题，总结教训。

（三）因地施言

“花前易生情，月下多知心。”人的情感具有不同的情境性，环境往往会对人的心理产生影响，青少年的情绪更易于受环境左右。在不同的环境下对学生进行教育会产生不同的教育效果，如果在办公室对学生进行批评，学生可能会虚心接受，如果在座无虚席的教室内对某个学生进行指责，学生会无地自容，甚至怀恨在心。教师对学生的教育应选择恰当的场合，因地制宜，使学生能够放下思想包袱，向老师袒露心扉。

（四）因事施言

教师有时要针对一定的事情与学生进行交流，如学生学习遇到困难，听课状态不佳，扰乱课堂纪律，遭遇家庭变故等等。教师要针对具体问题具体分析，不能无的放矢，在进行交流之前一定要分析事情的性质，明确谈话要解决什么问题，达到什么目的，以便选择和组织话语，做到因势利导，对症下药。

五　可接受性

学生是注意力、观察力和思维能力正在形成和发展中的青少年。他们的特点是习惯于形象思维，注意力不易集中，观察力不强，但想象力丰富。要提升学生的学习和活动效率，必须关注教师教育教学口语的可接受性。教师教育教学口语在内容上必须是学生已有的知识基础和日常生活经验的范围内能够理解的，与学生的思想感情和心理发展特点相通，不能超越学生现有的认识能力，也不能够与学生的兴趣需要相违背。教师要深入了解学情，能够从学生实际出发来选择和组织语言，提升教师语言的可接受性。

（一）语言生动形象

生动形象的教师教育教学口语不仅能够激发学生的学习兴趣，鼓励学生学习的积极性，启发学生的学习思路，还能够把学生的注意力紧紧地集中到难点问题上来，促进学生积极思考，提高学生学习和活动效率，有利于学生发挥自身潜能，达到最佳的学习效果。

如善于运用抑扬顿挫的语调对有关事物做具体的口头描绘，或寓理于事、寓情于形，或运用比喻、摹绘、比拟等修辞手段，使语言带有造型性。从而使语言信息更易引起学生有意义的联想，使学生产生身临其境的感觉，增强对知识内容的识记和理解的效果。有人说，平庸的教师只是叙述，优秀精明的教师会生动地讲解，会恰当地比喻。绘声绘色的口语能给学生留下深刻的印象。例如：

当年沈元是位普通的中学数学教师，他在数学课上曾这样向他的学生介绍200多年来难住无数数学家的“哥德巴赫猜想”：“自然科学的皇后是数学，数学的皇冠是数论，哥德巴赫猜想则是皇冠上的明珠。”沈老师巧用比喻，形象地描绘了哥德巴赫猜想在数学领域中的重要地位。他还意味深长地对学生说："真的，昨天晚上我还做了一个梦呢，我梦见你们中间有一位同学，他了不得，他证明了哥德巴赫猜想。"

这些形象的语言使陈景润那颗少年的心对数学产生了浓厚的兴趣，以致几十年如一日，含辛茹苦，百折不回地进行着"哥德巴赫猜想"的研究工作，其研究成果居世界领先地位。可见，教师生动形象的语言对学生产生的影响有多么深远。优美辞藻，幽默的语言风格，恰当地使用拟人、比喻、夸张等修辞手法都可以使教师教育教学口语达到意想不到的生动效果。

（二）形成有效刺激

教育教学取得成功的一个重要条件，是通过教师口语唤起学生头脑中的表象，使学生大脑皮层形成新的兴奋联结，激发起他们的再造想象和创造想象能力。教师要根据教育教学目的，紧密联系实际，通过一定的语言技巧，使教师口语能够形成有效刺激。例如，一位教师在教授人教版课标教材八年级下册第十九章"平行四边形"的第一课时中，有这样一段表述：

师：接下来我们研究平行四边形的性质。我们知道，性质就是研究图形的组成要素之间的关系，对于平行四边形，我们先来研究它的边、角之间的关系．刚才生8提到，平行四边形对边相等、对角相等，你是怎么发现这个结论的呢？

生8：观察就可以发现这个结论，也可以度量一下。

师：那么，大家能证明这个结论吗？下面，请同学们在纸上做出一个平行四边形，并证明刚才这两个结论。

（学生作图、思考、讨论，教师深入其中，参与小组互动，待大多数同学举手后，教师请学生上台谈做法。）

生9：我解决了对角相等。因为对边平行，所以∠A与∠B互补，∠A与∠D互补，由同角的补角相等可知∠B＝∠D，同理∠A＝∠C。

师：不错，还有其他方法吗？

生10：作辅助线，先连接BD，然后证明△ABD≌△CDB，再证对角相等、对边相等。

师：非常好！老师很想知道你为什么会这样做？

生11：结论要证线段和角相等，连接BD后就得到了两个全等的三角形，后面就都出来了。

师：精彩！连接对角线，四边形的问题就转化成了三角形的问题，这种将新知转化为旧知的转化思想是解决新问题的常见策略！

师：还有其他办法吗？

生 12：也可以延长 AB 至点 E，由对边平行知∠C =∠CBE =∠A，同理∠B =∠D。

师：借助平行线的性质，为待证两角搭了一座联结的桥，很好！现在我们把大家的方法整理一下。

（师生共同书写“已知、求证”，并予以证明。）

师：同学们真了不起！大家齐努力，我们得到并证明了平行四边形的两条非常重要的性质。①

教师的“不错，还有其他方法吗?”“非常好！老师很想知道你为什么会这样做?”等话语，为学生思维的飞跃创造了广阔的空间，有效激发了学生从不同角度去证明结论的正确性，使学生能在师生共同营造的探究氛围中主动思考，突出了重点，突破了难点。

（三）内容翔实可信

教师对学生无论是批评、表扬，还是劝导、激励，都必须以理为据。特别是批评，一定要把握住说理的难点，找准影响学生正确认识的症结，指明问题的性质、危害和根源，打开学生的心结。教师在讲述道理时，观点应正确鲜明，论据翔实充足，讲述要有条理性，态度不急不躁。根据不同情况，灵活采用说理的方式和方法，才能使人信服。

六 感染性

感染性体现的是教师教育教学口语“以情育人”的特点。教育教学的对象是人，学生有喜怒哀乐各种情感，正因为如此，教师才有机会以情感人，以情育人。“感人心者，莫先乎情。”充满关爱之情的严词厉句，会比冷淡无情的说教更容易让受教育者接受。教师充满真情实感的话语，满足了学生的情感需要，使学生的情感产生共鸣，学生体会到了教师对他的那份关心和爱护，就会接受老师的教育，李吉林、钱梦龙、丁榕、窦桂梅等优秀教

① 隋淑春：《4.2 平行四边形的判别（第一课时）课例研究》，《中国数学教育》2013 年第 11 期，第 20—22 页。

师之所以受到学生的喜爱，其中很重要的一点就是在教师口语中融入了对学生的挚爱之情，理解之心。

别林斯基说："充满爱的语言，可以使劝说发出熊熊的烈焰和热。"与青少年学生交往，做学生的思想工作，最重要的是要有真情，不管是对先进生的赞美，还是对后进生的批评，都需要真情。相反，在教育教学工作中，言语冷漠无情，就如同秋日寒霜，只能冰封人的心灵，苏霍姆林斯基在《和青年校长的谈话》一书中曾记载了这样一件事：

> 女教师发现萨沙在课堂上思想不集中，写字写得不好，就提醒他说："萨沙，写字的时候要动脑筋。"萨沙把头更低地俯在练习本上。过了一会儿，女教师看到他写错的更多，生气地说"萨沙，你是在写字，不是在马路上玩！"这时候，和萨沙同座的一人学生说："教师，萨沙的外祖母死了，是昨天埋葬的。""外祖母？"——女教师冷淡地说："外祖母死了，有什么关系？外祖母归外祖母，但是学习必须认真！"这几句话使萨沙大为震惊，他不声不响，暗自流泪，教师再也没有去理睬他。在萨沙的生活里，外祖母是一个最亲的人，她的死给孩子带来了巨大的痛苦，他思想集中不起来，既不能思考习题，也想不起语法规则。这位教师的话是多么冷酷啊！从此以后，萨沙就恨透了这位教师，直到毕业。①

著名教育家夏丏尊说："没有爱的教育就像池塘里没有水一样，不成其为池塘。"教育是一种情感交流的过程，教师感情的变化随时随地都处在被学生感受的过程中，所以教师教育教学口语应是一种带有强烈感情色彩的情浓意深的语言，应该像"雪中炭""三春雨"和"六月风"。

思考与练习

1. 教师教育教学口语具有哪些特征？
2. 如何理解教师教育教学口语应具有启发性？
3. 教师教育教学口语的针对性体现在哪些方面？
4. 以自己学科为例，设计一段新课教学所用教师教育教学口语，要求体现教师教育教学口语的主要特征。

---

① 苏霍姆林斯基：《和青年校长的谈话》，教育科学出版社 2009 年版，第 58 页。

第三节　教师教育教学口语的风格

语言风格是指运用语言时所表现出来的各种特点的总和。每个人的语言都有自己的风格，正如著名学者王希杰说："没有自己言语风格的人是没有的。"教师在运用语言工具对学生进行教育教学时会表现出各自的语言风格，以下是几种常见的教师教育教学口语风格类型：

一　温婉亲切

温婉亲切的语言风格具有温和委婉、和蔼可亲的特点。温婉亲切的教师口语如"春风拂弱柳，细雨润新苗"，它可以削减师生间的隔阂，拉近两者的距离，使学生容易接近教师，进而接受教师的教诲，正是"平易近人，人必归之"。通过下面的案例我们可以感受到这种语言风格的特色和作用：

> 小学一年级一位女学生患有胃痛病，休息治疗一个月时明显好转，家长要带她去上学，她却又喊心口痛，这样反复几次，家长发现她有时是真痛，有时是思想病，但很难弄清什么时候是真什么时候是假，父母只好替她向老师继续请假。一天，老师见了她时，轻轻地把她拉到自己跟前，半揽在怀中，关切地问她："丽丽，你总是哪里痛啊?"她指给老师看了看，接着老师抚摸着她的胃部说："现在痛不痛啊?"孩子看着老师微笑的面庞，腼腆地说："现在不痛!"老师说："现在不痛了，说明你的病有好转，老师真为你高兴。你一个月来一个人呆在家里，多没意思啊！来学校多好，能和许多同学一块儿学习，一块儿玩耍，我看，你不痛的时候还是来上学吧，上课时如果胃痛起来就马上告诉我，我让你到我的办公室休息，如果你疼得坚持不下去了，我就马上打电话让你妈妈接你回家去看病，怎么样啊?"老师慈祥的微笑，关切的语言，周到的安排，让小女孩打消了顾虑。她高兴地答应说："好!"从此，小女孩再也没有借口胃痛而缺过课。①

案例中教师以关切的问候，和蔼的话语消除了学生的顾虑，就如春风化雨，在温馨的气氛中解决了问题。需要注意的是这种关切与温情应是发自内

① 郭启明、赵林森：《教师语言艺术》，语文出版社1998年版，第12页。

心的，而不是矫揉造作。

二　劲键精练

劲键精练的语言风格特点是语势遒劲有力，言语精要简练。具有这种语言风格的教师在教育教学过程中讲话比较直率简练，教师往往抓住关键直奔主题，言简意赅，语势遒劲，对学生的触动较大，例如窦桂梅老师在讲授《林冲棒打洪教头》一课时对学生的引导：

师：自古文章讲题眼，“打”字一字千钧，全篇文章围绕为什么打？怎么打？打的结果，构成了这篇文章的整体。题目里“打”字用得精彩，写“打”更精彩。洪教头可谓打得气势汹汹，作者写他的“打”是泼墨如雨，满段满篇，但写主角林冲却惜字如金，打得点到为止。按理，浓墨重彩描写的应该是林冲啊！静思默想地读，想想这是为什么？

生：洪教头费那么大的劲儿，就越显得林冲的轻松，功夫高。一横、一退、一扫就把那么浑身解数的洪教头打趴下了。

生：这是用了对比或者说反衬的写法。越是这样着墨铺粉洪教头，越能反衬出林冲的功夫，不愧是八十万禁军教头。

师：原来，为了表现一个如此这般的林冲，就用一个如此这般的洪教头与之相对，进行衬托。越是这样着墨铺粉洪教头，越能反衬出林冲。他的功夫没有一点花拳绣腿，那可是技术型实力派的打法，真是四两拨千斤。如果请你给这种写作手法取个名字，你想叫它什么？

生：是不是就是我们老师常说的对比法吧。

生：不准确，应该是反衬法啊。

师：你们说得有些道理，古人另有说法，我国古代的绘画，（出示图画）为了突出人物面部的线条、表情和色彩，就在画的背面铺上一层白粉，来进行衬托。古人在评点水浒的时候，就把这种绘画中的技法，引用过来，也叫“背面铺粉法”，相当于你们说的反衬，为了体现对古人的尊重，我们就叫“背面铺粉法”，请批注在旁边。①

窦老师讲话气势磅礴，思维敏捷，语言简洁凝练，容易使学生受到感

① 窦桂梅：《〈林冲棒打洪教头〉课堂实录》（http：//www. docin. com/p－428983403. html）。

染，引起共鸣，她三言两语打开学生思路，准确进行知识归纳，思路清晰，透彻了然。

三　沉稳平和

沉稳平和的语言风格具有持重庄雅、不温不火的特点。持重平和的教育口语会引起受教育者对教师的尊重与钦敬，对教育者的教导容易信服，请看下面的案例：

一天，王老师刚要下班，班里李婷（化名）同学的母亲来到办公室，家长拿出一块精美的手表递给王老师，并向她表明来意："王老师，教师节要到了，感谢您对李婷的教育，这块手表很适合您，请您收下吧。"王老师见状，坚定严肃地说："李婷母亲，这表我不能要，教育学生是我的职责，你的心意我领了，但东西请你收回吧！"李婷母亲说："王老师您不必推辞，其实我也是有事相求的，这几天李婷回家又哭又闹，说是又和同桌打架了，王老师您看能不能再把李婷的座位调一调？"王老师说："李婷母亲，我正为这件事想找你谈谈呢，现在的关键问题不是给李婷调座位，李婷已经换三个同桌了，但她和每一个同桌都不能友好地相处，据同学反映和老师的观察，李婷在与同学接触过程中经常以自我为中心，爱耍小公主脾气，所以总和同学闹矛盾，我觉得我们现在的任务是要端正她的态度，帮助她改掉身上的缺点，教她学会与他人建立良好的同学关系。李婷母亲，我们也得从自身作以检查，看看是不是我们不当的教育方式才会导致孩子有这样的性情，如果不从根本上解决问题，这对孩子的成长是不利的。"李婷母亲见状说："王老师，你说的是实话，我也知道李婷这孩子的脾气，从小我们做父母的就宠着她，她说什么就是什么，我们尽量满足她的要求，唉！这都习惯了。"王老师说道："李婷妈妈，现在孩子都是独生子女，每个孩子都是家长的宝贝，可是一味地溺爱孩子是害她呀！你想，孩子走入社会后要同许多人打交道，如果她还任性，就没有人能迁就她，到时我们也帮不了她。所以现在必须用正确的方式爱她、教育她。"家长听后，感激地说："王老师，我知道你的良苦用心了，我回去一定用正确的方法教育孩子。"此后，经过老师和家长的教育，李婷同学在班级里改掉了爱耍小脾气的毛病，与同学的关系也融洽起来。

这位教师在与学生家长对话过程中从容不迫、稳重平和、有条不紊，面对家长送来的礼品和提出来的要求，她从容镇静，言语中既不显得过分亲热，也不疏远冷淡，用语恰到好处。

四　生动幽默

生动幽默的语言风格具有愉悦活泼、机智风趣的特点。海因·雷曼麦说："用幽默的方式说出严肃的真理，比直截了当地提出更能为人接受。"一位讲话生动风趣的教师常常能够营造一种轻松愉悦的氛围，使学生在笑声中受到教育，得到启迪。著名的教育家陶行知、霍懋征、魏书生都曾以生动幽默的语言"征服"过古灵精怪的学生，优秀教师任小艾、窦桂梅、王金战更是以生动幽默的语言令自己的课堂妙趣横生。

下面案例中一位教师在与学生初次见面时就是运用了生动的语言赢得了学生的好感，为建立良好的师生关系奠定了基础：

> 两年前，我接了一个高三毕业班，首次与学生们见面，我作了一个借姓发挥的开场白。"我姓俞，按《说文解字》讲，'俞'的本义是'船'。——我总觉得我作为一个教师，就好比是一条船，载着你们几十个同学一起在求知求真的大海中航行，抵达成功的彼岸，而我再回来送下一届……"学生们笑了，没几天过教师节了，学生们送来一张贺卡，上面写着："献给我们敬爱的船长，祝你这次出航顺利、愉快！"下面署名是"您的43名乘客。"①

接手一个既有班级对于新上任的教师有一定困难，学生带着对比、期待、观望等复杂的心情来审视新上任的班主任，对于班主任来说与这些学生的初次见面显得很重要，案例中的班主任在与学生第一次见面时，以生动的语言拉近了师生间的距离，很快就获得了学生的好感，为后续工作的顺利开展起了好头，显示出了生动幽默的教师口语所具有的独特魅力。同样，幽默的语言也能为课堂教学增添情趣：

> 有位语文老师讲《孔乙己》，一个学生冷不丁地猛打个响喷嚏，怪声怪气，全班同学既担心老师批评，又忍不住地偷着笑。教师竟也跟着

① 刘会文：《教师与幽默》，广西师范大学出版社1995年版，第1页。

笑了一下，接着说："此所谓'慈颜长笑笑世间可笑之人'也。"课堂秩序正常了，教师话锋一转："刚才，我们的笑声中有嘲笑，也有哄笑，实际上，今天所讲的课文中，人们对孔乙己的笑也是多种多样的，大家认真看课文，思考一下哪种人对孔乙己是如何笑的。"同学们的注意力马上被引到书本上。①

富有幽默感的教师是未来最受学生欢迎的教师类型之一，幽默感成为教师不可或缺的一项必备素质。

教师教育教学口语的风格具有很强的个性化，其类型繁多，因人而异，没有优劣之分，教师只要掌握教育教学口语表达的技巧，经过不断训练，就会取得满意的效果，形成自己的语言风格。

思考与练习

1. 举例说明教师教育教学口语的风格主要有几种？
2. 教师教育教学口语的不同风格是否有高下优劣之分？
3. 设计并讲授一堂新课，感受一下自己的教学语言风格。

① 郭启明、赵林森：《教师语言艺术》，语文出版社1998年版，第148页。

第九章　教学口语的基本类型

学习导航

课程改革之后，教师的角色有了明显的变化，经过近十年的教学实践，已经形成了教学口语的基本类型。这些教学口语类型有利于帮助教师理解新课程教学口语的本质。本章对其中比较典型的教学口语类型进行表述，供大家进行语言训练时参考使用。按照教学环节我们将教学口语划分为组织引导语、系统阐述语、启发分析语、质疑提问语和总结提升语六种类型。

第一节　组织引导语

组织引导语常用于一节课的起始或讲述一个问题的开头。精心地设计和运用组织引导语是课堂教学或讲解分析问题成功的前提条件。组织引导语对一节课有好的开场的重要性是不言而喻的。

一　组织引导语的含义

组织引导语，就是教师在一节课开始时对学生讲的与教学目标、内容有关，能调动学生学习兴趣的话，也叫开始语或起始语 。组织引导语与教师上课开始时对学生讲的与教学目标、调动学生学习兴趣有关。俗话说“良好的开端，是成功的一半”。好的组织引导语是出色完成教学任务重要基础。

二　组织引导语的特点

好的组织引导语有不可忽视的教学功能。好的组织引导语不仅为整个教学过程定下基调，确定好教学的逻辑性顺序，而且也是调动学生学习积极性的重要步骤。从以下几方面阐述组织引导语的功能。

（一）激发兴趣

兴趣是情感的体现，能促进动机的产生。新奇、有趣的组织引导语能吸引学生注意力，激发学习兴趣，收到较好的教学效果；如果组织引导语平淡、刻板，往往使学生失去学习兴趣。

（二）诱发思考

我们知道每堂课的开端都要有组织引导语，好的组织引导语就像一块“磁石”，可以把学生们分散的思维聚拢起来；好的组织引导语又像一块电光石火，既能给学生以启迪，还能提高整个智力活动的积极性。

（三）明确目标

导语常常渗透了教师讲课的目标，或者设疑，或者暗示，或者提纲挈领，方式不同，但总的目的是使学生尽快从宏观上把握学习目标，调动学生学习的主动性。

三 组织引导语的要求

导语要做到“导而弗牵”，导，就是引导，引发，不是牵领，搀扶，更不是代替。好的导语，要能激发学生的求知欲，把握学习目标，沟通师生情感，所以教师的课堂组织引导语应注意以下要求。

（一）新颖活泼

教师依据所讲的内容，选用生动的语言、丰富的表情，创造浓厚的学习情境氛围，激发学生的学习兴趣。避免平铺直叙、平淡刻板的语言，使学生丧失兴趣，影响教学效果。

（二）庄谐适度

教师在课堂上过于严肃，学生敬而远之，不利于沟通情感；但是也不能为求得学生的好感而讲出一些庸俗甚至低级的东西，应有“有庄有谐，庄谐适度”。

（三）短小精悍

组织引导语仅是课堂的一个引子，一般不宜占用太多时间，两三分钟就足够了，特殊情况下可以长一些。

四 组织引导语的技巧

组织引导语的形式多种多样，可以分成两大类：引出新的话题和引入新的学习内容。引出新的话题是要使从原有学习情境中走出来，自然进入新的学习情境之中。引入新的学习内容是要集中学生注意力，进入所需学习的情境之中。尽管两种情境转换有所不同，但都是一种通过简洁有效的教学口语将学生的注意力转移到新的学习内容上来的一种教学口语。这里摘要介绍一些常见的组织引导语方式：

（一）直拨导入

这种方式是指教师开门见山地提出教学内容及其重点、难点，说明教学目标。例如："今天，我们学习读后感的写作要领。它就是八个字：利用材料，发表看法。前四个字是手段，后四个字是目的。"直接导入，是日常工作中使用得最多的一种导入。它可以使学生一下子就明确学习目标，进入学习过程，有助于提高学习效率。弊端是学生往往缺乏学习的思想准备，因为上课伊始，学生的注意力还没有完全集中，直接导入就显得突兀了些。所以这种方法不宜过多地单独使用，而适宜与其他方法结合使用。

（二）架桥过渡导入

不少教师在讲授新课时，按照教材的内在逻辑关系，设计出联系新旧知识、承上启下的开课语。例如，于漪教师在教叶圣陶《记金华的两个岩洞》时，一开始先写了一道填空题："如（ ）其（ ），如（ ）其（ ），如（ ）其（ ）。"学生顺利填出如"如（见）其（人），如（闻）其（声）"，但在填后两个空格时碰到了困难。就在学生积极思考、寻求答案时，于教师顺手写出"如历其境"一词，然后就势进入新课。"今天我们学习一篇使读者如历其境的好文章——《记金华的两个岩洞》"。于教师就是这样利用旧知识，唤起学生学习新知识的愿望。这是一种常见的平实而富有实效的导入。

（三）故事导入

不少教师善用寓言、故事或典故、传说导入新课。例如，物理教师由一队步兵正步过桥，导致桥坍塌的故事引出"共振"原理；化学教师由坟山鬼火说到磷的燃烧等。这类组织引导语连同它引出的课题，往往能使学生一下子集中注意，进入学习的状态。但运用这种方法要注意，所讲的故事必须与教学内容密切相关。

一位老师在讲授等比数列时，先给学生讲了一则《农夫与地主斗智》的故事：一个地主对农夫非常苛刻，每天只给很少的一点工钱。这位农夫很聪明，改变了一下要工钱的方法。他对地主说：你不用这样给我工钱，你第一天只要给我一粒粮食，第二天给我两粒粮食，第三天给我四粒，以此类推，每天比前一天多给我一倍的粮食就行了。地主一听很高兴，心里想过去工钱都是论斤发，这回按粒数，那可比原来少给多了。于是，他就吩咐管家，按照农夫的说法发工钱。大家想结果会是怎样呢？故事讲完，课堂气氛立刻活跃起来，学生中产生了分歧。有的说比原来工钱少了，有的说是多了。老师说不用争吵了，你们学完今天的课程就会有完整的答案了。

（四）设置悬念导入

在组织引导语中设置悬念，学生会对那些悬而未决的问题发生关注。由关注而引发兴趣，集中注意，启发思维，从而收到好的导入效果。例如一位历史教师在教《北朝黄河流域的各族大融合》时，开始这样说："公元494年的一天，有个皇帝在洛阳街上看见一个鲜卑族女坐在车上，仍穿着夹领小袖的鲜卑服装，大为发怒。于是，就在朝会上责备这个地方的行政长官，说他奉行命令不力，督察不严。那位长官辩解说：'难道要全部那样打扮才算得上督查严格吗？这简直是一言丧邦！'又转向史官说：'应该把这件事记载下来！'这个皇帝就是北魏孝文帝。为什么他这样严厉禁止鲜卑族妇女穿民族服装呢？我们这节课就专门讲这个问题。"

（五）展示情境导入

展示情境导入法是指教师利用语言、设备、环境、音乐、绘画等手段，营造氛围，使学生投入学习的一种导入方法。例如：

> 上课伊始，教师在讲台上放了一个酒糟灯，然后举一张纸问学生："这张纸放到点燃的酒精灯上会燃烧吗？""会！""那么，用纸折成一个盒子会不会燃烧？""当然会！"于是教师做起了实验：在纸盒里装满水，待纸盒湿透以后，放在正点燃的酒精灯上……"咦，纸盒怎么没有烧起来？""这有啥稀奇，纸盒湿掉了，就不会燃烧呢？"教室里一下子静了下来，"这就是我今天要讲的课：《沸腾与蒸发》。"

这位教师做完实验，提出"为什么纸盒湿掉了，就不会燃烧"的问题，自然而然地过渡到新课的学习。这种导入法让学生带着问题进入学习，注意力集中，学习效果一定会很好。

例如：一位教师在讲《培养爱国主义情操》一课之前的导入语。

> 1998年抗洪抢险，李向群壮烈牺牲，他的父亲又穿上儿子的军装，毅然决然地参加到抗洪抢险的大军里……
>
> 一段在2003年春季这场没有硝烟的战争中，广大医务工作者，舍小家顾大家，不顾自己的生命危险，迎难而上，把一个个"非典"患者从死亡线上挽救回来，但他们有的却倒下了，再也没有站起来。

同学们听的热泪盈眶，教师趁热打铁写下了课题。

（六）图片导入法

每册语文课本前都有几页插图，这些插图也是语文教学的重要素材，活用这些素材可一举多得。通过网络资料可查询到更多地与课文内容相关的图片，充分发挥其作用，以此导入创设情境，会收到良好的效果。如在《安塞腰鼓》一课的导入环节中说：黄土高原贫瘠落后，却孕育了一种特殊的艺术形式——安塞腰鼓。让我们观看这个画面，感受这种特殊的艺术形式应该用怎样的语言进行生动的描述。

思考与练习

1. 按照教学环节一般将教学口语划分为哪些类型？

2. 组织引导语的含义和作用是什么？

3. 应用不同方法设计同一教学内容的组织引导语，并对二者的效果进行比较。

4. 以自己学科为例，设计一段适用于图片教学的组织引导语。

第二节 系统阐述语

一 系统阐述语的含义

系统阐述语是根据教学的需要，针对一个特定的内容或问题，进行系统的阐述语言。这种口语有利于帮助学生深入理解概念的本质或问题的实质，对于抽象的理论理解有非常有效的作用。系统阐述语包括说明性语言、叙述性语言、描述性语言三个基本类型。

二 系统阐述语的特点

系统阐述语具有系统性，层次性和完整性等特点。

（一）系统性

系统性要求阐述的过程要有理有据，能够按照从具体到抽象、从低到高、从易到难或者由因至果地将一个事件或问题阐述清楚。一般表现为用一定的关键词将一个问题分成几个有机部分，形成完整的表述观点。

（二）层次性

层次性要求阐述的过程要根据事件发展的时间顺序、空间顺序或者事件的展开顺序进行表述。一般表现为用一定的序号或编号将几个方面联系起来。有时也可以利用“首先、然后、最后”等将表述的各个部分联系在一起。

（三）完整性

完整性要求阐述的过程要完整。比如因果关系完整、论述根据充分或者相关问题全面等，体现问题说明的完备性。一般表现为能够穷尽所有可能的方面或观点。

三 系统阐述语的要求

（一）适度性

适度性要求阐述一定要适合学生的感受，避免夸夸其谈，造成学生的听觉疲劳，使教学效率下降。要在学生需要的时候进行阐述。学生的需要一般表现在思维混乱时、经验障碍时、概括提升障碍时或者思考受阻时。这是学生对你的阐述表现出一种渴望，具有指点迷津的效果。

（二）简洁性

简洁性要注意根据学生的能力水平，选择适当的深度进行阐述。过深或过浅都会影响学生的思维和感受。过深则说而无益，过浅则说而无效。难了听不懂，易了不爱听。因此能够根据学生的需要简洁明了地表述关键点，可以达到最佳的效果。

（三）条理性

条理性的阐述要求按照一定的顺序、层次或关系进行系统阐述。这种阐述有理有据，深入浅出，能够帮助学生理清问题的本质，形成良好的语言表达习惯。

四 系统阐述语的技巧

系统阐述语可以分成以下三类：

（一）说明性语言

说明性语言要求能准确运用解说语去讲述本学科知识概念，做到语句简明、重心突出、逻辑条理清楚，语气肯定。例如：

一位政治老师分析“阶级”这个概念的时候这样讲述：“阶级”的概念有三层含义：第一层，“阶级是指一些集团。”“阶级”首先是“集团”而不是“个人”；其次，“阶级”是指“一些”集团而非“一个”

集团，也不是指“任何”集团。举例来说一个班级就不是阶级，教师、律师、医生也都并非一个阶级，职业并不是用来划分阶级的标准。第二层，“它们在一定的社会经济结构中所处的地位一般不同”。这也是划分阶级的基本标准。什么是一定社会经济结构呢？就是人类社会一定历史阶段的生产关系。在一定的社会经济结构中所处的地位不同，这是由生产资料所有制形式决定的，即他们对生产资料的关系不同，在社会劳动组织中所起的作用也不同，因而领得自己所支配的那份社会财富的方式和多寡也不同。第三层，“其中一个集团能够占有另一个集团的劳动”。这也是阶级的实质。这里的“占有”通常指的即剥削，这里的“劳动”是指劳动成果。正是因为各阶级集团对生产资料的占有程度不同，他们所处的地位也不同。那些占有大量的生产资料的社会集团，处于统治和剥削地位，自己并不劳动而靠剥削别人劳动成果而生活；那些不占有或占有很少的生产资料的社会集团，则处于被统治、被剥削的地位，他们的劳动成果被别人占有。下面，我们利用图表再来看看“阶级”的概念……

这种理论阐述具有一定的难度。里面不仅涉及一些难于理解词汇，而且本身也是一个难懂的问题。

（二）叙述性语言

叙述性语言强调语言表达的条理性，要能够按照时间顺序、事件发生的过程或因果关系等对问题进行叙述。比如地理课上关于辽宁省气候特点的阐述。

辽宁省地处欧亚大陆的东岸，处于中纬度地带，因此该地气候类型仍属于温带大陆性季风气候。但是由于地形比较复杂，有平原、山地、丘陵和沿海等差别，因此省内各地的气候也不尽相同。但是辽宁总的气候特点为：寒冷期较长、平原且风大、东湿而西干、雨量较集中、日照相对充足、四季分明。

全年的平均气温基本在5—10℃之间，自沿海地区向内陆逐渐呈现递减，南北的年平均温差最高可达5℃左右。辽东半岛及沿海各地的年平均气温均一般在9℃以上，但西丰至新宾一带以东的地区通常在5℃以下。最低气温≤0℃的日数，全省大部分地区一般在170—210天。

这种阐述先说明辽宁属于温带大陆性季风气候，然后又具体描述了地形、气温等特点。这种先整体后具体的表述有利于学生从整体上认识辽宁的气候特点；反过来，通过自己身在辽宁的亲身感受，也对温带大陆性季风气候有了更具体的感受。

（三）描述性语言

描述性语言主要是一种对抽象事物的感受性阐述。它不像叙述性语言，有一个直观的对象供大家共同参考。它是对那些抽象的或心理的东西进行系统阐述。

下面是一个人在申奥成功时对自身心情的描述。请分析语言特点，并运用恰当的语气、节奏把它表达出来。

> 我目不转睛地看着，就连萨马兰奇主席的每一个细微的动作我都没放过，他要开口了，我好怕，好怕他念的不是中国，但却又充满着信心。只听见他说了一句流利的英语，尽管那时对英语并不是掌握得很好，但是我听懂了，听懂了其中的一个词，那就是“CHINA”——中国，那一刹那，我激动的眼泪夺眶而出，热乎乎的，我的心里，好坦荡，好舒服，好像遨游在美丽的星空，也在那一刹那，整个温州都沸腾了，整个浙江都沸腾了，整个中国都沸腾了，人们舞动着国旗，在大街上载歌载舞，天空也被礼花照亮了，天空中的星星也都快乐地眨着眼睛。那一晚，我流下了激动的眼泪，我们赢了！

可见描述的细腻程度能够看出教师的文学修养和表达技巧，描述细微、角度新奇是达到描述目标的关键。

思考与练习

1. 系统阐述语的含义和要求。
2. 设计系统阐述语应注意哪些技巧？
3. 根据学生年龄不同，针对小学生和中学生，设计两段不同的系统阐述语，均以水的特性为主题。
4. 以自己学科为例，设计一段系统阐述语，要求尽可能地使用多种技巧。

第三节　质疑提问语

质疑提问是激发学生积极思维的最佳教学策略之一。质疑是对学生的结论提出怀疑，促进学生思维的完善。提问是教师根据教学要求和学生学习过程中的表现提出新的问题，或启发学生的思维、或调整学生的学习方法、或引导学生深入钻研、或为学生树立学习的新目标的一种手段。在课堂教学中，好的质疑问题可以激发学生思维的积极性，吸引学生的注意力，活跃学习气氛，调节教学结果促进教学效果的提高。

一　质疑提问语的含义

质疑提问语是教师根据教学要求和学生学习过程中的实际表现，对学生的研究成果或解题过程提出质疑或引出新问题的过程。

二　质疑提问语的要求

善教者必善问。成功的教师大多十分重视提问，并在实践中不断探索提问的技巧和提问的规律。好的问题可以激发学生思维的积极性，吸引学生的注意力，活跃学习气氛，调节教学结果促进教学效果提高。有效使用质疑提问语必须做到如下几点：

（一）精心设计问题

教师要认真钻研教材，切实把握教材内容及其重点、难点，以及它们的内存联系，全面分析和了解学生的学习基础和接受能力，使提问做到有的放矢。设计问题还要注意选择角度，做到既新颖，能引起学生的兴趣，又符合教学目的。此外，问题还要深浅适度，数量适当，具体明确，具有逻辑性和启发性。

（二）关键点处质疑

教师教学中的提问一定要提到点子上，问得有理，问得恰当，问得有力量。例如，语文课课文中极具表现力的细节、文眼；数学课中的原理、定律、公式；操作课中的技法、动作、要领等。这些都是要提问的关键处，在这些地方设计提问常常能起到“牵一发而动全身”的作用。

（三）渐进逐层设问

因为各种原因，学生常常出现理解教材的困惑与疏略，这就需要教师用提问的方式，由易到难，由此及彼，层层提问，步步引渡，促使学生思路开阔，明辨是非。

（四）正确实施提问

提问首先要面向全体。正确的做法是：先面向全体提出问题，再请同学们思考问题、发表意见。有的教师先将某个学生叫起来，然后再提问；或者只叫几个成绩好的同学回答问题，或者只叫坐在前面几排的学生回答问题，这样都不对。其次要给学生思考的时间，教师提出问题后，应当稍作停顿，给学生一定的思考时间，再请学生回答。再次，要组织好交流。学生回答问题以后，教师不要急于评价，要给其他学生参与交流的时间。质疑提问语的运用，应该让问答、讨论、交流、对话等活动本身充分展开，更加关注过程，而不是结论。

三　质疑提问语的功能

（一）激发创新思维

古人云："学源于思，思源于疑"，"惟疑而后悟也"。所以教师教学时应把激疑诱思作为重要的教学目标，而提问就是它的基本手段。思维能力通常可以分为一般思维能力和创造思维能力两种。教师提问的过程就是教给学生质疑方法的过程，而学生对问题的思考解答是思维的训练过程，教师对问题解决的评述也是思维方法的传授过程。此外，一些发散性的问题、求异性的问题，这类问题的提出和解答，有助于培养学生的创造性思维。

（二）引导思考方向

学生在学习中遇到的最大问题是不知朝哪个方向思考和研究，也就是学习思路堵塞问题。教师的质疑提问语会起到引导与启发的作用，使遇到的难题得以解决，使没有思路的学生打开思维的突破口，并在教师的问题引导下沿着较为科学的方向发展，使思路开阔，从而完成学习任务。

（三）信息反馈和调控

在动态的教学过程中，教师和学生都是信息的输出者和输入者，教师将知识和能力通过语言和非语言行为传递给学生，学生又将信息处理和变换、再传递给教师，教师再根据学生发出的信息重新处理和变换，发出新信息。这样就形成了教师和学生的信息交换系统。所以，优秀的教师往往通过提问来了解学生们对所讲知识的理解程度，通过提问来检查学生们对重点内容的掌握，从而寻求学生知识链条上的漏洞之处和产生错误的原因所在，来全面掌握学生们的个别差异和个性特点，进而反省自身在教学过程中的不足。

四　质疑提问语的类型

关于提问的种类，国内外许多学者多做过不同的研究，从提问的作用这一角度介绍以下几种类型：

（一）启发式提问

启发式质疑提问语是教师教学中经常使用的质疑提问语。学生在学习中会遇到许多困难和疑问，教师必须给予适时适度的引导和启发，使其渡过学习的难关，将学习顺利深入下去。同时，启发式质疑提问语也可以给善于思考、积极思考的学生以灵感，使其出色的或创造性的学习。

例如："圆的概念"教学中的质疑提问语。

师：车轮是什么形状的？

生：（不假思索）圆形。

师：为什么车轮要做成圆形？难道不能做成别的形状吗？比方说三角形，四边形等。

生：（被逗乐了）不能，它们无法滚动！

师：那就做成这样的形状吧（教师在黑板上画了一个椭圆）。

生：（先茫然，继而大笑）这样一来，车子前进时就会一忽儿高，一忽儿低。

师：为什么做成圆形就不会一忽儿高，一忽儿低呢？

生：（七嘴八舌，讨论）因为圆形的车轮上点到轴心的距离是相等的。

师：……（引出圆的定义）

（二）指导式质疑

指导式质疑提问语一般是用在学生的学习过程中，在学习方法或试验步骤上出现错误，教师又不想直接纠正错误或越俎代庖，于是用指导式质疑提问语，引导学生纠正错误，使用正确的方法，完成学习任务。另外，指导式质疑提问语还可以用来调整学生的学习策略和思考视角。

例如：通过椭圆形成的演示实验归纳椭圆定义……

师：通过刚才的演示，同学们能得出椭圆的定义吗？

生：平面上，到两定点的距离之和等于定长的点的轨迹叫椭圆。

师：对于这个定义中的定长有没有一定的限制呢？

生：……（思考，部分学生还很迷惑）

师：如果到两定点的距离之和小于或等于两定点间的距离，此时点的轨迹会是什么呢？

生：（恍然大悟）当到两定点距离之和小于两定点距离时，轨迹不存在；当到两定点距离之和等于两定点距离时，点的轨迹是一条线段。

师：既然是这样，那如何定义椭圆更准确呢？

生：平面上，到两定点的距离之和等于定长（大于两定点间的距离）的点的轨迹叫椭圆。

（三）引渡式提问

教师的引渡式提问是实现学生主动参与教学过程，完成自主学习和探究学习的保障。当学生在学习过程中遇到困难或难以突破的障碍时，教师要引渡其过去，从而顺利完成学习任务。引渡式提问具有启发性，但更倾向于搭桥铺路的作用，一般用于学生思维出现断层时。

例如：《多边形内角和》教学片段

师：现在，请看这个四边形，它有四个顶点 A、B、C、D，我们任意选择其中一个顶点，选哪一个？

生：A 好了。

师：好！我们选择顶点 A。现在，我们把顶点 A 和其他三个顶点分别连接起来，得到三条线段 AB、AC 和 AD。在这三条线段中，AB 和 AD 原来就是这个四边形的两条边，而线段 AC 则是新增加的，我把它用虚线来表示。我们把新增加的这条线段 AC，称为这个四边形的一条对角线。请同学们观察一下，在增加了这条对角线以后，图形有什么变化？

生：变成两个三角形了。

师：很好！四边形的一条对角线将这个四边形分割成了两个三角形。现在，请大家看自己刚才所画的这个五边形，请选择其中一个顶点，请你画出从这个顶点出发的所有对角线。

师：从五边形的一个顶点出发，一共有几条对角线？

生：2 条。

师：这 2 条对角线把这个五边形分割成几个三角形？

生：3 个。

师：那么在六边形中，从一个顶点出发应该有几条对角线？

生：应该有 3 条。

师：如果是 3 条对角线，应该把这个六边形分割成几个三角形？

生：4 个。

师：请验证你的猜测。

师：画好了吗？我们刚才猜得对不对？

生：对的。

师：请看黑板。我们来看一下：从四边形的一个顶点出发，有 1 条对角线，把这个四边形分割成 2 个三角形；从五边形的一个顶点出发，有 2 条对角线，把这个五边形分割成 3 个三角形；从六边形的一个顶点出发，有 3 条对角线，把这个六边形分割成 4 个三角形。这其中是不是可能存在着某种规律？（列出表 9－1）

表 9－1

	对角线	三角形
四边形	1	2
五边形	2	3
六边形	3	4

生：三角形比对角线多 1 个。

师：是这样吗？

生：是的。

师：那么能不能对七边形的情况作个验证？

生：……（活动）

生：（非常兴奋地）对的。

师：我们是否可以作如此猜想：对于任意一个多边形，从其中一个顶点出发所得到的所有对角线，将这个多边形分割成三角形的数目，总比从这个顶点出发所得到的对角线的数目要多 1 个？

生：是的！

师：那么照这样推测的话，一个 n 边形，它有 n 条边和 n 个顶点。

生：n 是什么？

师：n 是什么？它表示某一个多边形的边数。如果这个多边形是四边形，那么这个 n 就是 4；如果这个多边形是 100 边形，那么这个 n 就是 100。现在，我们先选择这个 n 边形的一个顶点，如果从这个顶点出发的对角线恰好有 n 条，那么被分割成的三角形应该有多少？

生：n-3 个。

师：确定吗？

生：确定！

师：同学们确实非常聪明！

（将表 9－1 改写成表 9－2）

表 9－2

边数	对角线	三角形
4	1	2
5	2	3
6	3	4
…	…	…

师：你知道吗？同学们刚才所使用的这种推理的方法，是在科学研究中非常有用的一种方法，叫作“归纳法”。①

（四）养成式质疑

新课程标准提出，学生在学习过程中要养成良好的读书习惯和思考习惯。习惯的养成不是一朝一夕的，因此，教师必须时刻注意在课堂教学中，提供和创造环境，为学生养成良好的思维和学习习惯提供良好条件。有的教师在教学中十分重视养成式的提问，通过反复的训练，实现养成的目的。

例如：“简单条形设计图”的教学

师：今天，我们一起学习“简单条形设计图”。看了这个课题后，你想了解什么？

（学生们纷纷举手，迫不及待地说出自己的想法）

生：我想了解什么是条形设计图？

生：我想了解简单条形设计图是什么样子的？

---

① 佚名：《生活中的平面图形》教学实录，2006 年 6 月，月亮船教育资源网（http：//www. moonedu. com/chuzhong/HTML/38781_ 4. shtml）。

生：我想了解为什么说是简单条形设计图？它是简单的，一定有复杂的？它们的作用有什么不同？有什么作用？还有复杂的吗？

生：我想了解为什么说是简单条形设计图？

生：我想了解怎样画条形设计图？

……

（座位上的许多同学举手，还要抢着回答问题）

师：请同学们看书，看一看你能不能回答你自己提出的问题？回答不了，你希望教师为你提供什么样的帮助？

（五）拓展式提问

新课程改革把培养学生的创新精神和实践能力作为教育改革的重点，在教材的编写上给师生留下了广阔的创造空间，使学生的思维尽情驰骋，个性充分张扬。拓展式提问是教师在教学过程中引导学生拓展思维，发挥潜能与个性，创造性地理解和运用知识的提问方式。拓展式提问与一般用在对问题有了较好的认识之后用以加深对问题的理解，强化新知识的运用，培养学生思维的发散性和创造性。

例如，一位语文教师在教《盘古开天地》这篇课文时，给学生提出了这样的问题：

今天我们学习了《盘古开天地》，了解了在神化的世界里我们生活着的大自然是怎么形成的。其实，在神话世界里，对万事万物都有着非常美丽的解释，比如“后羿射日”解释了天空为什么只有一个太阳，“女娲造人”解释了人类的起源，“神农氏”解释了五谷的来源。请同学们课外搜集中国古代神话，看一看你还能在神话中找到关于哪些事物的解释？

如果想要有技巧地掌握高级认知语言，教师就应该注意提问的语气，一些重点词可通过用停顿、重音等来强调。教师还应该把握提问的时机，在每一个问题提出后都要给学生留有必要的思考时间。高级认知的提问都有一定的难度，需要促进学生积极思考，学生在梳理知识或进行小组讨论时，教师还可引导学生不断发现新问题并提出问题。对于学生的提问，教师应该采用多种评价方式，多用鼓励、亲切、引导性的语言，共同营造师生间互动的教学氛围，来锻炼学生深思熟虑的学习习惯。

思考与练习

1. 质疑提问语的含义、功能有哪些？

2. 设计质疑提问语有哪些要求？

3. 举例说明质疑提问语的类型。

4. 以自己学科为例，设计一段新课教学所用质疑提问语，要求体现质疑提问语的主要特征。

第四节　启发分析语

启发分析语指教师较系统、完整地阐释教学内容的教学口语。教育家叶圣陶先生曾对教师启发分析语的策略提出建议："倾筐倒箧容易，画龙点睛艰难。"即如果教师将教材内容不加选择、不分重点地讲授出来是很容易的，但是更重要的是应该根据学生们的思维水平，恰当寻找教学重点，用恰当的教学口语来设疑激趣进行精心的点拨，使学生们的思维像"点睛"之龙一样自由翱翔，从而取得"心有灵犀一点通"的教学效果。

一　启发分析语的含义

启发分析语是指教师系统连贯地向学生讲解教材、传授知识和技能、培养情感和价值观的教学语言。启发分析语是课堂教学中最基本语言表达的形式，它是教学口语的主体。

二　启发分析语的功能

（一）阐述观点，理解知识

教师运用启发分析语的首要目标，是把知识准确清晰地呈现在学生面前，使之记牢、会用。所以，教师课堂的每一段讲解都应针对学生学习中的疑点和难点以及新知识传授的要点进行设计。教师设计的一个个讲解片段，既是构成课堂教学的基本框架，又是实现教学目标的明晰线索。

（二）启发思维，培养能力

为了避免启发分析语单向输送知识误入灌注歧途的弊病，教师要充分重视启发分析语发展思维、培养能力的功能。教师在设计启发分析语时要深入钻研教材，分析学生的认知结构以及课堂心态，灵活运用语言，努力使讲解内容抓住学生思维，开启学生智慧。有经验的教师在讲解之前，总是要提一些问题启发学生思考，在讲解中注意不断激发学生的学习兴趣，吸引其注意力，甚至适时插入图画、实物、模型、标本乃至音像材料来强化讲解内容的印象。所以，讲解的力度就在于培养能力和发展思维，不能启发思维和培养能力的讲解只是空洞的说教、乏味的串讲。

三　启发分析语的要求

（一）口语表达要条理清楚，简练准确，富于启迪

分析对问题各要素之间相互联系的判断过程，将这种判断有效传递给学生，必须要能够条理清楚，简练准确，这样才能达到准确传递信息的目的。在传递的过程中，如果具有一定的启发性，则便于学生思考的共鸣。

（二）口语用词要通俗浅显，形象生动，富于文采

通俗浅显，形象生动，富于文采的语言能够加强分析过程的动感和魅力，能够有效吸引学生的注意力，变抽象表述为直观形象，达到乐于接受的效果。

（三）语音语调要清晰悦耳，流利畅达，抑扬顿挫

音调是语言表达的重要因素。清晰悦耳，流利畅达，抑扬顿挫的音调可以使分析过程具有语感清晰，避免思维疲劳，提高分析过程的流畅性。

（四）口语使用要目标明确，突出重点难点，深浅适度，连贯畅达

分析要能够针对学生面临的问题进行分析，要能够针对一个具体的目标进行分析，过程要难度适中适合学生接受水平，才能更好地达到引领思维的作用。

四　启发分析语的类型

（一）理解式启发分析语

理解式启发分析语是教师阐述自己对教学资源的理解时采用的讲授方法。例如：一位语文教师在教《赠汪伦》时，做了如下理解式讲授：在这首诗中作者以浪漫的笔触描绘了一幅“桃花潭水”“歌声流溢”的送别场面，一个是将欲远行，一个是深情相送。美景与深情构成了一幅人间绝美的图画：桃花盛开，潭水澄碧，轻舟缓行，踏歌而起。桃花映衬着潭水，潭水流泻着歌声，歌声抒发出真情。这是多么刻骨铭心的画面，多么真挚动人的送别呀！这段启发分析语阐述了教师对《赠汪伦》这首诗描绘的景色与抒写的情感的理解。

（二）答疑式启发分析语

答疑式启发分析语是教师解答学生提出问题时采用的讲授方法。例如：一位科学课教师在讲授《水》时，他把学生带到了小溪边，让学生利用漏斗、试管、水桶等工具，研究水的性质。有的学生不会用滤纸，向教师提出了问题，教师做了如下答疑式的讲授：你手中有漏斗，现在把滤纸做成一个可装入漏斗的“过滤器”。先将正方形的纸对折在对折，然后把折成的小正方形的单片纸的边剪成弧形，把弧状的开口拉开，一个“过滤器”就做好了。

（三）抒情式启发分析语

抒情式启发分析语是教师在教学过程中，为实现教学目的、调动学生的学习热情或巧设教学情境时采用的讲授方法。例如：一位语文教师在讲授《十里长街送总理》的最后一个自然段里的“灵车缓缓地前进，牵动着千万人的心”一句时，做了如下抒情式的讲解：灵车缓缓地走了，它带走了亿万人民深爱着的总理，它带走了中华民族最优秀的儿子，它带走了全世界爱好和平的人民的最真诚的朋友。总理走了，一个深爱着他的人民的总理走了；总理走了，一个深爱着他的国家，为了他的国家的繁荣昌盛贡献出毕生心血的总理走了。这怎能不牵动着千万人的心啊！这怎能不叫整个大地为之悲啊！

（四）说明式启发分析语

说明式讲授是教师向学生交代某种教学程序的操作方法和步骤时经常采用的一种讲授方式。

例如，一位教师在讲《摆三角形》一课时是这样指导学生的：

师：昨天我们学习了《认识三角形》一节课，大家还记不记得三角形有一个很重要的特征？

生：固定性！稳定性！

师：对！稳定性。正是由于三角形具有稳定性的特征，所以日常生活中人们经常做一些三角形的支架来固定物体。今天我们就来模仿做三角形支架——摆三角形（板书：摆三角形）。

师：教师给每个组准备了一个学具袋，请大家把学具袋打开。里面有四根小棒，请你每次用其中的三根，试着摆三角形。摆的时候小组的同学要相互配合，（这时有学生开始动起来了）请先不要动。另外，教师给每个组还发了一张登记表，请各小组的组长在摆的时候详细地把你们摆的情况记录下来，待会儿要向全班同学汇报。好了，现在各组开始摆。

（五）探究式启发分析语

探究式启发分析语是教师引导学生通过自主探究完成学习任务时采用的讲析方法。这种讲析方法以师生对话的形式出现，把教师的大段的讲析变成了教师的启发诱导和学生的探讨。探究式讲授是实施新课程以来最受教师们青睐的一种讲授方式。下面是一则使用探究式讲授的案例。

例如：一位科学课教师在给四年级小学生讲科学课时，在实验室里领学生们研究“我们周围的空气”。教师发给每个学生一个空的矿泉水瓶子和一个气球。

师：我们今天先来搞一个吹气球比赛，看看谁吹得又大又快，但是不要吹爆了，因为气球一会儿还有用。

（学生们争先吹起来）

学生有的吹爆了，有的吹得很小就不敢吹了，有的尝试着一点一点地吹，最后还是吹爆了。

师：同学们，你们知道气球是因为有空气所以才能够逐渐变大，最后被吹爆。矿泉水瓶里面是空的，怎么知道它里面是否有空气呢？

（学生陷入了沉思，各个小组都在思考）

这种探究过程的引导是教师教学过程中最常见的启发分析语。能够根据学生的思维变化的过程进行具体分析，给出思考的建议和进一步探究的指导。

思考与练习

1. 启发分析语的含义和要求有哪些？
2. 如何理解启发分析语几种不同类型？
3. 根据学同一主题，设计几种不同启发提问语。
4. 以自己学科为例，设计一段新课教学所用启发提问语，要求体现学科特点和新课程要求。

第五节　总结提升语

一　总结提升语的含义

总结提升语是课堂教学的一个环节、一个专题或一节课要结束时，教师引导学生对所学知识与技能进行及时的总结、巩固、扩展、延伸与迁移的教学活动时所用的语言。

二　总结提升语的功能

（一）点拨要点，增强理解，巩固记忆

一节课作为一个最小的学习阶段，也有相对独立的学习目标，总结提升语要对这一目标的实现过程中的重点问题做出点拨，以增强学生对要点的理解和记忆。点拨的要点包括学习内容、学习策略、学习手段、学习过程中遇到的共性问题等。

（二）启发思维，开阔视野，指导实践

新课标实施后，强调学生的探索性学习与发现性学习，强调学生的生活世界与科学世界的结合，强调个体直接经验与文本间接经验的整合，实现学习生活化，生活学习化的良好的学习人生。教师在学生完成一节课或某一内容的学习后进行总结时，要引导学生把在本学科获得的知识与技能应用到生活中解决实际问题，将课堂延伸到生活中去，用学到的知识去指导实践。

三　总结提升语的要求

（一）总结要完整

教师上课时用的结语一定要有完整性，完整才美。有头有尾有始有终，才能称得上完整美。

（二）提升要有力

一节课讲完后，教师一定要用简明扼要的语言做好结束，结语虽然简短，但一定要做到既总结，又激活，意味深长，清音有余，能引发学生再次投入学习的欲望，这才是好的结语。

（三）结语要简洁

结语的语言要少而精，练而达，三言两语，收到干净利落的效果。不可东拉西扯，做一些空洞的说教，既浪费时间，又使学生生厌。

四　总结提升语的类型

（一）归纳式总结

这种总结提升语就是在教学结束时，教师把教学内容作简单的、概括性的归纳总结。这样做不仅便于学生提高认识，加强记忆，还有助于学生巩固所学知识，并将其纳入原有的认知结构中去。例如：一位教师在进行《分数的基本性质》教学时，应用了这样的总结提升语：这节课我们一起研究学习了分数的基本性质。分数的基本性质是分数的分子和分母都乘或除以相同的数（除0外），分数的大小保持不变，这是学习分数及相关知识的基础。大家在学习数学知识同时，学会了一种观察事物和分析问题的重要方法，这些方法的掌握使我们能够在变化的数学现象中发现不变的数学实质。

归纳式小结语

某位语文教师在《茶花赋》教学时这样小结道：祖国是如此伟大，人民的精神是如此感人，这一朵茶花能容得下吗？能不能给人以启发深思吗？有同学说能，为什么能呢？这是因为作者运用了丰富的想象，进行了巧妙的艺术构思，能够不断地开阔阅读者的视野，能由情入手，进而到景，进而再到人，最后再到理，从而做到水乳交融。我们从茶花的美姿感受饱蕴春色，联想到祖国的健美青春和欣欣向荣；我们从栽培者的身上，感受创业的艰辛和任重道远；我们从茶花的含露乍开，仿佛新生代们鲜红的脸，从而也对未来又充满希望。这三幅构图可以说别具一格，意境在步步深化，可谓十分传神。

（二）练习巩固式总结

这种总结提升语，就是在教学结束时，教师根据教学内容布置安排一定数量的练习，以达到巩固学生学习效果的目的。例如：在教学“9的乘法口诀”时，一位教师是这样设计结束课的。安排动物找家门。四栋房子的门上各写着：54、27、72、18。由九名学生扮的小动物各拿一个乘法算式：3×9、2×9、9×3、8×9、3×6、6×9、9×6、9×8、9×2。如果乘法算式的得数等于房门上的数，那么这只动物就算找到家了。请小朋友们找一找，那些小动物的家在同一所房子里？

（三）拓展式总结

拓展式结语是教师通过提问引发学生的思考，开阔学生的视野，拓展学生所学知识的应用范围的结语形式。拓展式结语能很好地强化学科间知识的整合，强化学生学习行为与日常生活的整合，强化学生创新思维的形成。例如：数学课《认识图形》的总结提升语，今天我们认识了三角形、长方形、正方形，在我们教室里找到很多这三种图形。我们的生活也离不开这些图形，今天回家，就请同学们注意观察生活中哪些地方用了这三种图形？为什么要用这三种图形而不用其他图形？请你悄悄地记在心里，下次课告诉同学们，比一比看谁最有观察能力，谁是用心的好学生。［评析］在认识了三种图形后，再要求学生回家后继续寻找这三种图形，学生不可避免地会产生乏味厌烦情绪。但加上一句“为什么用这三种图形而不用其他图形”，一下子就把问题拓展开了。

开拓式小结语

一位物理教师在进行《法拉第电磁感应定律》教学时这样整理小结：同学们，我们今天一起学习了磁感应电流的方向、发生电磁感应现象的导体具有电源作用及电极性问题。从这些物理规律的探讨中，我们可以得知：学习某个物理定律的时候，最重要的是去理解它所描述的物理规律实质，切实的掌握公式中各个字母所代表的物理含义和适用条件，还包括单位制的使用。我们只有这样，才可能在分析问题和解决问题的过程中逐渐成为“百胜将军”、“行家里手”。

（四）强调式总结

强调式结语是教师在课程结束时将本节课的学习重点、难点以及容易出现错误的知识加以归纳总结，以提醒学生注意，强化学习效果的一种结语形式。例如：

> 一位语文教师在教了《写字》一课后了如下的结语：同学们，这节课我们学习的生字中，有一组很难区分，它们是“鸟”和“乌”。“鸟”总是睁着眼睛唱歌，“乌”呢？却总是闭着眼睛睡觉。鸟比乌多了一只眼睛，同学们记住了吗？

（五）评价式总结

评价式结语是教师在结语中对学生的学习态度、学习行为、情感体验、信息获取、目标实现等做出公正评价的结语形式。评价式结语能够使学生对自己在学习过程中的表现与取得的成果有清楚的认识，以便增强信心、改进方法，更好地投入到下一次的学习活动中去。例如：如一位科学课教师在教《空气》一课后，作了如下总结提升语：

这节课，同学们表现得非常出色。你们选用了气球、纸张等测出了空气的存在，还证明了空气也有浮力。同学们在合作学习中还总结出了只有发挥每一个人的力量才能取得合作成功的道理。教师希望大家再接再厉，在下一节课中学习得更出色。

这段结语，不仅评价了学生的学习态度，也评价了学生的学习品质，使学生在教师的评价中增强了学习的信心和热情。

思考与练习

1. 总结提升语的含义和作用是什么？

2. 如何理解教学口语应具有启发性？

3. 下列结语是属于什么类型的，有什么好处？

某位数学教师在讲授了等差数列内容之后，下节课准备进行等比数列教学。在课即将结束前他提出了一个问题：如果数列为：20、10、5、2.5……那么，它的第10项应该是多少？看到问题学生们都活跃起来，有的埋头计算，有的讨论试着找规律。于是教师说："其实数列的第10项是很容易就能找到的。至于该怎么去找，等下节课我们一起学习了等比数列你就会知道了，下课！"

4. 设想你是初中或高中的任课教师，请以某一学科为内容，设计一段总结提升语。

第十章　教育口语的基本类型

学习导航

通过本章学习使教师了解教育口语的几种基本类型：表扬语、批评语、劝导语、激励语和叙说语，熟悉这几种教育口语的表达方式，掌握其基本要求。

第一节　表扬语

美国心理学家威谱詹姆斯说："人性最深刻的原则就是希望别人对自己加以赏识。"他还发现，一个没有受过激励的人仅能发挥其能力的20%—30%，而当他受到激励后，其能力可以发挥80%—90%。适当的表扬，不但可以使受表扬的学生明确自己的长处和优点，增强进取心和荣誉感，而且还能引发其他学生的羡慕向往的心理，激发其他学生向被表扬的学生学习。

一　表扬语的含义

表扬语是指教师对学生表现出的良好的思想品质、言语行为等给予肯定的评价语。

表扬语能够满足学生渴望被承认、被肯定的心理需要，引起学生愉悦的情绪，促使学生强化被表扬的言行。它能帮助学生从一个个具体的事实中，明白哪些思想品质和道德行为是正确的，引导学生树立正确的价值取向，为其他学生树立榜样，进而引发学生全体生成积极向上的愿望。

二　表扬语的类型

根据表扬的形式，表扬语可以分为个别表扬、公开表扬、直接表扬和间接表扬。

（一）个别表扬

个别表扬是以个别学生为对象的表扬，一般不受时间和地点的限制，灵活性较强，它是班主任经常使用的一种表扬方式。个别表扬的优点是及时、灵活，教师可以对学生随时随处表现出来的优点或进步给予表扬，例如，班主任在课间看到一名学生拣起走廊里的废纸时对他说："好样的！"在面对向自己问好的学生夸奖："你真懂礼貌！"对努力提高学习成绩的后进生给予肯定和鼓励："很好，要坚持住！"一些个别表扬语言虽然简短，但是作用很大，在不经意间使很多学生获得鼓舞，有时候促使学生发生转变的就是这些简单的表扬语言。

（二）公开表扬

公开表扬就是在集体面前对学生进行的表扬，表扬的对象既可以是全体学生，又可以是部分学生或个别学生。公开表扬的优点是：影响大，传播快，受教育面广，能够产生更广泛的激励作用。当教师希望部分学生的言行能够得到其他学生效仿时，一般采用公开表扬。公开表扬可以是随机的，例如，教师在操场上对课间操站排最快的学生表扬："××同学站得又快又好，大家向他看齐！"班主任在检查各小组除雪情况时，对表现好的小组表扬："你们组是除雪又快又彻底的一组！"教师还可以抽出专门时间，在正规的场合，郑重其事地对学生的优秀表现给予表扬，例如，一位班主任在班会上对班内文艺小组为大合唱比赛作出的贡献给予的公开表扬：

> 我们班在全校大合唱中取得了第一名的好成绩，显示出了同学们的才能和团结协作的精神，特此向同学们提出表扬。在这里我还要特殊对咱们班文艺小组的全体成员提出表扬，在我们排练合唱的这段日子里，他们为同学们服务，利用课余时间组织同学们排练，还一对一的对个别同学辅导，在比赛时为同学们借服装，给大家化妆，他们忙前忙后，我们这次取得第一名的好成绩与他们的辛苦付出是分不开的，他们在本次活动中体现出了集体精神和奉献精神，所以我要对文艺小组的全体成员提出表扬，让我们用热烈的掌声向他们表示感谢，也希望全班同学向他们学习！

对学生进行公开、正式的表扬可以引起学生共鸣，使优秀的思想品行得到强化，起到榜样示范的作用，激起全体学生积极向上的热情。

（三）直接表扬

直接表扬是对学生的良好行为直接给予肯定、赞扬。直接表扬的对象既可以是学生个体，也可以是学生群体。

下面案例中的老师对学生的表现进行的就是直接表扬：

> 我们班全体同学都能积极响应“迎奥运、齐健身”的活动号召，每天早晨同学们能够按时晨跑，按时出操，体育委员李浩（化名）同学及其他班级干部热心组织同学们开展各种体育活动，如跳绳，拔河，踢毽球等，这些活动丰富了同学们的课间生活，锻炼了同学们的身体。在这里我还要特殊表扬咱班的齐杰（化名）同学，大家都知道她在“迎奥运、齐健身”系列活动的校运动会上，取得了800米跑的第一名，齐杰同学积极参加这项活动，还给自己定了健身计划，每天用闹钟叫醒自己去锻炼身体，齐杰同学通过体育锻炼，增强了体质，锻炼了意志，还为班级赢得了荣誉，在此对她提出正式表扬。

这段表扬语就是班主任对学生做的直接表扬，其中既有对全体学生所做的全面表扬，又有对个别学生的个体表扬，点面结合，重点突出，达到了鼓舞学生的作用。

（四）侧面表扬

侧面表扬，就是教师通过转述、暗示的方法对学生的闪光点间接的表示肯定、赞许。有时候学生听惯了老师的直接表扬，已经习以为常了，一些同学认为老师的当众表扬可能是例行公事而已，这时候直接表扬起不到强烈的鼓励、刺激作用，那么教师就要变换表扬的方式了，教师可以采用侧面表扬的方式鼓励学生上进。另外，侧面表扬还适用于性格内向的学生，以及教育转化后进生。

下面就是一则侧面表扬的案例：

> 某初一、三班有一个四人结成的非正式群体，他们几个人在班级中成绩较差，而且经常违反纪律。这一天，其中的一名学生因为连续不交作业而被班主任老师叫到办公室，班主任老师在对他进行教育时，侧面表扬了这个群体中的另外一名成员，她说：“你看，你们几个人经常在一起玩，我看这一段时间李冰（化名）同学进步很大，这些天他不仅没有落过一次作业，而且自习课上说话的次数也减少了，他头脑很聪

明，如果能够继续保持现在的状态，会取得更大进步，你可不要被他落下呀！”

这位同学回到教室后，马上把老师对自己说的话告诉了李冰同学，李冰一听老师在背后表扬自己，非常高兴，心想：原来老师对自己如此关注。他的积极性马上被调动起来，无论是在课堂上，还是在课后的活动中，都尽量约束自己的言行，不辜负班主任老师的期望，很快他便在各方面取得了很大的进步。

侧面表扬可以帮助后进生重新树立起自信心，促使他们产生学习的动力。教师要发挥侧面表扬的重要作用，通过细心观察，积极发现后进生的闪光之处，对他们进行间接鼓励，有效地教育转化后进生。

三　表扬语的要求

特级教师王兰说：“不是聪明的孩子常受表扬，而是表扬会使孩子更聪明。”恰当准确的表扬语可以使学生树立自信心和责任心，学生会尽力把事情做得更好，取得更大进步。但表扬语运用不恰当不准确，不但不能扬长避短，有时还会适得其反，所以教师应掌握表扬语的使用技巧，在运用表扬语时要遵循以下原则：

（一）抓住时机，灵活多样

教师一旦发现学生的进步或闪光点，就要趁热打铁，及时给予表扬。学生做了好事或者取得好成绩时，渴望他人肯定、赞许的心理比较强烈，教师此时对学生加以表扬，正好迎合了学生的心理，使学生心理需要得到满足，还强化了学生积极进取的动机。所以，教师在平时的工作中要仔细观察学生的言行，熟悉学生的个性特点，掌握学生的学习、生活动态，与学生沟通思想，在此基础上针对学生的长处和进步及时加以表扬，例如，一位班主任在整理高一新生入学登记表时，偶然发现一名学生有报考北京外国语学院的理想，针对这位学生的美好愿望，班主任在班上表扬了她，对她一入学就确立了三年的奋斗目标加以肯定，希望她在努力学习多门功课的同时，特别加强英语学习，并祝愿她能如愿以偿。这位学生一入学就得到老师的夸奖很受鼓舞，学习很用功，特别是英语成绩进步很快，每次英语考试成绩均在班级前列。其他学生也效仿该位同学确立了自己的奋斗目标，三年后，很多学生经过不懈努力都如愿以偿的考取了理想的大学。正是班主任老师的及时表扬和鼓励才激起了全班同学拼搏进取的决心和毅力，使学生们在打基础的关键时期找到了努力的方向，体现了教师及时表扬的重要作用。

教师抓住了表扬的时机，还要考虑表扬的方式，通常情况下表扬应该大张旗鼓，直接赞扬学生良好的言行，然而面对内向、容易害羞的学生，教师可以进行非公开表扬。教师要根据实际情况，选择不同的表扬方式，也可以综合运用多种表扬方式。

（二）恰当准确，具体真挚

表扬语虽然能激励学生上进，但是表扬语并不是说得越多越好，表扬也要讲求公正合理，恰当准确。表扬要与学生真实的表现相称，如果表扬与事实不符，就会削弱表扬的作用，甚至会适得其反，引起学生不满，使被表扬者受到讥笑，还会降低老师的威信，例如，有的学生在老师面前一个样，背后又换副模样，教师如果不深入了解具体情况，盲目地对这样的学生给予表扬，就不会有群众基础，得不到学生集体的舆论支持。

教师的表扬对其他同学有导向作用，所以一定注意表扬的准确性，如果某一现象本不应该为人效仿，教师就不能大加赞扬，例如，我们经常听到这样的表扬："某同学高烧不退，仍然坚持到校上课。"这里教师所表扬的行为，本不应被广大同学效仿，此时教师应积极劝说学生先去医院治疗，因为高烧对学生的身体和学习都是不利的。所以，教师的表扬要准确，赞扬的对象应该是积极意义上的榜样，否则会对学生产生误导。

教师的表扬要具体，用词不能含糊笼统，学生能通过教师的表扬清楚地认识到自己的进步和长处，以便继续发扬优点，波什定律提出："表扬愈具体，愈能达到鼓励的目的。"我们经常听到老师这样表扬学生："这是我们班的好学生""你近来表现不错"等等，这种笼统的表扬可能会令学生不知道自己究竟哪方面做得好，甚至认为自己各方面都已经做得不错了，容易产生满足感。所以，教师在表扬时要具体，当发现学生的闪光点时，要特别指出他的可取之处，例如，看到后进生专心读书时，可以鼓励他说："你读书真专心，做了这么细致的笔记，以这样的方式读书、学习，你一定会取得进步的！"看到平时写作业不认真的学生偶尔写好了一次作业，可以真诚地对他说："这次作业字迹很工整，如果你每科作业都能写得这样认真，学习水平一定会有很大提高！"这样的表扬语既培养了学生的自信心，又使学生有目标可寻。

另外，教师的表扬语一定要发自内心，感情要真挚，才会得到学生的认可，引起同学们的共鸣，以下是一位班主任老师的表扬：

一个严冬的早晨，耿老师把班上的一个后进生叫到讲台前，举起他冻得又红又肿的双手，对全班同学充满深情地说：“请大家看看这双手，手背上的血迹是冻裂的伤口，如果把双手放入冰凉刺骨的水中会是什么滋味：请大家再看看我们干净整洁的教室，想一想今天为我们洒水、扫地的同学是怎样劳动的。”①

这位老师的表扬话语不多，但是发自真心，感情真挚，不仅激发了被表扬者的荣誉感、进取心，而且也是对班级全体同学的一次难忘的思想品德教育。

（三）挖掘优点，照顾全面

“挖掘优点，照顾全面”是指我们要善于发现学生们的优点和长处，要照顾全面，这个全面有几层含义，其一，表扬要有多层性；其二，表扬要有多面性；其三，表扬的对象要有广泛性。

表扬的多层性是指表扬不仅注重结果，还要关注过程。教师习惯对学生取得的优秀成绩给予表扬，往往忽略了那些默默努力却不见明显进步的学生，表扬的多层性要求教师关注学生从“一般”向“较好”到“很好”的发展过程，不能以结果论英雄，教师在表扬那些考试中取得优异成绩的学生时，不要忘记对那些正在路上追赶的学生说一句：“你已经很用功了，老师很欣慰，如果继续努力，我相信你一定会有收获的。”

表扬的多面性是指教师在表扬时要兼顾学生的多方面优点，现代教育提倡以人为本，素质教育关注学生的全面发展，所以教师在表扬学生的优点时不应局限于那些习以为常的优点上，诸如学习好、遵守纪律等，凡是有利于学生身心健康发展的优点都可以考虑纳入表扬的范畴，如学生开朗活泼的性格，能歌擅画的特长等，这些优点不仅丰富了学生的榜样形象，还会扩大表扬对象，使每个学生都能认识到自己的优点，保护自己的长处，进而增强信心，愉快的成长。爱因斯坦曾说过，别人赞美他思维能力强，有创新精神，他一点都不激动，因为他作为大科学家听腻了这类话，但如果谁赞扬他小提琴拉得棒，他一定会兴高采烈。因此，教师要运用独特的眼光挖掘学生身上一些鲜为人知的优点，让阳光洒进每个学生的心灵。

表扬的对象要有广泛性是指教师在给予表扬时既要关注先进生，又要顾及中等生和后进生。在实践中，教师往往把表扬给班内为数不多的先进生，

① 郭启明、赵林森：《教师语言艺术》，语文出版社1998年版，第286页。

一方面是因为这些学生确实各方面走在前列，另一方面也有教师思维习惯的作用，我们经常听到一些学生说老师“偏心眼”，有时候明明是几个同学共同做的好事，教师却只表扬其中的“好学生”，对后进生根本不提或一带而过，这是不公平的，这样做的结果常常会使后进生产生不满情绪，与老师越来越疏远。如果班级的后进生只是教师批评的对象，长此以往他们会对自己丧失信心，认为自己一无是处，如果一位教师帮他们挖掘自己身上的优点，赏识他们的长处，这对后进生的转化是大有益处的，教育家魏书生就十分注意表扬后进生的优点，他曾经采用让“后进生自己找优点”的方法，实现了后进生向“先进生”的转化。

一位青年教师写下了这样一段经历：

> 这学期我班新转入了一名学生，名叫李胜（化名），第一节课他就表现得与众不同，听课时有时靠在后排桌子上，有时一只脚放在课桌外，还不时和同桌及后面的同学说说话，声音还不小，课堂练习他总是第一个做完，然后就在座位上左动右动，我拿起他的作业本一看，是做完了，正确率不低，可就是字迹潦草……为此，我几乎每节课都批评他，可他好像无所谓，照样我行我素。一次我大发脾气，丢了他的文具盒等文具，结果他只坚持了半节课然后又违反纪律了。正当我觉得他无药可救之时，一次我无意中表扬了一句“张胜现在坐得很好。”话音刚落，只见他马上挺直腰，双手放在桌上，坐得端端正正了，我简直吃了一惊，李胜也能坐得这么好！这一节课我抓住细节又表扬了他两次，结果他居然端端正正地坐了一节课，完全像变了一个人，读课文时也不再是急性子了，用手指着一字一字地读。现在，我给他更多的是表扬，是关注，他也越来越懂事了。

一句表扬语对优秀的学生来说是锦上添花，对后进生来说是雪中送炭，它可以改变后进生的成长轨迹，所以教师的表扬应全面兼顾。

思考与练习

1. 表扬语有哪几种类型？
2. 举例说明什么是侧面表扬？
3. 运用表扬语时应遵循哪些原则？
4. 请仔细阅读下面案例，谈谈案例中受表扬的学生为什么害怕听到老师的表扬？如果你是案例中的老师，你对案例中的学生会怎样教育？

李文（化名）同学是一个文静、内向、勤奋的女生，期中考试，她取得了非常大的进步，因此在班会上班主任把她好好地表扬了一番，并希望全班同学都能向她学习。听到这些话，李文心里别提多高兴了，因为她觉得自己的努力得到了老师和同学的肯定，可没过多久，她就高兴不起来了，因为她发现，每次班主任在班里讲学习的时候，几乎都会提到她，夸她学习是如何刻苦，进步是如何之大，甚至在批评某个同学不用功时，也总是会加上一句："学习都搞不好，你有什么用？为什么就不向李文学习呢？看人家学习多努力，进步多快！"或者说："如果用李文同学三分之一的心思花在学习上的话，我保证你的成绩进全班前五名！"听到这些话，李文同学越来越觉得刺耳，心里也沉甸甸的。不久，她发现同学们对自己的议论也多起来了："班主任真偏心，只知道表扬李文""听说李文每天回家都看书，平时也不知道休息，我看是死读书的料"。听到这些话，李文同学的性格变得更加内向了，在学校里除了学习之外就是一个人坐在座位上发呆，她越来越怕听到老师的表扬，同时又担心自己学习成绩下降，怕老师失望、同学耻笑……①

第二节　批评语

批评语是教师在教育活动中经常使用的一种教育口语。由于青少年年纪小，辨别是非能力不强，控制力差，犯错误是难免的，教师为了让学生认识缺点、改正错误，就要适当地运用批评的方式。

一　批评语的含义

批评语是教师对学生的缺点和错误言行作出否定性评价的教育语言。批评是思想教育的一种重要手段，正确使用批评语可以帮助犯错误的学生认识是非曲直，促使学生克服缺点，改正错误，还可以使班级中有类似错误的学生受到教育，具有一举两得的效果。

批评语要指出学生的不足，给学生以警醒，往往具有严厉、尖锐的特点。批评语听起来不如表扬顺耳，有时候会引起学生的反感，这就要求教师

① 姚林群：《她为什么害怕老师的表扬》（http：//www.docin.com/p－761503648.html）。

要掌握批评的技巧，运用批评的艺术，使批评能够“顺耳”入心。

二 批评语的类型

教师常用的批评方式有个别批评、公开批评、直接批评、间接批评四种类型。

（一）个别批评

个别批评是对个别学生出现的错误思想和言行进行的批评。由于学生个体的差异性导致学生个体存在的缺点和错误不同，所以教师要针对不同学生的不同错误给予批评指正。个别批评具有自由灵活、针对性强的特点。当学生犯的错误不具有普遍性或者不利于公开的情况下，宜采取个别批评的方式，如班级中出现小偷小摸事件。在一般情况下，为了保护学生的自尊心教师应该采取非公开的个别批评形式，这样可以弱化学生在群体中的不良形象，从而让他珍视自己在集体中的位置，积极主动地改正自己的错误行为。

（二）公开批评

公开批评是对学生出现的错误思想和言行在公开场合进行的批评，批评的对象既可以是个别学生，也可以是部分学生和全体学生。公开批评具有严肃性和正规性的特点。教师在群体面前公开进行批评时，通常是想通过对错误言行的否定，澄清学生对问题的认识，给大家以警示，达到教育整体的目的。一般来说，学生较为严重、影响面大或具有普遍性的问题，宜采用公开批评的方式。

例如下面一则案例：

> 一次长跑接力比赛中，某班学生为了能够取得好成绩，集体背着班主任老师商量计策，找外校学生半路替跑，最终取得了好成绩。班主任知道后，对全体学生作了批评教育，她说：“同学们，我知道大家是想为我们班级争得荣誉，但是我觉得这个荣誉来得并不光荣，我要对同学们今天不光彩的行为提出批评。我们前天学过的课文中讲得好：任何通往桂冠的路上都是铺满棘荆的，只有凭我们的实力，用我们自己的辛勤汗水换来的荣誉，才是令人骄傲的，否则我们的心里就不会踏实。同学们，老师想告诉你们做任何事都要讲诚信，否则我们得来的荣誉也会被人鄙视，我相信你们都是明事理的孩子，大家说我们应该怎样对待这个奖状？”学生们听了老师的话后，纷纷主张向学校说明情况，并归还了奖状。

这位班主任成功地完成了对全体学生的公开批评教育，端正了学生的思想认识，收到了良好的效果。

（三）直接批评

直接批评是指班主任对学生的缺点和错误进行直截了当的批评。教师在进行直接批评时，帮助学生分析问题的性质和产生的原因，指导学生如何改正自己的缺点和错误，并提出新的要求，使学生明确努力的方向和奋斗的目标。这种批评方式的特点是开门见山，针对性强，适用于惰性强、有侥幸心理的学生。

下面是一则直接批评的案例：

> 初二·一班徐勇（化名）同学上课不认真听讲，还多次旷课，他与母亲生活在一起，他的母亲靠卖水果赚钱养家，他的妈妈知道徐勇旷课后，近来每天亲自送徐勇上学，可是一天下午徐勇自习课上又要逃课去上网吧，在他出校门时被班主任老师撞见了，班主任严肃地对他说："徐勇，连续旷课是错上加错。你出去上网打游戏时，想过没想过在街上卖水果的妈妈？我今天在市场上看到你妈妈了，我发现她头发白了许多，面容也很憔悴，她的手冻得又红又肿，她这样辛苦地赚钱不都是为了你吗，如果你不悔改真是对不起你的妈妈了。你已经十五岁了，应该知道你妈妈的艰辛，不要让她再为你操心了！"听了老师的教诲，徐勇早已泪流满面了，他对老师说："老师，我知道错了，我一定改过。"说着，转身向教室走去。

这种开诚布公的直接批评，可以直接触动学生的心灵，学生在瞬间有转变思想的信心与勇气，见效较快。

（四）间接批评

间接批评就是不直接否定学生的缺点和错误，而是采取一种委婉含蓄的说法来指正学生的错误言行，达到教育的目的。美国著名的管理大师亚科卡说过："表扬可以印成文件，而批评打个电话就行了。"含蓄不张扬的间接批评能有效保护学生的自尊心，避免教育者与被教育者的直接交锋，有利于融洽师生关系，营造和谐的教育氛围。通过教师的引导、暗示，帮助犯错误的学生完成理解、消化、醒悟的思想转变过程，使学生改正错误，达到教育目的。间接批评没有剑拔弩张之势，却往往有事半功倍之效，下面这个故事则说明了间接批评的功效：

一位班主任发现班里的女学生最近迷上了梳妆打扮，于是她专门召集女生，对她们进行了教育，老师讲了一个故事："有两个女孩争论花儿为什么迷人，甲说因为花儿美丽，乙说因为花儿芬芳。甲说美丽迷人是一道风景，乙反驳说美丽短暂，说败就败。甲生气地说，芳香看不到。乙坦然道，为什么非要让人看呢？老远也能闻得到，难道不更具魅力吗？甲无话可说了。转眼过了数年，爱打扮的甲老了，当她拥有花的美丽时，忘记了学本领，于是只能无奈地看着脸上的皱纹叹息。爱学习的乙也老了，但她却拥有花的清香，因为她一直在坚持学习，并取得了令人瞩目的成就。甲听到乙的消息时哭了，她后悔自己美丽时没能把自己变成一个有'香味'的女人。"学生们听了这个故事后恍然醒悟，悄悄改正了迷恋打扮的毛病。就在这轻松的侃侃而谈中，教师旁敲侧击、亲切温馨，既不伤害学生的自尊，又启迪了学生的思考。[①]

案例中的老师借物喻人，形象深刻，旁敲侧击地批评了学生不适当的行为，为学生指明了改正的方向，既没有伤害到学生的自尊心，又使学生认识到自身存在的问题，促使学生以实际行动改正错误，从而达到了批评教育的目的。

二　批评语的要求

恰当的批评教育能够起到惩前毖后的作用，面对学生的缺点错误，教师要敢于批评，善于批评，要从帮助学生、关爱学生的角度出发，让学生得到被关怀的体验，教师要掌握恰当的批评方式和方法，学生才会乐于接受批评。

（一）掌握恰当的时机与场合

1. 把握恰当的时机

班主任应抓住最佳时间段对犯错误的学生进行批评教育，这样才有利于学生尽早改正错误。对于一些犯错误的学生教师要及时地给予批评教育，例如：

某中学初一·五班有一个学生十分淘气，一次午休时他到临班去打

① 陈维铭：《创造未来人的"雕塑家"，请用好手中的"雕塑刀"》（http://www.docin.com/p-447933426.html）。

闹，学生找到五班班主任去告状，班主任碍于面子没有批评这名学生，第二天下午班主任在走廊中碰到他，想起了昨天的事情，把他叫到办公室问道："昨天中午你犯了什么错误?""没犯错呀!"学生带着一脸无辜的表情回答道。老师紧接着说："小小年纪，记性怎么这么差？你昨天到别的班级捣乱的事情忘了吗?"这名学生辩解道："老师，你看见我去了吗？谁作证啊?"这位老师听罢火冒三丈，连声说："还想要证人!"班主任竟然抬起身走到临班把昨天向她报告的学生找来，犯错误的学生见状，不屑地说，："老师，都昨天的事情了，你还提它干什么呀?"老师见他心不在焉的样子后悔昨天没有及时指正他的错误。

对于一些较为顽皮、爱说谎的学生要在他们犯错误时及时地给予批评教育，然而有些时候教师又不能急于求成，对于那些性情急躁、容易冲动的学生，最好等他们平静下来再进行批评教育，下面的案例讲了一位班主任巧用时间延缓的方法成功教育学生的事情：

班上的小顾同学是个个性刚烈的学生，他属于胆汁质型气质，脾气非常倔强，有一次，他与另一个同学吵了起来，两方"剑拔弩张"，一场武斗大有一触即发之势，值日组长一看事情不妙，马上跑到办公室向我报告，"让小顾马上到办公室来!"我说。

小顾一听就火了！老师也没有调查就让我一个人去办公室？去就去！于是他雄赳赳，气昂昂地进了办公室，也没有报告，把门一推，进来就往我面前一站，挺胸昂首，一副宁死不屈的架势。我深知他的性格，没有去激化矛盾，仍然埋头批改作业，一本一本直到把作业本全部批改完成，而头也没有抬，不看他一眼，我又翻开记分册，用若无其事的口吻，平静地对他说："来，小顾，帮我把作业分登记一下。"说完就把记分册推到他对面，把钢笔放在记分册上。他一听感到很意外，老师不但没有教训自己，反而让他帮助登记分数——这是在平时只有优秀学生才能做的工作，想到这小顾的气立即消了大半。他犹豫了一下，然后规规矩矩地坐好，认真地把我念的分数逐个填写上，他发挥了自己写字的最好水平。等到55名学生的成绩全部填写完了，他也恢复了一个少年应有的可爱，这时我才同他开始正式谈话，他此时也比较客观地说明了他和同学争吵的经过，还主动作了自我批评。当小顾离开办公室的时候，心里没有任何抱怨不满，有的倒是一种感激和悔悟。①

这个案例给我们一些启示：当学生出现强烈的对立情绪，产生严重的抵触心理时，教师最好不要立即批评教育，更不要火上浇油，宜采取迂回的方式，给学生平静的时间，等“障碍”排除之后，学生的情绪平稳时，再触及问题的本身。尤其是对那些脾气暴躁、倔强任性的“胆汁质”型的学生，有时他们犯错后还对教师摆出一副“较量”的架势，如果老师这时候严厉批评他们，很有可能激化矛盾，适得其反，把事情弄僵，正确的做法是，教师先找一些题外话，或者若无其事地请他帮老师做一些其他的事情，等他平静下来，愤怒烟消云散后，情绪恢复正常时，再开始批评教育，这时学生会降低对立情绪，容易接受老师的批评指正。

2. 选择恰当的场合

在批评教育学生时，场合选择的恰当与否会收到意想不到的效果。有时教师要将批评教育放到集体中，以发挥集体舆论的影响力，同时起到教育集体的作用；有时批评又不能张扬，要悄然进行，要保护学生的隐私和自尊心，达到润物细无声的效果，例如，一位班主任在处理学生早恋问题上选择了与学生单独交谈的方式，取得了很好的效果，这位班主任讲述，他们班有个男生张某，曾写信给邻班的女同学，表示爱慕之心，结果那位女孩的家长找到男孩的班主任，要求老师好好管教张某。班主任了解此事后，单独找张某到办公室谈话，由于没有别人在场，张某觉得较为放松，对老师的这种“悄悄话”式的批评表示感激，后来张某不仅从这段感情中走了出来，学习上也有了很大的进步。

教师如果不注意批评的场合，可能会导致消极后果，例如一位班主任在全体学生面前批评四名学生：“你们四个人今天又没交作业，昨天逃课倒很是积极，你们总与其他同学唱反调，我看你们几个就是个小‘四人帮！’”不料下课后，班级其他同学叫“四人帮”来取笑他们，这几名学生听大家这样称呼他们非常恼火，心里对班主任怨气实足，索性几个人联系得更紧密，真的以“四人帮”的绰号自居起来，时常故意一起搞恶作剧捉弄同学，违反纪律，可见班主任对这四名学生的公开批评是失败的。

一位哲人说过：“人类在不损及自尊的情况下，都愿意改过向善，但若有人当众指责他们的行为不对，为了维持面子，也会将错就错，不愿回头。

① 吕红宾：《批评的艺术》（http：//bbs. eduol. cn/thread －400477 －34 －1. html）。

其实不是错误本身拉着他，不使他改正，而是自尊受到了伤害，使他无法回首。”为了达到教育的目的，涉及学生隐私、敏感的话题或者面对自尊心较强又爱“面子”的学生，教师应该选择非公开的场合进行批评教育，有一些场合应该是教师避免批评学生的，如在教室的走廊中，因为走廊总有过往的师生，学生喜欢看热闹，更喜欢看教师批评学生的场景，如果这种场合批评学生，学生面对周围同学指手画脚的议论和另类的笑声，他们不仅听不进去教师的教诲，甚至会因为自尊心受到伤害而对教师怀恨在心。另外教师不要当着家长的面批评学生，有的班主任在学生犯错后，就要把家长找来，目的不是共商教育之策，而是发泄愤怒，这样不仅损伤了学生的自尊心，也伤害了家长的自尊心，家长在心理上很难接受老师的批评方式。所以教师在批评学生时应把握正确的时机与场合，既要达到教育目的，又要尊重学生的人格。

（二）要适量，重点突出

1. 批评要适量

教师在批评学生时语言要适量，喋喋不休的批评会引起学生的反感，出现“超限效应”，超限效应是指接受者因刺激过多、过强或过久而引起的不耐烦或反抗的心理现象。在教师批评教育学生过程中经常出现“超限效应”，教师对学生出现的问题进行适当的拓展和延伸，使学生受到教育，这本没有错，但在某些时候，班主任太多、太随意，甚至偏离主题的过度发挥，就违背了“治病救人”的初衷，反而引起学生心里烦躁，甚至让学生产生逆反心理，使原本简单的教育变得复杂起来，成为对学生的伤害。

例如，学生犯了错误，有的教师习惯于重复同样的批评语：“你真让我失望!”“我跟你说过多少遍了，就是不长记性!”初听这样的语句，学生可能会因为自己的过错感到内疚进而希望改正错误，可是如果教师批评起来没完没了，学生就会感到不耐烦，甚至产生对立情绪，有的学生烦躁之下会顶撞教师，如：“我就这样了，你想怎么办就怎么办!”学生一较劲，教师的工作变得很被动，师生关系也变得很紧张。另外，学生做错事后，有的教师还会翻“旧账”，这样会使学生内心由内疚不安变得反感抵触，也容易出现“我偏这样”的反抗心理和言行。学生受到批评时，他们的心理总是需要一点时间才能恢复平衡，当学生的心理刚趋于平衡，就又受到重复批评时，挨批评的心情无法复归平静，反抗心理就高涨起来，导致不仅不能解决问题，还造成了师生矛盾。

为了避免超限效应在批评教育学生时出现，教师一定要把握好批评语言的“度”，切忌对学生偶尔犯的错误“穷追不舍”，切忌“化短为长”“化小为大”“化轻为重”，切忌重翻旧账，大肆渲染，动辄上纲上线。教师对学生的批评应尽量遵循“犯一次错，只批评一次”，根据具体情况，如果非要对学生再次进行批评教育，应避免简单重复，要换个角度，换种说法，这样学生才不会觉得同样的错误被老师揪住不放，他们的厌烦心理、逆反心理也会随之降低。

2. 批评语要重点突出

批评有针对性，突出重点，收效才会显著。教师在台上大讲道理，但讲得大，讲得空，班级学生摸不着头脑，犯错误的学生也不怕，还是我行我素。例如有一位班主任为了教育那些上课不听讲的学生而大发议论：“二十一世纪是一个知识经济的时代，作为跨世纪的青年学生，必须掌握一定的知识和技术，才能有利于国家、社会和自身发展，你们是国家的未来，现在不好好学习，将来怎么能挑起接班人的重任啊!”这位教师说的话句句在理，可学生在下面窃窃发笑，因为教师讲的话空洞，脱离具体事件本身，没有顾及学生的情感体验，没有拨动学生的心弦，也就起不到预期的效果。批评要有的放矢，要针对具体的人和事，抓住要害，就事论事，有理有据，褒贬分明，点明犯错误的原因、危害及改正错误的方向，才能使批评收到实效。

为了使批评有针对性，重点突出，教师还应该在批评前做好充分调查，了解事件的原委，针对要解决的问题组织好语言，让学生觉得批评不是空穴来风。教师必须抓住问题的要害，让学生清醒地认识到自己的错误，达到矫正错误的目的。

（三）讲求分寸，灵活多样

1. 文明用语

“良言一句三冬暖，恶语伤人六月寒。”教师在批评学生时一定要控制情绪，用词要恰当，不能伤害学生的自尊心。有的教师在批评学生时，不能很好地控制自己的情绪，尤其在气头上时口不择言，说一些讽刺挖苦学生的话，把批评教育变成了劈头盖脸的训斥和不阴不阳的嘲讽，把学生当成了老师的出气筒，教师对学生恶语相伤，侮辱人格，学生必将心生怨恨，批评教育的结果会适得其反。学生也许对教师传授的知识不能全部记住，但是教师一句伤人的话却会永烙学生心间，例如，有一个青年人回忆初中班主任曾经批评他：“肉臭了架子还不倒”，许多年过去了，他每想起这件事还耿耿于心。教师的一次讽刺挖苦可能很快就会结束，可是对学生造成的感情伤害会持续很久，甚至伴随终身，批评教育学生绝不是一个简单的“训斥”过程，更不是“讽刺挖苦”的过程，而是一个教师与学生在思想上、感情上相互作用相互交流的过程。

教师在批评学生时切忌使用诸如“你就是我们班拖后腿的。”“你简直无可救药。”“你怎么这么笨。”“你一无是处。”“白痴!”等侮辱性语言，这些语言犹如秋天的寒风，让人发凉，给学生的身心发展造成伤害。学生的逆反心理往往源于教师粗暴刻薄的言语，面对教师谩骂式的批评，学生明知自己有错也不肯认错，有的学生甚至会与教师发生争执，不仅如此，教师侮辱性的语言会导致更大的负面影响，严重者会给学生带来自卑、恐惧、痛苦等心理创伤。教师必须心怀爱心、含着理解，心平气和地对犯了错的学生加以引导，让学生从内心中感到老师是在真心诚意的帮助他、关心他，从而促使学生自觉地认识错误并加以改正。

2. 方法灵活

严厉的训斥、无情的指责不是批评，一些教师缺少正确批评学生的方法，才造成对学生的心灵伤害，其实批评的方法多种多样，教师要学会针对不同的学生、不同的事件采取行之有效的批评方法。

①迂回曲折法：不直接批评学生，委婉地指出学生的错误。例如，学生乱扔纸屑，教师罚他扫地时，通常会说：“不讲卫生，罚你扫教室!”另一种说法是：“送你一次光荣劳动的机会。”同一种意思有两种说法，显然第二种迂回曲折的说法更易于让人接受，它不仅让学生通过教师运用的词语认识到自己的行为不“光荣”，学生还会由衷地感激老师的善良、宽容。

②幽默谐趣法：教师以幽默诙谐的话语或是引用俗谚、语言故事，或是运用双关语、比喻修辞等寄寓批评的含义，让学生在轻松愉快的氛围中接受批评。例如一位教师走进教室正要上课，一名迟到的学生紧随而入，这位教师无可奈何地对他说：“对不起，老师今天又比你来早了，明天你一定要超过老师啊!”一句意外的玩笑话，也许会让学生真心改过。幽默的批评语能够缓和气氛，拉近师生间的距离，使学生更容易接受，也显示出教师的智慧和气度。但是幽默诙谐法主要适用于学生偶尔犯的小错误和小毛病，对于学生的严重问题，还应严肃认真地给予批评教育。

③故事隐喻法。通过讲述富有哲理、寓意深刻、内容相关联的故事，使学生受到启发，认识到自己的缺点错误，达到教育的目的。例如，一位教师针对学生们身上普遍存在的“娇娇气”现象，在班会上给学生讲了“中日学生夏令营的较量”的真实故事，让全班学生们认识到了自强自立的重要性。教师在讲述故事时要做到情感真挚、节奏适当，善于通过语气语调感染

学生。

④先扬后抑法。一般来说，学生对于来自教师的直接批评很难接受，教师可以采用先找优点，再说缺点的批评方法。“成人教育之父”卡耐基说：“听到别人对我们的某些长处表示赞赏后，再听到批评，心里往往好受得多。”运用先扬后抑法对学生进行批评，不但学生易于接受，还能增加学生向上的信心和勇气。

思考与练习

1. 什么是间接批评？

2. 使用批评语时应注意哪些问题？

3. 举例说明几种批评方法。

4. 请仔细阅读下面案例，分析案例中的学生面对老师的批评前后态度为什么发生巨大变化？如果你是案例中的老师对该生进行批评教育时具体会怎么做？

许静（化名）是七年一班的学生，她上课时经常开小差，有时作业不能及时完成，一天，班主任开会回来正看见许静眉飞色舞地给同桌讲故事，不禁心生怒气，她大声地把许静喊出教室，在走廊里劈头盖脸地对她进行了训斥，下课后学生们走出教室在旁边驻足围观，不时有外班同学探头探脑，有的同学还向许静做怪脸，这时正巧美术老师路过，看到班主任正批评许静，想起许静在美术课的表现，不禁插嘴道：“王老师，这许静啊，我早就想批评了，她经常上我课不带画笔，还说话。”班主任听后批评的语调更高了。面对老师的指责，同学们的围观与奚落，许静的脸红一阵白一阵，将头慢慢地低下去，眼里流出了泪水，这泪水里有怨恨、羞愧、自责、委屈……

一年后，在同样的时间、同样的地点又出现了相同的一幕：班主任王老师声嘶力竭地斥责着犯错误的学生，而这名学生正是许静，不同的是这时的许静面对老师的指责，周围学生指手画脚的议论和笑声却表现出满不在乎的神情，她还不时地对向她做怪态的同学瞪上一眼，面对科任教师的告状她不屑一顾，打此经过的老师叹气道：“哎，这孩子怎么变成这个样子了？”

第三节　劝说语

学生在学习和生活当中会遇到各种问题，有些现象和问题他们不能正确地理解和把握，出现认识偏差、心里疑惑和不良的思想言行，这就需要教师及时地给予劝解、开导，化解矛盾，指点迷津，引导学生走出迷局。

一 劝说语的含义

劝说语是针对学生存在的问题，通过劝解、疏通、开导、说服等方式，使学生改变错误的观念和态度，朝正确目标转变的教育口语。使用劝说语的目的是要改变对方原有的思想认识，使学生接受教师的看法。劝说要取得成功双方必须经过一个心理置换和心理相融的过程，这就要求教师在劝说的过程中调动学生的参与热情，发挥学生的主体性，通过教师的引导，使学生完成自我转化的过程。

二 劝说语的类型

由于教师劝导的方式不同、侧重点不同，劝说语可以分为疏通性劝说、启迪性劝说和说服性劝说。

1. 疏通性劝说

疏通性劝说，就是教师通过开导、劝解，打开学生的思想阻塞，解开心结，形成正确的认识。教师在运用疏通语时，主要利用的是言语的疏通、开导和抚慰的功能。疏通语强调感情真挚，话语委婉，不用命令语气，词语要富有人情味和感染力，体现一种亲和的力量。

2. 说服性劝说

说服性劝说，就是通过摆事实、讲道理，使学生听从或接受教师的意见和看法。说服性劝说的最终目的是使学生放弃原来的观点，服从教师的看法，所以说服性劝说的侧重点在于使学生“服”。然而在教师具体说服的过程中，学生可能出现“服”或“不服”的两种情况，这就要看教师“说”的技巧。遇到学生不服的情况时，口拙的教师可能会陷入与学生激烈争辩甚至争吵的局面，而高明的教师通过与学生辩论，使问题越辩越明，最后学生对教师说的话完全达到“心服”、信服直到折服。

3. 启迪性劝说

启迪性劝说，就是教师通过启发、诱导的方式，引导学生正视自身的问题，能够明白事理。启迪语的最大特点在于，通过教师的讲话使学生自己开动脑筋积极思考，把教师欲讲的道理通过思考化为自己的认识，达到自我教育的目的。

启迪性劝说和说服性劝说都是运用语言教育学生要认同某个道理，但是说服性劝说强调的是教师的“说”，教师要把理说清、说透，学生才能认同教师的说法，而启迪性劝说强调的是通过教师富有启发性的语言引发学生的思考和感悟，学生自己悟出道理。

三 劝说语的要求

要想把学生的思想工作做通，必须摆正态度，研究学生的心理，掌握各种劝说方式，遵守劝说的基本要求。劝说语要符合以下要求，才能达到教育目的。

（一）心平气和，循循善诱

劝说是一项复杂的思想教育工作，不是一朝一夕、一蹴而就的事情，所以教师不能急于求成，要不急不躁、平心静气、耐心细致地与学生交流，循序渐进地引导学生形成正确的认识。教师要善于营造一个和谐平等的谈话氛围，心平气和的谈话能够拉近师生间的心理距离，缓解学生对教师的戒备、逆反心理，这样学生易于接受老师的观点。

劝说的一个关键技巧就是“循循善诱”，“循循善诱”是指善于有步骤地引导、教育人，《论语·子罕》：“夫子循循然善诱人，博我以文，约我以礼，欲罢不能。”在劝导过程中，教师应根据学生的认识水平、理解能力等特点有步骤有层次地进行说服、引导。在劝说前教师要有总体设计，又要有分步计划，做到环环紧扣，步步深入，逐步打通一个个关节，把学生的思想有意识地引导到积极的方面上来。

全国优秀班主任张万祥很善于做学生的思想工作，曾经在一次劝导工作中显示出了高超的教育智慧，请看其案例：

在一次问卷调查中，张老师发现有个别学生崇拜反面历史人物的现象，他意识到这是一个大是大非的问题，必须引导学生树立正确的价值观和是非观。他认为，解决这样的思想问题，采用管、卡、压的老一套是行不通的，应该在“巧”字上作文章，他精心设计一次谈话对学生进行劝导。劝导之初，他并未提出如何崇拜偶像这一大是大非的问题，而是平心静气，不显山不露水地给学生们讲了秦桧后代游西湖的历史轶事，还吟诵诗句，让学生通过富有诗意、讽刺的词句了解后代人对秦桧的评说，通过张老师的铺垫，学生被教师设计的情景深深感染，心中对卖国贼充满了愤怒，这时张老师才严肃的向学生谈到偶像崇拜的问题，学生欣然接受。

学生崇拜某些反面历史人物，有时候仅仅出于一种好奇心，如果教师生气发火，单纯说教，可能会引起学生逆反心理，学生不会从内心中接受老师教育的。张老师认为，青年学生崇拜为人民唾弃的千古罪人确实荒诞，作为一个教育工作者有责任帮助他们明辨是非、拨正心灵的航向。他平心静气，态度诚恳，拉近了与学生的心理距离，然后又循循善诱，因势利导，指出了学生的错误认识，使学生心悦诚服地接受了老师的观点，转变了认识。

（二）恳切真诚，以情感人

心理学研究认为，情感在教育学生的过程中能发挥很强的感染作用，当一个人遇到各种难题时，最先的反应表现在情感的变化上，如悲伤、苦闷、愤怒等，这时候别人如果用同情、安抚、慰藉等情感手段去安慰他，那么他就会恢复心理平衡，接受对方的劝解。教师在劝导学生时，要用真情去感化、教育学生，真挚深沉的爱是教育的保证，是通向学生心灵的桥梁，是打开学生心灵的钥匙。教师在劝说学生时要像对待自己的子女、朋友那样怀着挚诚的爱尊重学生，感化学生，消除其自卑和抵触情绪，让他们的心热起来，才能使他们亲近和信任老师，从而听进老师的劝解。

从下面的案例中我们能看到一番“交心话”化解“百丈冰”的作用：

欧贵荣老师接任了二年级一个班的班主任。据了解，这个班因误解、猜忌导致矛盾增多，士气下降，其中有一个重要问题是学生对班主任工作不理解，不支持，甚至认为班主任不公平，不关心人、太严格等。针对这一情况，欧老师一方面认真做他们的思想工作，一方面以实际行动去感化他们。一段时间过后，同学们对班主任工作的认识有了新的变化，在这个基础之上，欧老师向学生们讲了一次交心话，这次谈话效果很好，有的学生热泪盈眶，同学们的心和班主任贴得更近了。

当时班主任是这样说的：

“亲爱的同学们，你是否理解班主任的那颗心——爱你唯恐不深，教你唯恐不严，护你唯恐有疏，责你唯恐失当。尽管已是呕心沥血，殚精竭虑，却仍旧不免有所闪失。因此，在对你们的无限挚爱中，总夹杂着缕缕隐忧！老师何尝不苦呢？”

“亲爱的同学们，你知道吗？你迟到旷课过多，老师担心你的课程被拉下；你执拗，孤僻，落落寡合，老师更担心你将来踏入社会会遭受挫折而痛苦；老师想锻炼你给你一项任务，可看你畏畏缩缩的样子，又怕羞着你而说老师偏心眼儿，又左右为难，多好的文艺教科书籍你不看，多么有意义的活动你不参加，偏爱看些格调低的书刊和干些有损声誉的事，老师实在害怕你良莠不辨、误入歧途因而忧心如焚。为了你健康成长，老师忙里偷闲想去家访，又担心你误以为告黑状，而不敢轻易举步……”

“同学，我亲爱的同学们啊！当老师何尝不难！斗转星移，日复一日，老师就是如此这般的希望，隐忧，隐忧，希望，循环往复，绵绵无期……”

这段话发自肺腑，感情浓重，学生的心动了，泪流了，误会解了，疑云散了。以后同学们把班主任当作知音，大家心心相印，通力合作，班级工作搞得非常红火，即使老师有些言差语错，同学们也能互相谅解。直到毕业，班上的气氛都很和谐，分手时，师生情谊深挚，依依不舍。①

一番充满关切的话语温暖了学生的心田，学生们感受到了老师的一片真情，师生间情感共融，从此心心相印。

与青少年学生交往，做学生的思想工作，最重要的是要有真情，不管是对先进生的赞美，还是对后进生的批评，都需要真情。俄国的教育家别林斯基说过：“充满爱的语言，使无可反驳的劝说好似熊熊烈火发出光和热，听到这种语言，心中感到暖洋洋的，会让人心情舒畅。但缺乏爱的语言，就会把颠扑不破的真理，搞成冷酷的、僵化的训诫。”因此，教师在劝说学生时要以情感人，运用充满真情的语言提高谈话的有效性。

(三) 深入浅出，以理服人

劝说的核心是实事求是，以理服人。以理服人，就是通过说“理”来教育学生，教师用摆事实、讲道理等方式对学生施以正面的影响，形成正确的思想认识。教师在对学生做思想工作时，不仅要倾其言，动其情，还要以理服人。

以理服人，要做到观点正确，论据翔实，论证有力。教师在说理时要讲求方法，切忌高谈阔论，避免讲空话、大话、套话，应联系学生实际，采用深入浅出、简明通俗、朴实活泼的方式讲明道理。在讲道理时可以从身边小事说开去，巧设情境，寓理于事，要使学生听得明白，听得进去。

例如：

---

① 郭启明、赵林森：《教师语言艺术》，语文出版社1998年版，第265页。

一位班主任在做早恋学生的思想工作时，学生问教师："早恋在中学生中普遍存在，老师你怎么看呢？"班主任说："大家都十七八岁，在青春期对异性产生好奇和好感是正常的，但过早恋爱我不赞成。大家想想，葡萄还小的时候摘下来吃，那是什么滋味？""是酸的！""而当它长熟了呢？那是什么滋味？""是甜的！""恋爱不也是这样吗？等大家各方面都成熟了再恋爱，岂不更好？"

班主任以吃葡萄的例子一语道破学生不宜早恋的道理，深入浅出，通俗易懂，这样的劝说学生比较容易接受。

思考与练习

1. 什么是劝说语？
2. 劝说语的类型主要有哪几种？
3. 与学生沟通时如何做到以理服人？
4. 请阅读下面材料，案例中班主任想要对学生说些什么，遵循劝说语的要求补全对话。

八年二班的一些学生向班主任老师反映：新来的英语老师性格柔弱，对学生的要求不严厉，导致一些学生对她不恭敬，在她的课上过于随便，课堂纪律不严肃，影响他人听课。学生们希望班主任老师能够做工作，换回原来的英语老师上课，这给班主任出了一个难题。作为班主任她了解在更换教师的过程中师生都有一个过渡期和磨合期，而且这位新任英语老师很有才华，也很敬业，每年在报刊上发表很多文章，这些都是学生们所不知道的，想到这儿，她对前来反映问题的学生们说……

第四节　激励语

"激励是所有人，尤其是青少年奋发向上的原动力。激励能使懦弱变得坚强，能使自卑变为自尊、自信、自强，能使消沉变为激昂向上，能使落伍变为进步，能使失败变为成功。"青少年应该具有积极向上、勇往直前的精神，他们在学习生活中，在成长的道路上会遇到困难、挫折、失败，由于他们缺乏客观认识事物的能力，不能全面正确地认识自我，把握自我，面对困难时，常常缺乏信心和勇气，或犹豫不前，或垂头丧气，这时候，需要教师施以鼓励性的教育语言，激发学生的动力，振奋其精神。

一　激励语的含义

激励，就是激发、鼓励。激励语是教师运用赞扬、鼓励、激将等方式激发学生向上的教育口语。

激励语具有有激发动机、鼓励行为、形成动力的作用。许多教育家都十分强调激励的作用，认为它是学生成长的最重要因素，著名教育家玛丽亚·克莱说："孩子需要鼓励，就如植物需要浇水一样。离开鼓励，孩子就不能生存。"激励语能在学生有为难情绪时给学生以信心和勇气，推动学生跨越难关，奋勇直前，在学生小有收获时又能鼓舞精神，激发学生向更高的目标迈进。

二　激励语的类型

激励语主要有三种形式：

(一) 赞扬式激励

赞扬式激励就是通过夸奖和赞美学生的良好思想行为，坚定其信心，促使学生向更高目标迈进。赞扬能使学生明确自己的长处和优点，引起学生的自豪感，激发进取心，增强荣誉感。

赞扬式激励语与表扬语有相似之处，都包含对学生的肯定和好评，都有激发学生上进心的作用，但是表扬语侧重于评价学生以往或当下的言行，而赞扬式激励侧重于对学生未来言行的期望。例如两位教师针对学生劳动的讲话，第一位教师说："在这次扫雪劳动中第三小组完成的最快，最好，他们分担的面积大，任务重，但是他们毫无怨言，埋头苦干，出色地完成了任务，特此提出表扬！"第二位教师说："一年一度的除雪任务又要开始了，希望大家能够像以往一样，团结协作、密切配合，像李雷同学那样争当除雪小能手！"前者侧重肯定总结，后者侧重激励、鼓舞。

(二) 鼓动式激励

鼓动式激励，就是鼓起学生的行动意识，调动学生强烈的行动欲望，激发学生的潜在能力。

教师在组织各种班级活动时，经常用鼓动式语言调动学生的积极性，激发学生参与的热情。例如，一位教师在组织"迎奥运，文明伴我行"的校园文明月活动前发表的讲话：

同学们，2008 年奥运会马上就要在北京召开了，奥运会是世界上最有影响的体育赛事，奥运会在中国举行，这是我们中国几代人的梦想，到时候，来自世界各地的人们将云集北京，他们不仅观看比赛，还要走进大街小巷参观游览，他们会把所见所闻传播到世界各地。我们的一举一动都代表了国人的形象，我们作为首都少年儿童的一成员，一定要借这个难得的机会表现出良好的文明修养，让世界各地的朋友看到中国少年的精神风尚。从现在起，同学们要行动起来，规范自己的行为举止，向不文明的现象说再见，比一比，谁的行为最符合《小学生日常行为规范》，看一看有哪些同学能取得“迎奥运，校园文明小标兵”的称号！

教师富有激情和鼓动性的话语，使学生们认识到文明行事的重要意义，激起学生的责任感，促使学生积极行动参与到活动中来。

（三）激将式激励

激将式激励指教师利用学生的自尊心和逆反心理积极的一面，用与自己真实意思相反的话刺激学生，激起学生的斗志，去做自己原本不愿意做或不敢做的事情。

俗话说：“劝将不如激将。”在教育学生的过程中，正确运用“激将法”有时能收到点石成金的效果。例如，一位教师巧用激将法激发了学生的拼劲儿和干劲儿：

我们班一直在纪律、学习以及文艺活动等很多方面具有优势，许多老师也都是这么认为的，然而就是这样一个班级，在上学期期末的评优中，却是没有比上其他平行班级，原因是，我们班的学生虽然热爱学习，成绩比较优秀，但是除了最突出的学习，其他如劳动、助人为乐等方面表现平平，甚至有的学生还比较自我、自私。上学期，我反复说教，但效果不甚了了，本学期初，我在开学常规教育前仔细分析了班级情况和学生的心理，决定采取“极端措施”。班会课上，我说道：“现在的情况好像不太正常，你们看，那些成绩差的班级能够被评为文明班级，我们反而落后了。只有一年了，我们班反正比不上人家，我看就算了，以后见到人家，我们就绕着走吧……”

“不行，不行！绝对不行！”学生们一个劲地表示反对。

“可是我们就是不如人家呀！”

“他们有什么了不起？就是劳动好一点而已……”

我当即打断那位学生："人家有本事，你们不要不服气，有本事你们露两手瞧瞧!"

这话对所有同学的触动很大，为证实自己的能力，一个个信誓旦旦地说要努力超过那个班级。几天之后，我向生活老师了解，他们的表现果然上了一个台阶。

案例中的学生学习成绩、工作能力与自尊心都很强，但是经过多次说教，其他方面总是不见成效，这时班主任用言语"挑拨"和"刺激"，给学生打了强化针，用了一剂猛药，激起学生的自尊心，让学生不自觉地进入激动、愤慨、羞耻状态，在不知不觉中受到教育与影响，去做老师想让他们做的事情。

激将法具有很强的刺激性，教师在使用时一定要注意分寸，教师的出发点要正确，要本着爱和教育的原则对学生进行反语刺激，不使用挖苦、侮辱性语言。还要研究学生心理的承受度，选择适宜的对象和恰当的时机。

三　激励语的要求

（一）要有鼓动性

鼓动性的语言能够激发学生的情绪，使学生受到感染，增加学生的信心和勇气。教师在使用激励语时要富有激情，让学生从情绪上受到感染，教师以饱满的热情把学生从低迷、悲观、消沉的情绪中带动起来，使其振作。教师的语调要昂扬，语气要坚定，声音要洪亮，词语要生动鲜明，句式要短小有力，这样才能挑起学生的斗志，增强学生的信心和力量。

（二）有目标牵引

激励语着眼于对学生未来行为的期望，所以要让学生从激励语中看到努力的方向和奋斗的目标。

激励语暗含的期望值要适中，一般来说期望要略高于学生的实际思想认识水平，但不能脱离学生实际，它应该是学生近期经过努力能够实现的，如果不考虑学生实现这一期望的可能性，期望过高、过远，学生会感到"可望而不可即"，这样的激励不仅不会激发动力和行为，反而增加了学生的为难情绪，学生甚至会产生消极退缩或对抗心理。

激励语中暗含的期望应该是学生能够接受，并在近期内有很大实现可能的，当学生通过一段时间的努力，达到了目标，享受到成功的快乐时，这种进步和成功反过来会促进学生奋斗目标的提高，起着"自我激励"的作用，学生经过若干次小的进步的激励，他们就有可能取得更大的进步。

（三）要讲求分寸

无论是教师正面激发，还是反语激将，都要掌握刺激的程度。教师在运用赞扬和鼓动式激励时，要选准赞美和表扬的题材，实事求是，评价高低要适当，过高的评价会使学生感到教师言不由衷，缺乏信度，判断力不强的学生还容易由此高估自己的水平，出现自满情绪。对于低年级、年龄小、活泼开朗的学生，赞扬可以大张旗鼓，对于高年级、内向的学生，赞扬应适可而止。

教师在运用激将式激励法时，更应该了解学生的性格特点和心理状态，选择恰当的时机和对象进行激励。激将法适用于心理承受力高、坚强的学生，对自卑怯弱的学生尽量少用此法。用激将法刺激学生时，不能用讽刺、挖苦的词语伤害学生的自尊，避免训斥学生。

思考与练习

1. 激励语的形式有哪些？
2. 激励语有哪些要求？
3. 请阅读下面案例，如果你是案例中的老师会对该学生说些什么，按照激励语的要求补全对话。

我们班里有位女学生，早晨上学经常迟到，写作业的速度也很慢，各门功课成绩不理想，她在日记中流露出对学习失去信心等低落的情绪。为了增强她的时间观念，调动她的积极性，激发她的学习动机，我挖空心思，找她身上的优点和一些特点，比如她唱歌好听，衣着洁净，受父母经商影响有经济头脑，为班级买用品时很会讲价钱等等。一天，她到办公室送作业，我借此机会对她说……自从这次谈话对她激励后，她的自信心明显增强了，她对时间的有效利用也大为好转，学习也认真多了。经过几次谈话教育，她的变化非常大，在上学期期末考试中，她的学习由原来中下游水平进步到中等水平。

第五节　叙说语

教师的日常工作是繁杂琐碎的，教师在进行班级日常管理工作中，经常要向学生交代一些事情，传达一些消息，在这种情况下，教师多是通过叙说语完成的。

一　叙说语的含义

叙说语，就是叙述、讲解、说明的教育口语。叙说语主要通过叙述事情、解释内容、传达话语等来帮助学生认识某些事情的原委，掌握学校和教师的要求和意图。

叙说语是教师经常使用的一种教育口语，它配合其他教育口语，用在各种教育场合，如对学生的个别教育、集体上的讲话以及班会、家长会上的发言等，这些场合都离不开叙说语的运用。

二　叙说语的类型

（一）叙述

叙述就是用平实的话语把事情陈述出来。这种语言表达方式的基本特点就在于陈述“过程”，其主要内容可以是介绍学生发展变化的过程，可以是交代事情发生发展变化的过程、前因后果以及来龙去脉等。

一位教师在教育学生课间活动要注意安全时，向学生讲述了发生在高年级学生中的危险事件：

> 去年中考前夕，我校两名初三年级的男同学课间在教室打闹，其中一名学生从练习本上撕下一张纸，卷成纸筒向对方脸上吹气，不料纸筒中有一枚大头针顺着气流扎向对方同学的眼睛上，导致该同学左眼受伤，最后住院手术，虽然保住了眼睛，但左眼视力大大下降，该同学还错过了中考。同学们我们一定要引以为戒，课间不要追逐打闹，要做安全而且有意义的活动。学生们听了老师的讲述，认识到打闹的危害，自此，课间休息时再没有互相追逐打闹的事情发生了。

教师在叙述事件时清晰完整地讲述了事件发生、发展的全过程及因果关系，在教师详尽的讲述过程中学生受到了深刻的教育。

（二）讲解

讲解是对事物进行解释说明的教育口语。教师在介绍学校的规章制度时、宣讲集体活动的安排和要求时、组织学生填写各种表格时都要用到讲解的语言。

讲解主要是帮助学生清楚地理解事物，所以讲解语一定要清晰、明白，揭示事物的重点、难点和特点。

下面的案例中，班主任对于学校更换科任教师的做法向学生作出了如下解释：

这几天，一些同学已经知道了下学期学校安排了一位新数学老师给我们班上课，许多同学问我为什么要换走张老师，一些同学认为是因为我们班这次考试成绩不理想，张老师生气走了，实际上不是这样的，这是根据工作的实际需要学校才做此决定的。下学期我校初一年级的班主任人手不够，张老师有着丰富的班主任工作经验，学校才决定调张老师去做一个班的班主任。张老师还让我转告同学们，希望你们好好学习，一定要认真听新任数学老师的话。学校派给我们班的新数学老师黄老师，她刚刚送走一批毕业生，有很多宝贵的经验，对我们初三这一年的学习一定有非常大的帮助，希望同学们认真听课，配合她的教学。

案例中老师在讲解时直接回应学生的疑惑，针对性强。她围绕学生的问题给予了清晰的解释，澄清了事实，解开了学生的疑惑。

（三）传达

教师在日常教育活动中还要做一些传达的工作，如向学生传达学校的指令、通知、消息等。传达侧重于"转述"，要注意意思转述的完整性和准确性。以下是一位班主任传达学校的通知：

昨天班主任会上接到学校关于学业水平考试期间我校调整作息时间的通知：我校期末统考时间为6月28日、29日、30日三天，因此我校本周大礼拜不休息，连上课到7月1日。7月2日、7月3日参加学业水平考试的学生在家复习两天，7月4日、5日两天参加学业水平考试，考试期间学生从家里去考场，希望同学们合理安排作息，不要误了考试。

该教师主要是在转述内容，同时根据考试的性质，还做了必要的提醒，表述清楚，要点明确。

三　叙说语的要求

（一）清晰准确

教师无论在叙述事件、讲解说明，还是传达指令，都要求做到：思路清晰，层次分明，信息准确，表述流畅，语速适中，词语简洁。通过教师的叙述，学生能准确地理解事物的性质特点，能够知道事件的前因后果与来龙去脉，能够把握学校的要求与指令。

（二）翔实完整

教师的叙说要忠实于事件本身，叙述事件要完整，不能丢三落四，否则会造成部分学生断章取义，出现理解偏差。在对学生进行讲解说明时，必须简明扼要地揭示事物的本质属性、前后联系和因果关系，要通俗晓畅，又要严谨缜密，在传达指令和要求时，要细致准确，学生才能按章行事。

（三）重点突出

教师在叙说的过程中，要把握叙说内容的重点和难点，对关键部分和难于理解的地方要突出强调，详细解说。在上面的例子中教师的叙说都做到了突出重点，第一个例子中，通过教师详细的叙述学生危险事件产生的过程，学生们感受到嬉戏打闹的危害，得到教训；第二个例子中教师对学生误解老师调离的原因这个关键问题给予了清楚的解答，解除了学生的误会；第三个例子中，教师针对本班学生是会考生这个重点群体，对会考期间时间的安排给予了清晰的介绍，突出提醒学生注意时间安排，由此可见，把握事情的重点、难点、要点是叙说成功的关键。

思考与练习

1. 什么是叙述、讲解和传达？

2. 叙说语有哪些要求？

3. 班主任要经常对学生进行规章制度的讲解，请仔细阅读下面的《中学生守则》，如果你是班主任，你将如何对刚升入初中的学生进行《中学生守则》的讲解，尝试针对《守则》中新增的“勤俭节约”“和睦邻里”“学会感恩”等条款设计一次讲解发言。

中学生守则

一、热爱祖国，热爱人民，热爱社会主义，热爱中国共产党。

二、遵守学校纪律，遵守公共秩序，遵守社会公德，遵守国家法律。

三、维护集体荣誉，关心集体利益，参加社会实践，热心公益活动。

四、热爱科学，勤奋学习，勇于探究，不怕挫折。

五、保护环境，珍惜资源，讲究卫生，爱护公物，勤俭节约。

六、尊敬师长，孝敬父母，礼貌待人，和睦邻里，学会感恩。

七、友爱同学，健康交往，善于合作，乐于助人。

八、自尊自爱，诚实守信，明辨是非，知错就改，文明上网。

九、珍爱生命，强身健体，注意安全，拒绝烟酒，远离毒品。

十、尊重外宾，言行得体，维护国格，关注国家安全。

第十一章　面对不同学生的教育口语

学习导航

通过本章学习使教师了解不同发展水平、不同接受能力及不同性格的学生的特点，理解面对不同类型学生所使用的教育口语应遵循的原则或注意的问题，掌握针对不同类型学生所运用的教育口语技巧。

第一节　面对不同性格学生的教育口语

性格是指一个人在对人、对事的态度和行为方式上所表现出来的心理特点。性格是个性的核心内容，是人心理特征诸要素中相对稳定不易改变的部分，它对人的行为产生持续性的影响。一个班级学生的性格是千差万别的，不同性格的学生对于教师语言的感受理解是有差异的，回应的方式也不同，因此，教师要根据学生性格的特点，灵活使用不同的教育口语。

一　面对外向型学生的教育口语

（一）外向型学生特点

外向型性格学生的心理活动倾向于外部世界，他们经常对客观事物表示出关心和兴趣，性格开朗活泼，愿意参加群体活动，喜欢热闹环境，乐于交往。外向型性格学生一般很健谈，少怯场，难得害羞，不拘小节，容易出现轻率行为，他们不愿意冥思苦想，常常需要别人帮助来满足个人情绪需要。

外向型学生对语言的反应、理解都较为敏锐，但他们的直觉判断往往占主导地位，很容易受到外部影响而改变自己的认识和态度。

（二）适用于外向型学生的教育口语方法

对外向型学生进行教育时比较适宜的谈话方法主要有：

1. 开门见山法

就是开宗明义，直截了当地进行谈话的方式。教师面对外向型学生可以直接发表自己的意见、看法或者说明道理。运用开门见山法时，教师的语言一定要简洁，语气要肯定，适当地增强用语的指令性。

2. 情感激励法

情感激励法是指说话人通过运用口语中的情感因素，调动听者积极的情绪体验，促使对方产生积极向上的欲望的谈话方式。

教师在运用这种方法谈话时要注意用词的选择，尽量多使用鼓励性词语，例如当学生取得进步时，可以对他们说“了不起”“好样的”“真为你高兴”等褒义性词句，同时注意说话的节奏要快一些，语调要上扬一些。当学生正处于情绪冲动时，教师要用平缓的语调、劝诫性的词语使学生平静下来，比如：“别着急”“慢慢说”“别冲动”“问题总会解决的”等。

二 面对内向型学生的教育口语

（一）内向型学生特点

内向型学生的心理活动倾向于内部世界，他们珍视自己内心的情感体验，对内部心理活动体验深刻而且持久。他们一般行为拘谨，言语少，害羞，容易怯场。

内向型学生对语言的回应比较迟缓，他们往往对批评、否定性的语言特别敏感，很容易产生自卑、偏执的心理定式。

（二）适用于内向型学生的教育口语方法

1. 迂回婉曲

谈话时不直接切入主题，可以借助他人、他事或他物作引，由此及彼，层层破题，这样会使谈话合情合理，易于接受。教师在运用这种方法时要注意恰当地使用同义词，例如“缺点”“毛病”“错误”这三个词语，意思虽然相近，但程度有轻重之分，使用时要慎重选择。在语气上，对内向型学生问话时要多用商询的语气。

2. 侧面辐射

这是一种言在此而意在彼，借助语言的双关、寓意等多种表达方式来取得教育效果的谈话方法。这种方法主要是通过话语的多义性而引起谈话对象的反思。运用这种方法应注意不能含沙射影地对学生进行讽刺，否则会极大地伤害学生的自尊心。

除了以上两种方法外，对内向型性格的学生还要多使用激励语，激发他们参与活动的主动性和热情，要善于用明确可行的目标激励学生，用学生自身的闪光点和已经取得的成绩增强他们的自信心，帮助他们克服自卑感，不对他们说泄气、失望的话，在词语的选择上、在语气语调的表达上始终保持对学生的信任、关怀和期待。

三　面对其他性格学生的教育口语

外向型或内向型性格是人们具有的比较明显的两种性格，但是在现实中人的性格的具体表现又很复杂，教师要善于研究学生的性格，在教育学生时能因人而异，灵活机智的运用不同的教育口语。

教师在遇到性情比较倔强的学生时，就不能采取疾风骤雨式的说话方式，而是要耐心地去沟通，对这样的学生，一次谈话是不能奏效的，最好采用逐级谈话法，这种方法就是指谈话要分几次进行，谈话内容的要求逐级提高，把学生存在的问题加以分解，每次谈话解决不同问题，循序渐进、逐级提高，最后完成对学生的教育。在谈话过程中教师要充分挖掘学生的闪光点，让学生感觉到教师能理解自己，进而在内心中产生向上的愿望，为日后的转变打下伏笔，一旦学生行为表现有转机时教师一定要抓住有利时机，趁热打铁、推波助澜，一定会收到可喜的教育效果。

对于那些意志薄弱、行为懒散的学生，可以采用目标激励法。教师帮助学生设立明确恰当的奋斗目标，并激励其努力拼搏，不断进取，一步一个脚印地实现学习、生活中的目标。教师对他们的谈话可以适当采取疾风骤雨式，用疾劲有力的话语给学生震撼，促其猛醒。

其他如柔弱者，教师要用鼓励法与和风细雨式谈话；颇有主见者，教师要善于运用倾听法和点拨法；孤僻者，教师要用以情感人和循序渐进法；豪爽义气者，教师可用点石成金的激将法。

思考与练习

1. 什么是情感激励法？

2. 对性格内向的学生可以采用什么样的口语方式？

3. 举例说明面对不同性格的学生如何灵活运用教师教育教学口语？

4. 阅读下面案例，针对案例中学生的特点请从班主任的角度设计一个谈话策略。

张××，男，14岁，初中一年级学生，学习水平处于中游，性格古怪，主要表现为好发脾气、抑郁不欢、孤僻、缺乏爱心，遇到一点不顺心的事，就大吵大闹，而且不能接受批评，一挨批评就会一个劲地哭，他最反感的是同学的批评，哪个同学批评他，他就会对批评他的同学怀恨在心。在学校里，他很少与老师、同学们交谈，老师找他谈话，他一声不吭，面无表情。上课时他无精打采，眼睛无神，对什么事情也提不起兴趣。他平时不愿参加班级活动，人际关系较差，同时，学习成绩每况愈下，他自感学习退步，害怕老师批评，同学嘲笑，常焦虑不安。针对此种情况，班主任老师决定找他进行一次谈话。

第二节　面对不同发展水平学生的教育口语

我们这里所说的“不同发展水平”是指班级中学生在德、智、体、美、劳等方面达到的程度各不相同，根据学生在这几方面的发展状态，学生一般分为先进生、中等生和后进生。针对不同发展水平的学生，教师要选择恰当的教育口语，促进不同的学生向前发展。

一　面对先进生的教育口语

先进生是指班级中在德、智、体、美、劳等各方面发展处于先进状态的学生。先进生优秀的表现常常受到教师的好评、同学的羡慕。这部分学生有其共有的优点和不足，教师在对他们进行口头教育时，要针对其特点，运用恰当的语言表达方式，促进先进生更“优”。

（一）先进生的特点

“金无足赤，人无完人”，先进生与其他学生一样，其特点各有长短，他们的优点很明显，例如，他们自信心强，纪律性好，在各方面都积极进取，不甘人后，有强烈的上进心。然而，这些先进生身上也存在着制约他们进一步向上的缺点，先进生的缺点往往被人忽视，只有充分认识这些不足，才能有效地对先进生进行教育和引导，促进他们向更高的目标迈进。

先进生的缺点和不足通常表现在以下几个方面：

1. 内心隐蔽

先进生一般处于学生中的核心位置，他们往往以“强者”的形象出现在其他学生面前，当他们遭遇挫折或偶遇失败时，多数先进生依然在众人面前保持镇定自若的神态，与朋友相处时还会谈笑风生，先进生不轻易向他人吐露自己的真实想法，他们把伤心与失落深藏在心中，一旦独处时却变得十分伤感，内心的挫折感甚至高于同等处境下的中等生或后进生。

2. 优越感强

先进生是班级的骨干力量，学校和班级里的许多荣誉都是依靠先进生取得的，他们在学校和班级的许多活动中充当着主角，学校和班级的许多事情要通过他们去做，依靠他们发挥积极的影响和作用。先进生在学生中具有很高的威信，是学生的榜样，在教师眼里，他们是教师的得力助手，受到各科老师的青睐，与老师们保持密切的师生关系，先进生各方面优秀的表现，更使他们成为家长们引以为自豪的宠儿。在先进生的成长过程中，掌声和赞美声不绝于耳，久而久之，他们会自觉不自觉地产生“我比别人强”的优越感，这种优越感对学生的成长是不利的，它会使学生过高地估计自己的长处、成就及自己所处的地位，如果教师对这样的先进生不及时加以引导教育，他们容易变得骄傲自大，目空一切，好面子，听不进批评，甚至会蔑视弱者，嫉妒强者，渐渐脱离群众，陷入孤立境地。

3. 高傲自大

有的先进生认为自己学习好、能力强，于是目空一切、自高自大，看不起同学，对于同学的求助不屑一顾，也不愿意与学习差、能力弱的同学来往，甚至有的先进生心高气傲，目无尊长，把自己的优秀全部归于自己的天赋，不把教师和家长放在眼里，成为名不符实的“先进生”。

4. 心理脆弱

先进生经历的多是成功的体验，他们经常得到教师的赞扬、同学的好评，一旦经历失败或遇到挫折，容易感到难以承受的压力，导致心理失衡，会出现各种强烈的情绪反应，或者极度消沉，或者愤愤不平，例如：当考试不理想时，一部分先进生会失落、紧张、烦噪不安；当看到别人超过自己时，可能产生强烈的嫉妒心理，甚至冷嘲热讽、玩弄手段、打击对方；当教师和家长对其进行批评时，有的先进生难以接受，感到十分羞愧，这一切正是心理脆弱的表现。

先进生对于来自教师的教育引导，反应极为敏感，教师要针对他们的这些特点，选择恰当的教育语言和表达方式，促使先进生扬长避短。

（二）教育先进生的语言技巧

1. 掌握分寸，恰当地评价先进生

在平时，先进生经常听到表扬和赞美，他们的缺点与不足常常被优秀的光环所掩盖，教师在与先进生对话时，习惯强调他们的长处，对他们的不足经常是一语带过，或者是不屑一顾，长此以往，不仅会助长先进生的自满情绪，甚至会影响先进生对自己的正确判断。为了促进先进生自我完善，教师在教育先进生时，要恰如其分地评价他们，不能只强调其优点长处，甚至夸大其词，认为先进生完美无缺，教师要诚恳地帮助先进生分析自身利弊，必要时也要对先进生犯的错误进行批评，相对经常性的表扬来说，偶尔的批评会使先进生反应强烈些，运用批评时，要使先进生感到教师是在真心诚意地帮助他，这样效果会很好。

2. 暗示提醒，引导学生自我教育

一般来说，先进生的认知水平高，理解能力强，他们通过对方的三言两语就能领会到教师的意图，所以对先进生进行谈话教育时，要提纲挈领，无须赘言，尤其是在指正先进生的缺点时，最好运用暗示法或者是提示法，用含蓄的语言指出其自省点，点到为止，让他们自己领悟，这样既教育了先进生，又保护了先进生强烈的自尊心，可谓恰到好处。

3. 鞭策激励，提出更高努力目标

先进生在班级里虽然是佼佼者，但是“学无止境”，教师应该引导先进生不断地向着更高的目标努力奋进，所以教师在与先进生沟通时，话语中要多激励，不断地向先进生提出更高的要求，表现出更大的期望。例如，一位先进生在期末考试中赶超三人，跃居班级第一名，教师引导说：“你要再接再厉，立足班级，放眼全校”，在教师的激励下，先进生不会浅尝辄止，而是保持向上的劲头，不断地向着更高的目标迈进。

二 面对中等生的教育口语

中等生是指班级中在德、智、体、美、劳等方面表现平平的学生。他们既不像先进生那样出类拔萃，又不像后进生那样令人担忧，他们是班级中那些默默无闻、不轻易显山露水的学生，是教师们最容易忽视的对象，然而他们却是班级的主要组成部分，中等生在班级中人数最多，他们平时的表现很大程度上反映了该班级的整体水平，要想提高班级的整体发展水平，教师必须重视对中等生的促进引导工作。

（一）中等生的特点

1. 表现平平

中等生最明显的特点就是在各个方面的表现处于“中等”水平，他们在各项考核指标中处于中游，不好也不坏。在学习上，他们的成绩比较稳定，没有大起大落的波动；纪律上，他们既不像先进生那样严格要求自己，处处做表率，也不像后进生那样调皮捣蛋，到处惹是生非，是较为安分守己的学生；在学校和班级组织的各项活动中，他们多数充当着“群众演员”

的角色，不愿意抛头露面，中等生处在班级中“比上不足，比下有余”的中间地带。

2. 无为心理

中等生的从众心理很明显，他们追求与多数人一致，不愿意突出自己，在班级的各项活动中都“随大流”，行动上表现不积极，也不落后，态度上“不求有功，但求无过”。他们容易安于现状，满足于自己的现有水平，缺少积极进取精神。无为从众的心理是中等生居于中游的重要原因。

3. 潜力较大

中等生的各方面表现虽然处于中游水平，但是他们的发展潜力却很大，在学习方面，他们的智力水平并不低，基础也比后进生坚实，上升空间很大。多数中等生比较内向，可是他们内心世界丰富，有很多想法羞于表达。一些中等生各有所长，这在他们所属的非正式群体中尽人皆知，只是他们缺少勇气，或者是没有机会在大庭广众下展示，如果教师们善于引导调动，他们会成为促进班级发展的重要力量。

（二）教育中等生的语言技巧

1. 增加沟通频率

中等生是班级的“灰色地带”，他们很少有机会与教师进行正面交流，有的中等生甚至一个学期都没有与教师单独谈话的经历，个别中等生竟然羡慕那些常常引来教师特殊关注的后进生。正如一位学生在日记中所写：“后进生们虽然成绩不好，可教师也很‘照顾’他们，让他们到办公室写作业，连上课也特别照看几眼，看他们是否有小动作。他们因各方面的落后给老师留下了深刻印象，哪像我们这些中等生，连名字老师也叫不全，更不用说能给老师留下多深的印象了。”这段话真实地表达出中等生对老师关注自己的渴望心情。中等生之所以在班级中默默无闻，也与老师不经意的冷落有关，所以教师要想走进中等生的心灵世界，首先要多关注中等生，创造与中等生谈话的机会，多与中等生沟通交流，重视中等生的存在。

2. 把握谈话基调

由于中等生“无为从众”的心理驱动，他们一般安于现状，不积极进取，有些学生做事缺乏自信，瞻前顾后，不能朝气蓬勃地奋勇前进，教师要针对这些特点，谈话时采取鼓励的方式，为中等生加油打气，调动他们的积极性，帮助他们建立自信，多肯定他们的优点来激发他们的动力。与中等生谈话时要饱含对他们的期望，如：“你这一次做得很好，相信下一次一定会更好！” “你的潜力很大，要充分发挥你的优势，你一定能成为先进生！”……这些具有期待效应的话语，会激发中等生向上的热情，产生意想不到的效果。

3. 拓宽交流方式

中等生是班级的主要构成部分，人数众多，而教师工作繁忙，很少有时间与每个学生做单独谈话，教育引导中等生也不必都要面对面的正式交流，教师可以抓住一切可以利用的机会与中等生交流。例如，在课外活动中、在偶遇的走廊里、在自习课上的眼神交汇时等，在这些场合下，教师运用一两句鼓励表扬的话，都会令善于察言观色的中等生兴奋不已。对于中等生，教师还要加大情态语、手势语的使用，教师可以用微笑来实现对中等生的普遍关注，用亲切的手势来表达对中等生的特殊关注，一个真诚的微笑，学生会心领神会；一个眼神交汇，学生会挺起胸膛，举起手臂，大胆发言；一个轻拍学生肩膀的动作，学生的内心会充满甜蜜。总之，教师要丰富与中等生的交流方式，让每个学生都享受到教师对他们的关注。

三　面对后进生的教育口语

后进生是指班级中在德、智、体、美、劳等各方面发展落后于一般水平的学生。后进生在班级中为数不多，但影响很差，他们是教师工作的重点和难点。

（一）后进生的特点

1. 自卑心理

由于后进生在各项活动中常常落在他人之后，加之他们不断犯下的错误，经常使后进生成为众矢之的，渐渐地，他们形成一种心理定式：我比别人差，我不如别人，多数后进生与教师对话时经常低头垂手，即使他们事先不知道教师与他们谈话的意图，后进生们也总是以垂头丧气的姿态面对教师，这正是自卑心理的一种表现。

2. 防御心理

后进生经常因为犯错而遭到教师的批评，所以他们在与教师交谈前，会做各种揣测：“老师会问我哪些问题？”“是谁告发了我做的事？”“老师对我做的事情知道多少？”当这些疑问没有解开时，他们会先打好一个“腹稿”来应对教师的问话。后进生做错事，不愿意让别人知道，更不希望遭到教师的批评，所以他们不愿意正面回答教师提出的问题，总要找说辞进行搪塞推托。

3. 对立情绪

后进生与其他学生一样，希望得到他人的尊重和信任，但事与愿违，他们受到的更多的是歧视和嫌弃，久而久之，他们面对教师正常的批评教育时，也会认为“老师是故意找我茬，他既然跟我过不去，那我也跟他过不去！”这种错误想法反复出现而得不到纠正时，慢慢会形成逆反心理和对立情绪。另外，一些教师简单粗暴的谈话，也会导致后进生产生对立情绪，引起后进生不满，甚至会导致后进生出言不逊。

后进生种种不恰当的想法和意识，会使他们心理失去平衡，教师谈话教育的效果势必受到影响，因此，教师与后进生谈话时要洞悉他们的心理特点，巧妙运用谈话技巧，消除其心理障碍。

（二）教育后进生的语言技巧

1. 创设和谐的谈话氛围

教师在与后进生谈话时，要善于通过多种方式创设和谐的谈话氛围。教师找后进生谈话，一般是针对后进生的不足或错误给予批评指正，面对后进生由于犯错带来的负面影响时，很多教师怒气冲冲，结果导致谈话气氛剑拔弩张，不仅达不到教育效果，反而激化了矛盾，所以教师一定要本着教育的原则，创设一个利于解决问题的情境来稳定双方的情绪。例如，当后进生来到办公室后，教师要通过主动打招呼、请学生坐下来等礼貌行为给学生以亲切感，谈话过程中，要不时询问后进生的看法，给学生应有的尊重，只有当后进生戒备心理解除时，他们才愿意向老师说出心里话，才能主动接受老师的教育。

2. 抓住有利的思想契机

与后进生谈话要摸清他们的思想动态，抓住最佳时机，才能达到事半功倍的效果。从后进生的思想行为表现看，教师在以下几种情况下与后进生谈话会取得良好的效果。

首先，在后进生有进步时进行谈话。选择这一时机谈话，正好迎合了后进生“渴望被肯定”“渴望被信任”的心理倾向。后进生希望教师及时发现并肯定他们的进步，此时谈话师生感情融洽，学生有参与谈话的积极意愿，他们能够敞开心扉，接受教师的教育。因此，教师在平时要善于观察，寻找后进生的点滴进步，肯定他们的种种努力，运用表扬、激励的话语帮助他们树立信心，增强勇气。

其次，在后进生遇到困难时进行谈话。一个人在遇到困难时，需要别人的关心与帮助，尤其是后进生，当他们需要关怀时，教师及时伸出援助之手，这就犹如雪中送炭，能够使后进生体验到教师火热的爱，进而激发自己美好的情感，增进师生感情，教师把握时机与后进生谈话，运用委婉的语调对他们提出希望和要求，因势利导，会使学生在感动中暗下决心，争取进步，最终达到转化后进生的目的。

最后，在后进生表现异常时进行谈话。一般来说，后进生在发生违纪行为之前，都有一定的异常表现，如情绪上烦躁不安、脾气冲动，或者是突然意志消沉、默默无语等，教师应多留意这些学生平日的各种变化，若发现他们有异常表现时，应及时与之谈话，抓住“病根”，打开心结，采取有效预防措施，把各种负面因素消灭在萌芽状态之中，这样就能“化险为夷”。

3. 运用因人而异的谈话方式

后进生的表现各种各样，他们的性格也不尽相同，教师要分析不同的情况，根据不同对象，采用不同的谈话方式，做到“一把钥匙开一把锁”。

（1）单刀直入式。即省略铺垫，直奔主题，直接进入谈话的核心。有的学生为了掩饰自己的错误，习惯找一些话题试探教师，顾左右而躲之，教师可以根据需要直接告知学生谈话的内容，并进入谈话的中心，引导对方围绕主要问题交谈。这种谈话方式不拖泥带水，直截了当，学生能够清楚地理解老师的意图。

（2）循循善诱式。教师不急于要求学生吐露心声，而是富有耐心地引导学生渐渐地把想法表达出来，有时还需要教师作必要的补充说明，让对方放下思想包袱，逐步理解，把该讲的讲出来。

（3）交流探讨式。师生在平等和谐的氛围中商量、讨论对问题的看法及解决的办法。教师要善于倾听学生的话语，给学生留有表达意见的空间，师生在真诚的交流中达成共识。

（4）肯定信任式。交谈时，教师多使用信任、肯定性的语气，如：“我相信你说的话”，“你这一点做得对”。当教师偶尔采用否定性语言时态度要中肯，让学生感觉到教师是在真诚地提出建议。教师一定要避免用怀疑的目光或故作惊讶的语气挫伤后进生的自尊心和自信心。

思考与练习

1. 对先进生教育应掌握哪些语言技巧?
2. 对中等生教育应掌握哪些语言技巧?
3. 对后进生的教育口语有哪些方式?
4. 阅读下面一则案例，对案例中班主任的言行进行评价。

在一次自习课上，两名同学为了一点小事发生争吵并动起手来，班主任来到教室后没有严厉训斥，而是掏出手帕擦去了一位同学鼻中流出的血，并关切而又自责地叹道："刚才我真不该离开这儿，打成这个样子。"接着，班主任又帮助另一位同学整理好衣衫，说道："真是些不懂事的孩子，有什么事不好商量呢？非要打架不可！现在打过了，问题解决了吗？"几句既亲切又发人深思的话语触动了全班每一个学生的心弦，两位打架的学生也低下了头，流下了后悔的眼泪。

第三节　面对不同接受水平学生的教育口语

处于不同年级段的学生对教育的接受能力不尽相同，教师要根据不同年段学生的接受能力采取恰当的语言表达方式对其进行教育。

一　面对初中学生的教育口语

初中生的年龄在 12 岁到 15 岁之间，他们这时候正处于"一半是少年，一半是青年"、幼稚与成熟并存的过渡时期，是独立性、依赖性和自觉性并存的充满矛盾的时期，在人生旅途中这是一个令人烦恼而又充满希望的特殊时期，常常被称为"危机年龄"。处于初中阶段的少年，心理浮动显得激烈动荡，在这个时期里，教师教育得好，学生的身心可能会发展得很顺利，为将来全面的发展打下良好的基础；教育不好，则有可能使学生遭受挫折，甚至变得很难教育，给以后的发展造成很大的困难。这时期的教育语言要针对初中生的心理特点，遵循以下几个原则：

（一）态度上严慈相济

初中生的自我意识渐渐觉醒，但自我控制力不强，在实际表现中，经常出现言行前后不一的现象，即思想上渴望进步，口头上也会作出保证，但意志力薄弱，导致行为不守诺言，所以教师一方面要以师爱滋润其心田，另一方面要以严肃的态度、坚定的语气对他们提出严格的要求。初中生的可塑性较大，教师在发现他们的优点时，要大张旗鼓地进行表扬，强化其向上的动力与决心；面对学生出现的问题时，则要及时给予指正，甚至进行直截了当的批评，为学生指明正路。

（二）表达上要情感充沛

初中生活泼、开朗、感情丰富、情绪变化快、兴奋点容易激发，所以教师要通过富有感染力的语言使学生的情绪受到感染，激发其美好的情感，来引导学生的言行，例如，教师使用妙趣横生的词语阐明道理会给学生留下深刻的印象又不伤害学生的自尊心，在进行个别谈话及集体讲话时，用饱含真情的词语、语调来打动学生纯真的心灵、激发学生的热情，学生在教师激励性言语的感召下一定会按照教师的期望有所行动。

二　面对高中学生的教育口语

高中生的年龄一般在16岁到18岁之间，处于青年初期，这一时期的高中生正是少男少女青春期最后阶段中开始走向成熟与独立的“冲刺”时期，他们心理上比少年期更为成熟，独立性日趋完善，自我意识强烈，他们在情绪上处于典型的烦恼增值期，焦虑、嫉妒、愤怒等不愉快情绪远远高于初中时期。这时期的高中生习惯掩饰内心的真实想法，不愿意向他人轻易表露自己的思想，出现“表里不一”的显著特点，教师要根据其特点，与他们谈话时要注意以下几点要求：

（一）善用启发性谈话

高中生认知程度比初中生认知水平高，自我意识强烈，教师只要设计适当的言语启发学生思考，他们一般就会自己解决思想问题。教师不要长篇大论的给学生灌输大道理，这样会造成学生的反感，也会降低教师的威信。教师尤其要避免对高中生进行训斥、责备，否则会极大地损伤学生的自尊心，甚至会引发师生冲突。一般来说，高中学生对教师的暗示、启发会心领神会，能够按照教师的指引达到自我教育的目的。

（二）运用思辨性语言

高中生对事物一般都有较为独立的看法，人云亦云的情况大大减少，逻辑思维和抽象思维程度较高，所以教师与之交谈时，尽量运用哲理性、思辨性语言引发学生进行深入思考。教师要善于运用逻辑分析方法帮助学生认清问题，并且总结规律，使学生从内心中接受教师的教育。

（三）创设适宜的交谈环境

高中生的心理有明显的闭锁性，他们不希望别人洞察他们的内心，所以教师要顾及学生的自尊心和隐私，尽量以个别谈话的方式对高中生进行教育，谈话时要选择一个合适的场所，创造一个利于消除心理戒备的合适环境。

另外，教师在与学生谈话过程中一定要有自己的真情流露，高中生十分关注教师对自己的态度，他们的想法很大程度上是以教师对自己的情感态度而改变的。

思考与练习

1. 对初中生的教育口语应遵循哪些原则？

2. 对高中生的教育口语应遵循哪些原则？

3. 阅读下面案例，并设想如果你是班主任怎样进行这次谈话？

高二·三班班主任遇到一个棘手的问题，她发现班级内两名学生出现“早恋”迹象，这两名学生又是班级内学习处于中上游水平的学生，男生比较外向，女生比较沉静，女生还是班级的学习委员，这次期末考试两人成绩均有下滑，高三在即，班主任老师看在眼里急在心上，决定找两人进行一次谈话。

第十二章　适应不同场合的教育口语

学习导航

通过本章学习使教师了解在班会上、处理偶发事件时及与家长沟通时教育口语的特点，理解不同场合的教育口语的要求，熟练掌握在不同场合中教育口语技巧的应用。

第一节　班会上的教育口语

班会是以班级为单位开展的全班学生的会议或集体活动，它是班主任对学生进行组织管理和教育指导的重要途径。班级中经常召开的班会主要有晨会、班级例会和主题班会，这三种班会各有其特点，教师要针对班会的不同特点，正确使用教育口语形式。

一　晨会上的教育口语要求

（一）晨会的特点

晨会是指班级在晨会时间开展的班会教育活动。晨会具有简短、及时的特点，一次晨会只有10分钟，这就决定了晨会的容量不大，活动内容集中单一，晨会每天进行，这就使晨会具有迅速传递信息，及时解决问题的功能。

（二）晨会上的教育口语要求

晨会的特点决定了教师的教育口语应遵循以下要求：

1. 内容集中

晨会召开的时间短，教师讲话的内容应集中，重点突出。晨会每天进行，所以教师的讲话内容主要围绕以下问题展开：解决前一天遗留的问题，安排布置当天的任务，对近几天班级中出现的带有普遍性的问题进行通告等。

2. 语言精练

教师要想在短暂的时间内完成以上任务，语言必须精练，简明扼要地叙说事情，精辟地加以议论，明确地提出要求，让学生听后明白了然。

二 班级例会上的教育口语

（一）班级例会的特点

班级例会是在班会课时间里，全班同学围绕班级日常事务的讨论、处理而召开的班会活动。

班级例会基本上每周召开一次，主要是处理班级日常事务，针对学生的实际情况及时总结通报，开展师生间、学生间的思想交流，制订班级计划，表扬评比。班级例会具有常规性、事务性、民主性的特点。

（二）班级例会上的教师口语要求

1. 条理清晰

班级例会要处理的事情很多，班主任事先要对班会上解决的问题进行梳理，列出主次顺序。教师在会上的讲话要依照所列内容有条不紊地进行，一个时间段解决一个问题，避免重复拖沓。班会前要宣布本次例会的主要议题，结束后对问题和结果作以概括性的总结。

2. 民主亲和

在处理事物、解决问题时，教师不能独断专行搞“一言堂”，要发扬民主，用激励的话语调动学生的参与意识，鼓励学生发挥聪明才智为班级的发展建设献计献策。当学生的意见出现分歧时，教师要善于用疏导的话语解开矛盾，纠正认识。

三 主题班会上的教育口语

（一）主题班会的特点

主题班会是围绕某一主题，在班会课时间开展的、全班学生参加的班级教育活动。主题班会是教师对学生进行集体教育以及学生进行自我教育的有效形式。主题班会的特点是主题鲜明、形式多样。主题班会都是围绕一个明确的主题召开的，教育目标明确，内容集中。

（二）主题班会上的教师口语要求

教师在主题班会上既可以是主持人，也可以是发言人，教师在班会上的讲话要符合当时的角色特点。

1. 作为主持人的讲话要求

班会主持人的任务是说明班会的目的和议程，引导会议顺利进行，对会议作简要总结。主持人讲话时首先要做到掌控中心，引导得体。主持人要激发学生参与的热情，鼓励学生围绕主题发表意见，进行讨论，引导偏题者转入正题，恰当地掌控议程的时间。其次，主持人要灵活运用多种语言表达形式，如开场白、说明、插话、启迪、提醒、小结语等。面对会议过程中出现的偶发事件，主持人语言要灵活机智。

2. 作为发言人的讲话要求

作为发言人，班会上的讲话要符合以下要求：首先，面向全体。主题班会上的教育属于集体教育，所以教师说话的内容、说话的形式、语体风格都要适应学生的整体。教师的态度要亲切自然，声音要洪亮，语速不要太快。为了使语言更富感染力，说话时适当地运用情态语。其次，发言要简短。主题班会要突出学生的主体地位，学生是班会的主角，要让学生在班会上展示才华、锻炼能力，进而实现自我教育的目的，所以教师的讲话不宜多，要精练，要把握重点，一语中的。最后，教师的讲话要有激励性、启发性，起到画龙点睛的作用。一般来说，教师都要在班会结束时进行总结性发言，很多教师习惯做程式化的发言，那就是，总结班会召开的效果，提出希望。成功的总结语应该能引起学生的深入思考，起到深化主题的作用，例如，全国优秀班主任丁榕老师曾精心设计了主题班会"十三岁我在想"的总结发言，这个班会召开的目的是让学生树立理想，勇于实践，在总结发言时，丁榕老师以让学生思考一个问题作为结束语的开始，紧接着讲了一则寓言《在荒芜了的花园里》，最后向学生抛出问题："誓言为什么像泼出去的脏水成了最不值钱的东西?"然后让学生用实际行动回答老师的问题。学生听后，立即明白了老师的意图，他们纷纷在日记中表达了自己要为理想付出行动的坚定决心。丁榕老师抓住了孩子们"三分钟热情"的弱点，以富有启发性的语言引发学生的思考，激励学生要把豪言壮语转化成实际行动，这样的总结发言有力、有效，有启发性，令人回味。

另外，教师还要利用语言智慧配合主持人解决一些突发事件，消减突发事件的负面影响。主题班会的主角是学生，教师应避免以管理者的姿态出现在主题班会上，教师的态度要亲切和蔼，努力营造一个和谐的氛围。

思考与练习

1. 班级例会与晨会上的教育口语要求有什么不同?

2. 主题班会上的教育口语要求是什么?

3. 以“感恩父母”为主题设计一次在该主题班会上的主持人开场白。

第二节　处理偶发事件的教育口语

教师在教育教学中经常会遇到各种偶发事件，对偶发事件的处理，直接影响到班级工作的开展、学生的身心发展，还会影响到教师威信的树立，偶发事件的处理，考验了教师的教育智慧和语言机智。

一　偶发事件的含义

偶发事件是指班级生活中突然发生的、出现频率较低，但必须迅速作出反应、作出特殊处理的事件，如学生打架、意外受伤、课堂纠纷等。

偶发事件具有突发性、紧迫性、冲击性等特点。偶发事件的发生是在老师和学生们预料之外的，往往对正常的教育教学秩序产生负面影响，教师处理得当，可以推进班级的巩固和发展，提高教师威信，处理不当，则容易激化矛盾，扩大事态的发展，甚至转化成难以挽救的恶性事件，对学生的身心造成伤害。教师在处理偶发事件中的语言直接影响偶发事件的解决效果。

二　处理偶发事件的教育口语要求

（一）沉着冷静，控制事态

面临偶发事件时，教师首先要做的是控制住自己的情绪，沉着冷静，不慌不乱。

教师尤其是班主任的工作千头万绪，十分琐碎，突如其来的偶发事件可能会令班主任措手不及，心理容易失衡，导致情绪失控，特别是有些事件纯属学生不讲文明、不守纪律所致，有的是个别学生对教师的“公然挑衅”，很容易激起教师产生愤怒情绪。在这种情绪下，一些教师会对学生大声训斥，出语不当，这好比火上浇油，只能激化矛盾，不利于问题的解决，例如，在一个中学里发生过这样一件事：

一天一位班主任正在办公室备课，突然听到本班教室里传来争吵声，班主任快步走到教室门口一看，原来是语文老师正在训斥一名男同学，这名学生不甘示弱，大声地回顶老师，语文老师见班主任来了，生气地说：“你看看，你们班的学生，真是造反了，他上课在底下说话影

> 响别人听讲，我批评他，他不仅不承认，还顶撞我。”班主任一听，火气顿起，对那名学生喊道：“你狡辩什么？你没说话老师能批评你吗？”学生挺着脖子大声答道：“我就是没说！”班主任气急败坏地说：“你没说？你哪节课守过纪律？一条臭鱼扰得一锅腥！”学生听老师说他是臭鱼，站起身来说：“好，我这条臭鱼现在就走！”说罢，两腿跨出身边的窗子跳下二楼，结果两腿摔成骨折。

这位班主任遇到偶发事件时，没能控制住自己的情绪，在头脑不冷静的情况下说出了过激的话才导致了学生跳楼摔伤的恶性事件。教师咄咄逼人的训斥，尖酸刻薄的嘲讽，并不能显示出教育的威力，反而会暴露出班主任缺乏稳定沉着的心理素质、灵活应变的教育机智。

很多教师在处理偶发事件时都曾有过不冷静的言行，待造成了不良的后果时悔之晚矣，一位班主任在回忆自己的教育经历时讲过这样一个案例：

> 有一次上晨会课，我正在教育学生上课要注意听讲，不要开小差，要积极发言，这时我发现有一位学生居然在看一本课外书，根本什么都没有听，我当时心里很火，我马上走过去夺过他的书，然后把他作为一个反面例子来教育其他孩子。只见他红着脸站在那里，就像在接受批斗。当我回到办公室，脑中总是浮现刚才的一幕幕，我反思：如果我当时可以好好地冷静一下，轻轻地走过去，摸着他的头说：“你那么喜欢看课外书，真好，但要等在课后看，等下课后，我再推荐你几本有趣的书课余时间看，好吗？”那他一定会意识到自己的不对，同时会听从我的指导来看课外书的，他也不会觉得没有面子，那将会是另外的一幕。①

很多时候，当教师平静下来时都对自己气头上说的话感到后悔，但是，教育学生与工厂生产产品不同，产品质量不合格可以返厂重新生产或者是干脆销毁，可是我们对某次教育行为感到不满时不能让这件事情重新发生，然后把学生找来重新教育，教育契机稍纵即逝，没有再来一次的机会，所以，

---

① 姚珍美：《班主任处理偶发事件的能力》（http：//wenku. baidu. com/link？url = qQ6_ JJOc1-RoTa-YD5GBzP141Xmf5XPcseihuvcgQ17_ viLwpSxzq5NR8xWj46mwgDkZLF2YQo2KZRjUvuXLpuM3dFFJ-qxvTy1xokEhY0sK）。

教师在面对偶发事件时，首先要控制自己的情绪，不让自己冲动发火，心平气和地对事情的原委进行认真的调查、分析，然后做出准确的判断，选择最佳的处理方法。下面案例中的班主任在处理偶发事件时就很好地控制了自己的情绪：

> 有一天陈鹏（化名）放学的时候扔石头，把校史馆的橱窗玻璃打穿了一个洞，第二天其他学生向我报告了这件事，我气不打一处来，正准备好好地训斥他一番，可转而一想，他调皮的坏毛病由来已久，批评对他来说已是家常便饭，于事无补，怎样才能教育他以后注意安全、遵守校规呢？于是，我让自己冷静下来，问他："听说你昨晚放学时不小心把橱窗玻璃打碎了，你有没有受伤？"他低着头小声地说："没有。"过一会，他主动自觉地把砸坏玻璃的过程说给我听，语气充满了懊悔和不安，我没有过多地指责批评他，这件事以后，这个孩子听话了许多。

正是这位班主任稳定了自己的情绪，才为成功处理偶发事件奠定了基础。偶发事件因其突发性和难以预料性，常常令班主任措手不及，在这种情况下，班主任产生恼怒、委曲、急躁的情绪是可以理解的，但千万不能失控，因为当事学生的情绪已经十分冲动，十分愤怒，他们可能对谁的话都置之不理，漠然视之，教师再对其大发雷霆、指责训斥，不仅解决不了问题，还会激化矛盾，甚至导致师生冲突。面对偶发事件，教师要做的是缓和气氛，缓解对立情绪，要用劝导的话语使当事人的情绪平静下来，在说话时要注意句式和语气的选择，尽量把定性的、批判的、质问的语气改为陈述的、祈使的，避免针锋相对，唇枪舌剑。

（二）机智果断，平息事端

在沉着冷静的前提下，教师要对偶发事件的性质作出判断，机智果断地采取必要的措施阻止事态的扩大，以避免不良事件的发生，例如，看到学生大打出手时，教师要强有力地大喝一声："住手！"来阻止学生出手；遇到学生晚自习下楼突然停电时用镇定的语气安抚学生："各位同学，不要着急，老师会带着你们安全有序的下楼。"

面对偶发事件，教师要有灵活应变的能力，巧妙地运用教育语言化解矛盾，变被动为主动，化消极为积极，甚至变"坏事"为"好事"，做一名智慧的教师。以下几种谈话方法均体现了教育的智慧：

1. 移花接木法

就是在偶发事件中找一个“支点”，进行重点转移，把对此事件的处理转移到彼事件的处理。这种方法适用于解决一般性质的偶发事件，或者由于当时的任务和时间不允许教师马上着手对偶发事件进行处理和调查的时候，可选用此法。请看下面一则案例：

> 课间，两名学生发生了口角，这时上课的铃声响了，这一幕刚好被前来准备上课的班主任老师看见了，班主任劝他们俩先进教室上课，其中一个学生听从了老师的话，可另一个学生因为吃了亏气愤不已，不愿进教室，班主任没有强行拉他进去，而是根据这位学生平时比较乐于助人的优点，温和地对他说：“你看，我手里拿了这么多东西，你能帮我把小黑板拿进教室吗?”他看了看班主任，然后从老师手里接过小黑板走进了教室。老师紧跟着进教室对学生们说：“刚才有两位同学吵了架，但是他们能顾全大局，为了让大家上好课，还帮助老师拿教具进来，我相信他们一定能上好课，有问题课后再解决。”那位学生听了老师的话后安静地回到自己的座位上，比较安心地听课了。

案例中的老师运用移花接木的方法，转移了学生的注意力，打破了僵局，巧妙地教育了学生，使教育教学活动得以正常的进行。

2. 幽默化解法

幽默化解法就是用生动幽默的语言，调节双方的情绪，缓和矛盾，避免冲突。

下面一位班主任在处理偶发事件时以幽默的语言使学生摆脱了窘境：

> 一次，我们班召开了“讲文明　树新风”的主题队会，邀请了学校的有关领导和其他班级的中队长参加，当我讲到中日学生夏令营中有一些中国学生不文明的行为时同学们气愤不已，这正是队会的一个高潮，大家都在气愤地谴责各种不文明现象，突然，一名学生的饭盒掉在了地上，发出了很大的声音，同学们愣住了，不知如何是好，那位同学更是紧张地看着我，他顿时脸红了，我马上笑着说：“瞧，连饭盒都气愤地跳出来了。”学生们顿时大笑，那个学生也没有那么紧张了，我便借机说：“那就请饭盆的主人来表达一下观点，谈一谈我们班级里有没有不文明的现象。”那个学生顺利地完成了我的提问，还得到了其他同

学的掌声，他也露出了灿烂的笑容。

案例中的班主任处变不惊，灵活应对，用幽默的语言使学生摆脱了尴尬局面，变不利为有利，让学生在笑声中受到教育，显示了教师良好的教育机制。

3. 因势利导法

教师在处理偶发事件时，要注意观察事情发展趋势的特点，善于发现和挖掘事件本身所表现出来的积极意义，利用此特点，有意回避不利，抓住有利，或顺势把学生引向正路，或逆势把学生拉回正轨。例如：

一位李姓生物老师在接任一个“差班”后，第一次进教室上课的时候，见粉笔盒里有一只癞蛤蟆和一张纸条，纸条上写着：“老师，你刚到我们班上课，没什么好送给你，送你一只癞蛤蟆吧，请笑纳！”同学们都以为李老师会发火，没想到李老师却微微一笑，说：“好吧，我就‘笑纳’了！”而后，他提着癞蛤蟆一边给学生们看，一边说：“今天我的第一节课就从这癞蛤蟆说起，它的学名叫蟾蜍，身上的小疙瘩里面藏着一种白色的毒液，这种毒液叫蟾酥，可以入药，有强心镇痛止血的作用。有一条成语叫‘蟾宫折桂’，意思是到月宫中折取桂枝，因此，这个成语常被人们用来比喻考试被录取。我的身体不够好，而且马上就要参加在职研究生招生考试，所以我想，这位同学送我癞蛤蟆的目的，肯定是想让我的身体早日强壮起来，并祝愿我在考试中取胜，因此我得感谢这位同学，为了回报，我决定送他一车财富——知识的财富。”李老师的话刚一说完，教室里马上响起了热烈的掌声。①

案例中的老师以反常之举，借势取力，“以善化恶”，维护了自身的威信，扭转了尴尬局面，避免了师生关系的恶化，靠自己的妙语展示了自己的教育智慧和语言魅力，赢得了学生的尊敬和爱戴。

（三）深入调查，据实而言

班主任处理偶发事件时要公正客观，不能仅从现象来认识问题、判断是

① 韩慧：《新教师具体案例分析》（http：//wenku. baidu. com/link？url = -m8HBw_ 7kz6AsJOG-1VJPlYQ4XZfD1WQMnXKX9m1EtqB-B-hMuZSNbRuqWAZKWQcZqc3-tP_ cQhfZK3d-ql7YHyvu6Oj0muP-7GslwGqUr_ Wq）。

非，不能急于下结论，要对偶发事件的成因和来龙去脉认真了解，以事实为依据化解矛盾、解决问题，要认真听取各方陈述的理由，不能听信一方，偏袒一方，忽略另一方，压制另一方，要让双方畅所欲言，自己不轻易表态，以免误导学生。请看下面的案例：

今天下午第三节课全体教师开会，学生在班级收听校广播节目的时候，我委托班长梁波（化名）同学暂时代替老师负责班上纪律，就在值周生到班上检查的时候，第一小组的组长冯伟（化名）开始带头讲话，被值周生看见后给班级扣了分，使班级失去了评选文明班的机会。因为这件事，班长背着我在全班同学面前批评冯伟“无组织无纪律”、“损坏班级荣誉”，小冯不服，当场顶撞，恰巧被我开会回来看到，班长向我汇报此事后，我当众批评了冯伟，班长很得意，可是冯伟愤愤不平，说班长对他打击报复，老师不公平，冯伟一连几天对我很有情绪。后来我经过深入了解，发觉那天两人之间发生的事情仅是表面现象，造成冲突的根本原因是班长梁波和冯伟以前因为一点小矛盾而产生隔阂，在班上分别以他俩为中心形成了两个小派别，这次事件成了长期对立导致情绪爆发的导火线，冯伟的行为只是为了体现他不服从梁波的管制，想让梁波失面子。我针对这一情况，分别找到梁波和冯伟谈话，对他们进行了深入细致的思想工作，使他俩都提高了认识。我还特意安排了一次班会，班会上梁波首先发言，高姿态地作了自我检讨，并主动向冯伟道歉，冯伟也作了较深刻的检查，承认了错误。我还引导学生对他们作了鼓励性的发言，这样不仅圆满地处理了这次偶发事件，还解决了班级中长期存在的小派别问题，增强了班级的团结。

通过这个偶发事件可以看出，在一些偶发事件的背后往往存在着复杂的原因，因此，教师在处理这类事件时，要透过现象抓住本质，也就是说，要透过眼前的这件事，找一找与他们过去的情况有什么联系，这样才能从根本上解决矛盾。

教师在处理偶发事件时还应注意不能戴“有色眼镜”看人，不公正的评判会损伤孩子的自尊心，影响学生的积极性，所以在不了解真相之前，不要轻易下结论、作断言，请看下面一则案例；

上课的铃声已经响过了，同学们坐得整整齐齐，班主任王老师刚要讲课，这时王磊（化名）同学满头大汗的从门外跑进来，手里拿着一把扫帚。王磊是一个淘气的学生，平日里总爱搞恶作剧，招惹别人。班主任看他这副样子进来，心里想：他一定又去和别人打架了。老师刚要训斥他，但责备的话刚到嘴边又咽下了，班主任想给他一个解释的机会，于是对他说："王磊，你怎么又迟到了？"王磊见状，急忙解释道："老师，我今天可是去做好事了，刚才我路过咱们班的分担区，看到别的班学生倒垃圾时有些垃圾落在了咱们班的分担区里，我没有追上那几个学生，眼看检查的老师过来了，我就赶紧拿扫帚去扫垃圾了，值周的老师还夸我能干呢！"原来是这么回事，班主任庆幸当时没有急于批评他，班主任笑笑说："你今天的行为证明了你很有集体观念嘛，老师真为你感到高兴，你要再接再厉啊！"同学们冲他点头微笑，王磊也露出自豪的神情。

这则案例告诉我们，教师在处理偶发事件时，不能以老眼光看人，应该尊重事实，用事实说话。不管事情发生在学生与学生之间，还是学生与老师之间，班主任都要充分调查，了解事实的真相，公平公正地处理问题，不能偏心，以势压人。在寻求事件处理办法时，可以征求学生、家长、校领导的意见，使偶发事件妥善地得到解决，这是处理好偶发事件的有效策略。

思考与练习

1. 举例说明面对偶发事件时教师如何运用语言技巧保持沉着冷静。
2. 什么是"移花接木"法?
3. 举例说明"因势利导"法。
4. 仔细阅读下面案例，如果你是案例中的老师该如何应对学生的回答呢?

进行过第六单元的考试后，我在批改试卷的过程中发现李立（化名）同学的基础知识部分错得很多，以前考试她也是因为同样的问题，成绩经常不及格，我多次提醒她上课注意听讲，课后及时复习，但收效甚微，于是我让她复印考卷，准备第二天补考，如果再不及格就通报家长。没想到第二天下午我去教室找她时她却说没带卷纸，我就问："为什么没带?"没想到她却大声说："不知道！"说完就走了，边走边在嘴里不满地小声嘀咕着什么?我也生气了，就把她叫住，问："你说啥呢?"她气冲冲地说："不是说你就是了！"说完就回到座位上去了。当时教室里的学生对突如其来的事情怔住了，大家都在静静地观望我会怎么处理这件事情，老实说，我当时也愣住了，我教了她两年，虽然她平时有点小脾气，可从没见过她这么冲动，我该怎么办呢？

第三节　与学生家长沟通的教育口语

与学生家长协调沟通是班主任工作的一项重要内容，也是实施学校、家庭、社会教育力量三结合的一个重要组成部分。能否与家长达成共识，形成教育合力，很大程度上取决于班主任的谈话技巧。班主任与家长沟通的渠道主要有家访、接待家长来访和家长会，班主任要掌握在不同形式中与家长沟通的语言表达技巧。

一　家访

（一）家访前的准备工作

家访是班主任深入学生家庭，与个别家庭进行交流，协调学校教育与家庭教育的一种方式，班主任要想在有限的时间内与家长进行有效的交流，要做好家访前的准备工作。

首先，家访前，班主任要与家长协调好家访的时间，因为现代人的生活节奏快，事务繁忙，有的家长工作时间不固定，所以班主任一定要选择恰当的时间进行家访，为访谈成功创造有利时机；其次，班主任还要了解学生的基本家庭情况，如家庭结构、家长的职业、家长的脾气秉性等；再次，班主任要对学生在校期间的情况进行全面了解，明确学生的优点和缺点；最后，班主任要根据家访的目的，确定谈话的主要内容。

（二）家访时的教育口语要求

1. 灵活多样，引入正题

班主任到学生家中家访，教育的场所发生了改变，班主任的角色也“反主为客”，在变化了的环境中班主任要灵活机智地寻找话题，使双方的谈话较快地进入正题。

家庭是最生活化的场所，班主任不能刚进入交谈就正襟危坐地大讲教育问题；家访的时间又是有限的，班主任的谈话又必须快速地进入到预设的话题中，班主任可以利用所见到的生活细节引入话题，例如，下面一位班主任家访时所作的开场白：

班主任刘老师到学生李燕（化名）家家访，李燕和父母热情地把刘老师迎进屋里。刘老师看见李燕的家里宽敞明亮，屋子收拾得干干净净，不禁夸道："你们家里可真整洁啊！李燕平时一定在家里帮妈妈做家务吧。"李燕母亲说："是啊，李燕这孩子就爱干净，每天都帮助我打扫屋子。"刘老师说："李燕在学校也是个爱劳动的好孩子，每次大扫除都不怕脏，不怕累，这孩子要是在学习上也能够用出这股劲，我想李燕的学习成绩肯定会大大提高的！"李燕母亲说："可不是吗，燕子从小学习就不刻苦，看一会儿书就睡着，真是让人操心啊！"刘老师鼓励道："李燕，你劳动时付出很多汗水，但是当你看到窗明几净的时候，心里一定很有成就感，学习也一样，只要你有付出，就一定会有收获，有喜悦。老师知道你不是一个懒惰的孩子，咱们一定要向扫垃圾一样把学习中的障碍一扫而净，你看好不好啊！"李燕对老师说："老师您放心吧，从今天开始，我会努力克服困难，认真学习的。"老师与李燕的母亲都欣慰地笑了。

这位班主任的开场白，从学生的家庭生活入手，简单、亲切，又很自然地过渡到谈话的正题，俗话说："好的开始是成功的一半。"家访谈话时要注意创设一个轻松和谐的谈话氛围，避免单刀直入，教师可以先就家长感兴趣的话题聊上几句，借以削弱陌生感，当情感有了一定的沟通，取得家长信赖后，再逐步地引入正题，向家长了解、介绍学生的情况，引导家长积极主动地参与谈话，共商教育策略。

2. 把握主题，目的明确

班主任进行家访时都带有明确的目的，或者了解学生的生活环境，或者寻找转化学生的办法，或者了解家长对教育的态度，或者是指导家长掌握科学的教育方法等等，而一般的家庭作客谈话比较随意，海阔天空，不加拘束，受此惯性习惯的影响，家长接待教师来访时，谈话率性，容易游离主题。例如，有的家长向教师喋喋不休的数落孩子在家不听话的种种表现；有的家长感情用事，会向教师陈述自己养育孩子的不易；甚至有的家长与老师拉关系，趁机向老师许以好处，以图得到班主任对孩子的特殊照顾。班主任在与家长谈话时一定要明确谈话的主题，争取谈话的主动权，有效控制谈话内容，围绕主题，收放自如。

3. 扬长避短，共商策略

很多学生害怕班主任进行家访，这是因为一些教师把家访当成了"诉苦”“告状”的机会，他们在家长面前细数学生在学校的种种违规行为，目的无非是让家长惩罚学生，教师家访后，学生就会受到家长的指责，打骂，这样不仅破坏了师生关系，使教师威信降低，而且无助于问题的根本解决，还影响学生的身心发展。教师家访时，应避免向家长告状，应当肯定学生的优点和长处，消除家长和学生的紧张心理，建立和谐融洽的谈话氛围。当然鼓励教师多表扬学生的优点，并不是要隐瞒学生的缺点，老师应先肯定学生的优点，然后中肯地向家长提出自己的见解与想法，取得家长的理解与支持，与家长共寻解决的办法，实现教育学生的目的。

教师进行家访是为了与家长形成教育合力，共同促进学生的发展，因此，教师应该平等地对待学生家长，坦诚地与他们共商教育策略。有的家长在教育方式上出现不当的地方，教师要避免在学生面前批评家长的过失，应该维护家长的自尊，教师在指正家长的教育方法时应尽量用商量的口吻与家长交流意见，比如：“您觉得这样做会不会更好呢?”“我们试试这种方法可能更有效。”面对教师如此真诚的引导，家长一定会考虑接受教师的建议的。

二　接待家长来访的教育口语要求

（一）尊重家长，态度热情

家长来访有两种情况，一种是家长主动来访，另一种是教师邀请家长来访。

班主任一定要扮演好教师的角色，无论是哪种情况的家长来访，教师接待家长应该热情，态度自然大方，与家长见面时要主动打招呼，使用礼貌用语，如：“您好!”“请坐!”“您这么忙还能抽出时间过来，辛苦了!”遇到家长突然来访，教师有事暂时不能接待时，要向家长说明情况，表示歉意，可以说：“对不起，我马上要去上课，请原谅我不能跟您交谈了，您看，您是否有时间等我上完课再谈，还是我们另约时间?”这样有礼有节的话语会给稍后的谈话创设一个良好的氛围。谈话中不能指责家长，有的教师在学生面前或者在办公室其他老师面前批评家长：“你是怎么教育孩子的?”或说一些气话：“你的孩子我没办法教育了，你领走吧!”这些话语极大地损伤了家长的自尊心，容易造成家长和老师的矛盾。教师在谈话过程中要耐心平和地向家长讲清情况，说明问题，以便共同做好学生的工作。

（二）围绕重点，解决问题

无论是教师邀请家长来访，还是家长主动来访，一般是双方遇到了较重要的或者是紧急的事件，才导致家长来访，双方目的都比较明确，要解决的问题也很集中、明了，所以班主任在与家长交谈时，一定要把握重点，有针对性地向家长说明问题。如果是教师邀请家长来访，教师在交谈伊始，就要开门见山地把找家长来的原因、目的交代清楚，讲述学生问题时要客观公正，需要家长做哪些配合工作要交代清楚，教师对家长提出的问题，要耐心细致地解答。

如果是家长突然来访，教师没有思想准备，班主任首先要倾听家长的陈述，对于出现不解的地方，教师可以这样询问："您刚才说到……是这个意思吗?""有个细节，您能再详细讲讲吗?"对于家长陈述的事情，教师应该就事论事，有针对性地给予解答，对于家长关注的问题，教师要耐心给予解释。

班主任在工作时经常会遇到家长来校质问，出现这种情况往往是由于家长对事情的了解不够明确，或者是学生在传达时出现误差造成的，班主任有必要帮助家长认清事实，解决问题。班主任应不急不火，沉着冷静地向家长讲清事实，摆明道理。如果教师需要对家长反映的事情做进一步了解和调查时，就不能草率地答复家长的问题，教师应该对此事进行详细调查，再作回复。

（三）时间要适度

接待家长到校来访时，双方的时间都有限，所以谈话时间要适度。教师在全面客观地评价学生的同时，要找到解决问题的办法，问题讲清楚了，就结束谈话，切忌重复、唠叨。

班主任对于家长反映的事情还不太了解或者是需要立即上报时，要暂停谈话，教师可以向家长说："您反映的事情我还不太了解，我需要对这件事进行调查，所以对您提出的问题我不能轻易回答，今天咱们先谈到这儿，我调查清楚后再和您联系，我会给您一个满意的答复。""您说的这件事很重要，请您先稍等，我要向学校汇报一下。"

班主任要合理控制谈话的主动权，控制谈话的时间，争取在有限的时间内使问题得到解决。

三　家长会上的教育口语要求

（一）层次清晰，重点突出

在召开家长会前，班主任一定要对自己的讲话做认真的准备，理清讲话的思路，家长会上讲哪些问题，怎么讲，都要有条不紊地作出安排。在家长会上的讲话要层次清晰，让家长清楚地知道这次家长会老师讲了哪些问题，有哪些要求和建议。班主任的讲话内容要详略得当，重点突出，班主任要根据家长会的目的，对家长普遍关心的问题进行重点介绍说明。

（二）突出共性，点面结合

每个家长都有不同的心理期待，班主任不可能在家长会上对每个学生都进行分析，教师要根据学生的特点进行归纳、分类，总结出共性的问题加以介绍。

班主任的讲话在突出共性的同时，也要照顾个体差异性，让家长了解孩子的具体表现。班主任可以在分类总结中，把不同特点的学生进行归类，让家长了解孩子在班级中的表现，这样班主任既总结了班级的主要问题，又点明了具体学生的表现，有点有面，全面兼顾。

教师在家长会上的讲话，既要面向全体家长，又要顾及差异；既能调动全体家长的教育积极性，取得各位家长的密切配合，又能激发个别家长的教育信心，使每一位家长都能有针对性地处理、解决孩子在学习生活上的问题。

（三）褒抑有度，言语得体

家长会上的讲话要以表扬为主，清代教育家颜元说过："数子十过，不如奖子一长。"每个人身上都有优点，尤其是在众多家长面前，教师一定要挖掘学生的优点给予肯定，这样能调动家长的积极性，增强家长对孩子的信心，利于家长更好地配合学校工作，即使需要批评，班主任也应该注意方式方法。

在教育实践中，有很多学生害怕开家长会，一些家长也不愿意参加家长会，学生和家长不愿意开家长会的现象不在少数，之所以出现这种情况，很大程度上归咎于班主任把家长会变成了"告状会"和"批斗会"，一些教师不顾及家长的颜面，在家长会上当着众多家长的面儿，数落学生的不是，甚至话中带刺，措辞过激，损伤了家长的自尊心，家长回到家中把怨气和火气一股脑儿地发泄在孩子身上，轻则训斥，重则打骂，造成学生对教师怀恨在心，家长也有不满，形成了家长、学生、教师之间的矛盾，久而久之，家长和学生对这样的家长会产生了心理压力和恐惧。班主任在家长会上的讲话，语言一定要中肯，说话要有分寸，对优秀学生的赞扬要适中，切勿过分赞美，致使家长放松对学生的教育；对后进生要挖掘优点，让家长看到希望，在指出学生的缺点和毛病时，要让家长感受到教师的批评既是合乎情理的严格要求，又是富有师爱的热情关怀。

思考与练习

1. 接待家长来访时的教师口语应注意什么？
2. 家访谈话应该注意哪些问题？
3. 针对初一新生的家长，设计首次班级家长会上的发言。

附：普通话水平测试

一　普通话水平测试的含义

普通话水平测试（PUTONGHUA SHUIPING CESHI，缩写为 PSC），是指依据有关标准对应试人的普通话的规范程度、熟练程度等水平的测查认定考试。

普通话水平测试主要目的，是通过对应试人普通话水平等级的认定，贯彻落实“积极普及，逐步提高”的推普工作方针。属于标准参照性考试。普通话水平测试以口试的方式进行。

二　普通话水平测试的主要内容

根据国家教育部、国家语言文字工作委员会联合颁发的《普通话水平测试大纲》（教育部　国家语委发教语用［2003］2 号文件）精神，普通话水平测试的内容主要包括普通话语音、词汇①和语法三大方面的内容。在具体测试的过程中，从试卷上看，普通话水平测试的主要内容通常又被具体化为以下几项内容：

1. 读单音节字词

读单音节字词是普通话水平测试的第一项内容，目的是测查应试人声母、韵母、声调读音的标准程度。因此，应试人读单音节字词的时候，一定要注意声母、韵母、声调发音要标准。

（1）不出现语音错误，即不把一个音（音位），误读作另一个音（音位）。如不把“s”读成“sh”，不把“o”读成“e”，不把“阳平调”读成“曲折调”或“降调”等。

---

① 本书在涉及“词汇”之称时，一般都用“语汇”之称。这里（指“普通话水平测试”这一章）为了和国家原有相关文件的当时说法相统一，沿用了原来的“词汇”之称。

（2）不出现语音缺陷。语音缺陷，主要指声母、韵母、声调发音没有完全达到标准程度，介于“正确”与“错误”之间。

声母发音缺陷，如发翘舌音“zh、ch、sh、r”时，用舌尖抵住或接近上齿龈的部位，位置偏前了，但并不是把一类声母错读成另一类声母。

韵母发音缺陷，主要指韵母的唇形、口腔的开口度、复韵母舌位动程不够等情况。如发“o”音，圆唇度不够；发“ɑ”音，开口度不够，等等。

声调发音缺陷，主要指调形虽基本正确，但调值不够。如阳平调的“35”调值，读成了“34”调值；阴平调的“55”调值，读得忽高忽低。

以上各类情况，应试人应注意正确区分。

2. 读多音节词语

读多音节词语是普通话水平测试的第二项内容，目的是测查应试人声母、韵母、声调和变调、轻声、儿化读音的标准程度。因此，应试人除注意读单音节字词应避免的问题之外，还要读准“上声”的变调、“一、不”的变调、轻声和“儿化韵”等。

在此项测试中大部分双音节词语读中重格式，如“训练”“勘探”等；还有少部分读重轻格，如“爸爸”“灯笼”等；重中（次轻）格，如“逻辑”“匀称”等。不能把“三种”格式都读成“中重”格式。

“儿化韵”的读音因避免卷舌不够现象。在此项测试中应注意读双音节词语时，如果词形明确带有“儿尾”，注音为“儿化韵”的，必须要读“儿化韵”；如果词形没有标明“儿尾”的词语，在此项测试中是不能读“儿化韵”的。

3. 选择判断（辽宁地区此项免测）

选择判断是普通话水平测试的第三项内容，目的是测查应试人掌握普通话词语的规范程度。主要内容包括：

（1）词语判断。

（2）量词、名词搭配。

（3）语序或表达形式判断。

4. 朗读短文

朗读短文是普通话水平测试的第四项内容，目的是测查应试人用普通话朗读书面作品的水平。除测查声母、韵母、声调读音的标准程度，还要测查连续音变、停连、语调以及流畅程度。因此，此项测试要求应试人能用标准的普通话连贯流畅地朗读作品，做到不丢字、不添字、不错读字音，声母、韵母、声调、连续音变读得准确；语音清楚自然，不出现方音；停连得当；

不回读；语速适中。对于朗读的其他技巧地运用没有过多的要求。

在此项测试中应注意表达完整的语义，克服“蹦字”“蹦词”现象，停连要得当。无论是停顿或连接都不能造成对一个双音节或多音节词语的肢解或对一句话、一段话误解。

关于“儿化韵”，在朗读测试中也有要求。有些句子中的词语虽没有标明“儿尾”，但口语习惯中读“儿化韵”的，也应读“儿化韵”。例如：

“为了给她那荒唐的梦至少加一点真实的色彩”

“我们那条胡同的左邻右舍的孩子们放的风筝几乎都是编扎的”

这两句中的“一点”“胡同”后都没有标明“儿尾”，但应按口语习惯读“儿化韵”。而有些句子中的词语虽有“儿尾”，却不读“儿化韵”。例如：

“花儿也不再在它身边生长”

这句话中，“花儿”应读“huāér”。

5. 命题说话

命题说话是普通话水平测试的第五项内容，测试时是单项说话。命题说话是测查应试人在没有文字凭借的情况下说普通话的水平，主要测查语音标准程度、词汇语法规范程度和自然流畅程度。因此，要求应试人能在没有文字凭借的情况下连贯流畅地围绕题目说3分钟的普通话。应试人所使用的语言应是交谈式的普通话口语，要语调自然亲切，吐字清晰，声音响亮，声母、韵母、声调读得准确，轻声、儿化、变调等处理正确无误，没有方音；用词准确、恰当，不使用粗俗语、时髦语、方言词汇；口语表达完整、流畅、不说半截话，不跑题，不背稿子，避免口头禅，语法规范。由于说话项不考查应试人的口才，因此，对说话主题的鲜明性，材料的新颖性，语言的精美及感召力等没有过多的要求。

三　普通话水平测试的应试人员及等级要求

根据《普通话水平测试管理规定》要求精神，1954年1月1日以后出生的下列人员应接受普通话水平测试并达到相应的等级标准：

1. 教师和申请教师资格证书的人员（包括在校大、中专学生），普通话水平应达到以下标准：汉语语音教师、播音与主持艺术专业、影视话剧表演专业学生，普通话应达到一级乙等水平；语文科教师及旅游、中文专业学生，普通话应达到二级甲等水平；其他专业教师、学生，普通话应达到二级乙等水平。

2. 广播电台、电视台的播音员、节目主持人及影视话剧演员（含配音演员），应达到以下标准：省级以上电台、电视台的播音员、节目主持人及影视剧演员（含配音演员），普通话应达到一级甲等水平；市级应达到一级乙等水平；县级应达到二级甲等水平。

3. 国家公务员，普通话应达到三级甲等水平。

四 普通话水平测试等级标准

根据国家语言文字工作委员会1997年12月5日颁布的国语［1997］64号文件精神，普通话水平测试等级标准通常分为以下三级：

一级

甲等 朗读和自由交谈时，语音标准，词汇、语法正确无误，语调自然，表达流畅。测试总失分率在3%以内（97分及其以上）。

乙等 朗读和自由交谈时，语音标准，词汇、语法正确无误，语调自然，表达流畅。偶然有字音、字调失误。测试总失分率在8%以内（92分及其以上，97分以下）。

二级

甲等 朗读和自由交谈时，声韵调发音基本标准，语调自然，表达流畅。少数难点音（平翘舌音、前后鼻尾音、边音等）有时出现失误。词汇、语法极少有误。测试总失分率在13%以内（87分及其以上，92分以下）。

乙等 朗读和自由交谈时，个别调值不准，声韵母发音有不到位现象。难点音（平翘舌音、前后鼻尾音、边鼻音、fu-hu、z-zh-j、送气不送气、i-ü不分、保留浊塞音和浊塞擦音、丢介音、复韵母单音化等）失误较多，方言语调不明显，有使用方言词、方言语法的情况。测试总失分率在20%以内（80分及其以上，87分以下）。

三级

甲等 朗读和自由交谈时，声韵调发音失误较多，难点音超出常见范围，声调调值多不准，方言语调较明显，词汇、语法有失误。测试总失分率在30%以内（70分及其以上，80分以下）。

乙等 朗读和自由交谈时，声韵调发音失误多，方音特征突出，方言语调明显，词汇、语法失误较多。外地人听其谈话有听不懂情况。测试总失分率在40%以内（60分及其以上，70分以下）。

五 普通话水平测试评分标准

根据国家颁布的有关文件精神，普通话水平测试试卷由5个部分组成，满分100分。普通话水平测试的评分标准与测试的目的要求紧密相连，通常要求如下：

（一）读单音节字词

此项成绩是 10 分，要求应试人读 100 个音节，不含轻声、儿化音节，限时 3.5 分钟。具体评分为：

1. 语音错误，每个音节扣 0.1 分。

2. 语音缺陷，每个音节扣 0.05 分。

3. 超时 1 分钟以内，扣 0.5 分；超时 1 分钟以上（含 1 分钟），扣 1 分。

（二）读多音节词语

此项成绩是 20 分，要求应试人读 100 个音节，其中双音节词语 45—47 个，三音节词语 2 个，四音节词语 0—1 个，限时 2.5 分钟。具体评分为：

1. 语音错误，每个音节扣 0.2 分。

2. 语音缺陷，每个音节扣 0.1 分。

3. 超时 1 分钟以内，扣 0.5 分；超时 1 分钟以上（含 1 分钟），扣 1 分。

在第一项、第二项测试中，如读错，允许重复一次，以第二次认定成绩。

（三）选择判断

此项成绩是 10 分，限时 3 分钟。

1. 词语判断（10 组），具体评分为：

判断错误，每组扣 0.25 分。

2. 量词、名词搭配（10 组），具体评分为：

搭配错误，每组扣 0.5 分。

3. 语序或表达形式判断（5 组），具体评分为：

判断错误，每组扣 0.5 分。

选择判断合计超时 1 分钟以内，扣 0.5 分；超时 1 分钟以上（含 1 分钟），扣 1 分。

答题时语音错误，每个错误音节扣 0.1 分，如判断错误已经扣分，不重复扣分。

（四）朗读短文

此项测试成绩是 30 分，要求应试人读 1 篇短文的前 400 个音节，限时 4 分钟，具体评分为：

1. 每错一个音节，扣 0.1 分；漏读或增读 1 个音节，扣 0.1 分。

2. 声母或韵母的系统性语音缺陷，视程度扣0.5分、1分。

3. 语调偏误，视程度扣0.5分、1分、2分。

4. 停连不当，视程度扣0.5分、1分、2分。

5. 朗读不流畅（包括回读），视程度扣0.5分、1分、2分。

6. 超时扣1分。

（五）命题说话

此项测试成绩是30分，要求应试人在无文字凭借的情况下说一段普通话，限时3分钟。具体为：

1. 语音标准程度，共20分。分六档：

一档：语音标准，或极少有失误。扣0分、0.5分、1分。

二档：语音错误在10次以下，有方音但不明显。扣1.5分、2分。

三档：语音错误在10次以下，但方音比较明显；或语音错误在10—15次之间，有方音但不明显。扣3分、4分。

四档：语音错误在10—15次之间，方音比较明显。扣5分、6分。

五档：语音错误超过15次，方音明显。扣7分、8分、9分。

六档：语音错误多，方音重。扣10分、11分、12分。

2. 词汇语法规范程度，共5分。分三档：

一档：词汇、语法规范。扣0分。

二档：词汇、语法偶有不规范的情况。扣0.5分、1分。

三档：词汇、语法屡有不规范的情况。扣2分、3分。

3. 自然流畅程度，共5分。分三档：

一档：语言自然流畅。扣0分。

二档：语言基本流畅，口语化较差，有背稿子的表现。扣0.5分、1分。

三档：语言不连贯，语调生硬。扣2分、3分。

4. 缺时。说话不足3分钟，酌情扣分：缺时1分钟以内（含1分钟），扣1分、2分、3分；缺时1分钟以上，扣4分、5分、6分；说话不满30秒（含30秒），本测试项成绩计为0分。

*说明：

如免测“选择判断”测试项，“命题说话”测试项的分值由30分调整为40分。具体如下：

1. 语音标准程度的分值，由20分调整为25分。

一档：扣0分、1分、2分。

二档：扣3分、4分。

三档：扣5分、6分。

四档：扣7分、8分。

五档：扣9分、10分、11分。

六档：扣12分、13分、14分。

2. 词汇语法规范程度的分值，由5分调整为10分。

一档：扣0分。

二档：扣1分、2分。

三档：扣3分、4分。

3. 自然流畅程度仍为5分，各档分值不变。

一档：语言自然流畅。扣0分。

二档：语言基本流畅，口语化较差，有背稿子的表现。扣0.5分、1分。

三档：语言不连贯，语调生硬。扣2分、3分。

辽宁省普通话水平测试说话项评分细则（2012.7修订）

<table>
<tr><th>项目</th><th>档次</th><th colspan="2">失误描述</th><th>扣分标准</th></tr>
<tr><td rowspan="10">语音标准程度</td><td rowspan="3">一档</td><td rowspan="3">语音标准或极少失误（偶有不成系统零星语音失误）。</td><td>无失误。</td><td>不扣分</td></tr>
<tr><td>失误3次以下。</td><td>扣1分</td></tr>
<tr><td>失误4—6次。</td><td>扣2分</td></tr>
<tr><td rowspan="2">二档</td><td rowspan="2">语音错误在10次以下，有方音但不明显。</td><td>失误7—10次；或有1类比较明显语音缺陷。</td><td>扣3分</td></tr>
<tr><td>有1类明显语音缺陷。</td><td>扣4分</td></tr>
<tr><td rowspan="3">三档</td><td>语音错误在10次以下，有方音比较明显。</td><td>有2类明显语音缺陷；或一类比较 严重语音缺陷。</td><td>扣5分</td></tr>
<tr><td>语音错误在10次以下，但方音明显。</td><td>有3类以上明显语音缺陷；或有两类明显语音缺陷，其中一类较严重。</td><td rowspan="2">扣6分</td></tr>
<tr><td>语音错误在10—15次之间，有方音但不明显。</td><td>有1类明显语音缺陷。</td></tr>
<tr><td rowspan="2">四档</td><td>语音错误在10—15次之间，方音比较明显。</td><td>有两类明显的语音缺陷；或一类严重语音缺陷。</td><td>扣7分</td></tr>
<tr><td>语音错误在10—15次之间，方音明显。</td><td>有3类以上明显语音缺陷；或语音错误15—20次之间，但方音不明显。</td><td>扣8分</td></tr>
</table>

续表

<table>
<tr><th>项目</th><th>档次</th><th colspan="2">失误描述</th><th>扣分标准</th></tr>
<tr><td rowspan="6">语音标准程度</td><td rowspan="3">五档</td><td rowspan="3">语音错误超过 15 次，方音明显。</td><td>有 2 类以下明显语音缺陷。</td><td>扣 9 分</td></tr>
<tr><td>有 3—4 类明显语音缺陷或两类严重语音缺陷。</td><td>扣 10 分</td></tr>
<tr><td>有多类明显语音缺陷。</td><td>扣 11 分</td></tr>
<tr><td rowspan="3">六档</td><td rowspan="3">语音错误过多，方音重。</td><td>有多类明显语音缺陷，程度比较严重。</td><td>扣 12 分</td></tr>
<tr><td>有多类明显语音缺陷，程度非常严重。</td><td>扣 13 分</td></tr>
<tr><td>有多类明显语音缺陷，程度特别严重。</td><td>扣 14 分</td></tr>
<tr><td rowspan="5">词汇语法规范程度</td><td>一档</td><td colspan="2">词汇、语法规范。</td><td>不扣分</td></tr>
<tr><td rowspan="2">二档</td><td rowspan="2">词汇、语法偶有不规范。</td><td>有 2—3 次用词不当或语法不严密情况；或出现 1—2 次方言词语或方言语法结构。</td><td>扣 1 分</td></tr>
<tr><td>有 4—5 次用词不当或语法不严密情况；或出现 3—4 次方言词语或方言语法结构。</td><td>扣 2 分</td></tr>
<tr><td rowspan="2">三档</td><td rowspan="2">词汇、语法屡有不规范。</td><td>有 6—7 次用词不当或语法不严密；或出现 5—6 次方言词语或方言语法结构。</td><td>扣 3 分</td></tr>
<tr><td>出现 7 次以上方言词语或方言语法结构。</td><td>扣 4 分</td></tr>
<tr><td rowspan="5">自然流畅程度</td><td>一档</td><td colspan="2">语言自然流畅。</td><td>不扣分</td></tr>
<tr><td rowspan="2">二档</td><td rowspan="2">语言基本流畅。</td><td>口语化稍差。</td><td>扣 0.5 分</td></tr>
<tr><td>口语化较差，有类似背稿子表现。</td><td>扣 1 分</td></tr>
<tr><td rowspan="2">三档</td><td rowspan="2">有效时段内语言不连贯，语调生硬，明显背诵。</td><td>程度一般。</td><td>扣 2 分（缺时程度另行扣分）</td></tr>
<tr><td>程度严重。</td><td>扣 3 分（缺时程度另行扣分）</td></tr>
<tr><td rowspan="3">缺时（含无效语料）</td><td colspan="3">有效说话时间 2 分钟以内，每缺时 20 秒（含 20 秒）。</td><td>扣 1 分</td></tr>
<tr><td colspan="3">有效说话时间缺时 2 分至 2 分半钟（不含 2 分半钟）</td><td>扣 10 分</td></tr>
<tr><td colspan="3">有效说话时间少于或等于 30 秒。</td><td>扣 40 分</td></tr>
<tr><td rowspan="3">离题</td><td colspan="3">离题，雷同，离题且雷同 30—90 秒。</td><td>扣 4 分</td></tr>
<tr><td colspan="3">离题，雷同，离题且雷同 91—150 秒。</td><td>扣 5 分</td></tr>
<tr><td colspan="3">离题，雷同，离题且雷同 151—180 秒。</td><td>扣 6 分</td></tr>
</table>

注：有效说话时间，指在提示音后录制的 3 分钟时段内，考生完成考题的连续说话内容；无效语料，指有效时段内，不连贯的语音片断之和以及简单重复、反复纠错的内容（以 5 秒为界，5 秒以上累计缺时计算）。

六　辽宁省普通话水平测试样卷

（一）读单音节字词（10分，限时3.5分钟）

俊 履 毁 娶 湍 恐 逛 存 巴 让 条 我 浓 蹲 雄 髋 闯 富 躲 决 怪 喊 追 换 鸟 瘸 磕 统 驱 跤 苟 锅 乜 飘 肉 疼 奖 另 敲 填 佳 匹 逢 敛 如 组 赔 扫 刷 座 摔 愁 找 私 摘 费 挖 忍 茂 探 幼 拟 溜 产 视 捏 赏 料 瞎 荡 秉 翁 脆 电 远 日 韦 仄 尖 黄 塌 眉 艘 临 赚 池 憎 饶 促 丝 国 伞 床 情 酿 驱 授 炯 磁 圣

（二）读多音节词语（20分，限时2.5分钟）

价格 自觉 突然 涅槃 辅导 构造 主人翁

宿舍 教训 排球 柏树 思想 采访 抹杀

手掌 朋友 狭窄 进化 平凡 捐款 纯粹

建设 运行 无穷 偶尔 耐用 广阔 扇面儿

笨拙 群体 聪明 内容 请柬 储蓄 勉强

穷人 短暂 咖啡 谬论 词汇 虐待 综合

一律 状况 爆炸 存款 影子 怀念 铺盖

（三）朗读作品2号（30分，限时4分钟）

（四）命题说话，题目“我喜欢的明星”或“谈谈社会公德”（40分，时间不少于3分钟）

七　普通话水平测试朗读题目

1.《白杨礼赞》茅盾
2.《故事时代》中《差别》张建鹏、胡足青
3.《丑石》贾平凹
4.《达瑞的故事》［德］博多·舍费尔，刘志明译
5.《第一场雪》峻青
6.《读书人是幸福人》谢冕
7.《二十美金的价值》唐继柳
8.《繁星》巴金
9.《风筝畅想曲》李恒瑞
10.《父亲的爱》［美］艾尔玛·邦贝克

11.《国家荣誉感》冯骥才
12.《海滨仲夏夜》峻青
13.《海洋与生命》童裳亮
14.《和时间赛跑》（台湾）林清玄
15.《胡适的白话电报》陈灼《实用汉语中级教程》（上）
16.《火光》［俄］柯罗连科，张铁夫译
17.《济南的冬天》老舍
18.《家乡的桥》郑莹
19.《坚守你的高贵》游宇明
20.《金子》陶猛译
21.《捐诚》青白
22.《可爱的小鸟》王文杰
23.《课不能停》（台湾）刘墉
24.《莲花和樱花》严文井
25.《绿》朱自清
26.《落花生》许地山
27.《麻雀》［俄］屠格涅夫，巴金译
28.《迷途笛音》唐若水译
29.《莫高窟》小学《语文》第六册
30.《牡丹的拒绝》张抗抗
31.《“能吞能吐”的森林》选自《中学语文课外阅读试题精选》
32.《朋友和其他》（台湾）杏林子
33.《散步》莫怀戚
34.《神秘的“无底洞”》罗伯特·罗威尔
35.《世间最美的坟墓》［奥］茨威格，张厚仁译
36.《苏州园林》叶圣陶
37.《态度创造快乐》
38.《泰山极顶》杨朔
39.《陶行知的“四块糖果”》选自《教师博览·百期精华》
40.《提醒幸福》毕淑敏
41.《天才的造就》刘燕敏
42.《我的母亲独一无二》［法］罗曼·加里
43.《我的信念》［波兰］玛丽·居里，剑捷译

44. 《我为什么当教师》［美］彼得·基·贝得勒
45. 《西部文化和西部开发》选自《中考语文课外阅读试题精选》
46. 《喜悦》王蒙
47. 《香港：最贵的一棵树》舒乙
48. 《小鸟的天堂》巴金
49. 《野草》夏衍
50. 《一分钟》纪广洋
51. 《一个美丽的故事》张玉庭
52. 《永远的记忆》苦伶
53. 《语言的魅力》小学《语文》第六册
54. 《赠你四味长寿药》蒲昭和
55. 《站在历史的枝头微笑》［美］本杰明·拉什
56. 《中国的宝岛——台湾》
57. 《中国的牛》小思
58. 《住的梦》老舍
59. 《紫藤萝瀑布》宗璞
60. 《最糟糕的发明》林光如

八 普通话水平测试说话题目（辽宁省）

1. 我尊敬的人
2. 我最要好的同学（朋友）
3. 我喜欢的古圣先贤
4. 童年的记忆
5. 我的成长之路
6. 我的愿望（或理想）
7. 难忘的旅行
8. 我的学习生活
9. 我的业余生活
10. 我的假日生活
11. 我的家乡（或熟悉的地方）
12. 我向往的地方
13. 我知道的风俗
14. 我和体育

15. 我所在的集体
16. 我喜欢的节日
17. 我喜爱的书刊
18. 我喜欢的季节（或天气）
19. 我喜爱的动物（或植物）
20. 我喜爱的职业
21. 学习普通话的体会
22. 购物（消费）的感受
23. 我喜爱的文学（或其他）艺术形式
24. 谈谈美食
25. 谈谈卫生与健康
26. 谈谈我对环境保护的认识
27. 谈谈个人的习惯与修养
28. 谈谈科技发展与社会生活
29. 谈谈社会公德（或职业道德）
30. 谈谈服饰（或社会生活）的变化

参考文献

1. 何书宏：《演讲与口才知识全集》，北京工业大学出版社 2005 年版。
2. 魏丽杰：《高师“教师口语”课程建设的思考》，（http://www.doc88.com/p-0394736740578.html），2013 年。
3. 黄希庭：《心理学导论》，人民教育出版社 1991 年版。
4. 小学思想品德和中学思想政治教材编写委员会编著：《思想政治》，2003 年。
5. 国家语委普通话培训中心：《普通话水平测试实施纲要》，商务印书馆 2008 年版。
6. 郭碧莲：《即兴口才　随身口才　灵感口才》，中国言实出版社 2005 年版。
7. 郭启明、赵林森：《教师语言艺术》，语文出版社 1998 年版。
8. 蔡践：《口才大全》，当代世界出版社 2006 年版。
9. 欧阳友权、朱秀丽：《口才学教程》，高等教育出版社 2004 年版。
10. 李小由：《演讲与口才》，演讲与口才杂志社 2013 年版。
11. 金正昆：《礼仪金说Ⅱ》（金正昆教你学礼仪），陕西师范大学出版社 2006 年版。
12. 蔡践，冯章：《演讲的风采》，中国经济出版社 2005 年版。
13. 敬先纯：《只讲几句话》，转引自罗庆朴、陆地《当代讽刺小品精粹》，江苏文艺出版社 1993 年版。
14. 国家教育委员会师范教育司：《教师口语训练手册》，北京师范大学出版社 1994 年版。
15. 雨晴：《因爱而生》，黄强《智慧人生》，安徽文艺出版社 2006 年版。
16. 薛金星：《中学教材全解》［九年级语文（上）］，陕西人民教育出版社 2008 年版。
17. 许玲：《人际沟通与交流》，清华大学出版社 2007 年版。

18. 翁茹：《主持人思维训练教程》，中国传媒大学出版社 2007 年版。
19. 辽宁省人力资源和社会保障厅、辽宁省公务员局：《公务员基本功训练指南》。
20. 韩素《周恩来与他的世纪》，中央文献出版社 1992 年版。
21. 赵晓波：《说话有艺术》，金城出版社 2009 年版。
22. 墨生：《傅家杰错话生发幽默话》，《演讲与口才》，2014 年。
23. ［美］S. 卢卡斯：《演讲的艺术》，李斯译，海南出版社 2002 年版。
24. 代君丽：《莫要见硬就回》，《演讲与口才》（学生读本），2013 年。
25. 杨海亮：《把握"三字经"，说好演讲者的介绍辞》，《演讲与口才》，2013 年。
26. 王广礼：《演讲名家评说》，北京广播学院出版社 1992 年版。
27. 杨羡市：《巧设升华点，演讲更成功》，《演讲与口才》（学生读本），2013 年。
28. 叶晗：《大学口才教程》，浙江大学出版社 2004 年版。
29. 广威：《别让"官场文化"浸染了学生的心灵》，《演讲与口才》（学生读本），2013 年。
30. 曾湘宜：《演讲与口才》，北京工业大学出版社 2006 年版。
31. 戴锡琦：《中国演讲辞珍品赏析》，湖南出版社 1997 年版。
32. 李燕杰：《国家、民族与正气》，转引自武传涛《著名演讲辞鉴赏》，山东人民出版社 1992 年版。
33. 袁芳：《跟我学辩论口才》，中国经济出版社 2006 年版。
34. 刘焕阳：《普通话与教师口语艺术》，高等教育出版社 2010 年版。
35. 《七年级语文教材（下册）》，《最后一课》，人民教育出版社 2010 年版。
36. 冯克诚、田晓娜：《教师基本功全书》，中国三峡出版社 1997 年版。
37. "缅怀乔布斯的佛教人生" 2011 年 10 月，百度文库（http：//wenku. baidu. com/view/3f486dd133d4b14e852468c1. html）。
38. 张耀香：《小学数学教学案例》，山西省小学全员教师远程培训网（http：//shanxi2013. fxl. teacheredu. cn/Main/Index. aspx），2012 年。
39. 隋淑春：《"4. 2 平行四边形的判别（第一课时）"课例研究》，《中国数学教育》，2013 年。
40. 苏霍姆林斯基：《和青年校长的谈话》，教育科学出版社 2009 年版。
41. 窦桂梅：《〈林冲棒打洪教头〉课堂实录》（http: //www. docin. com/p-428983403. html）。

42. 刘会文：《教师与幽默》，广西师范大学出版社 1995 年版。
43. 佚名：《生活中的平面图形》教学实录，月亮船教育资源网（http：//www. moonedu. com/chuzhong/HTML/38781_ 4. shtml），2006 年。
44. 姚林群：《她为什么害怕老师的表扬》（http: //www. docin. com/p-761503648. html）。
45. 陈维铭：《创造未来人的“雕塑家”，请用好手中的“雕塑刀”》（http：//www. docin. com/p-447933426. html）。
46. 吕红宾：《批评的艺术》（http: //bbs. eduol. cn/thread-400477-34-1. html）。
47. 姚珍美：《班主任处理偶发事件的能力》（http: //wenku. baidu. com/link? url = qQ6_ JJOc1-RoTa-YD5GBzP141Xmf5XPcseihuvcgQ17_ viLwpSxzq5-NR8xWj46mwgDkZLF2YQo2KZRjUvuXLpuM3dFFJqxvTy1xokEhY0sK）。
48. 韩慧：《新教师具体案例分析》（http：//wenku. baidu. com/link？url = -m8HBw _ 7kz6AsJOG1VJPlYQ4XZfD1WQMnXKX9m1EtqB-B-hMuZSNbRu-qWAZKWQcZqc3-tP_ cQhfZK3d-ql7YHyvu6Oj0muP7GslwGqUr_ Wq）。
49. 姚喜双：《普通话口语教程》，高等教育出版社 2009 年版。
50. 于全有、张华：《普通话概论》，吉林人民出版社 2006 年版。
51. 黄伯荣、廖序东：《现代汉语》，高等教育出版社 2007 年版。
52. 易钰：《演讲与口才》，中华工商联合出版社 2007 年版。
53. 张颂：《播音创作基础》，北京广播学院出版社 2004 年版。
54. 白龙：《播音发声技巧》，中国广播电视出版社 2002 年版。
55. 辽宁省语言文字应用中心：《普通话水平测试指南》，辽宁师范大学出版社 2009 年版。
56. 郭友等：《教师教学技能》，首都师范大学出版社 1993 年版。
57. 陈慈：《教师实用口语训练》，四川教育出版社 1992 年版。
58. 孙狄芬：《课堂教学语言的种类和结构艺术要求》，《语言文字应用》，1995 年。
59. 庄文中：《教师教学语言的功能、语言环境和基本要求》，《语言文字应用》，1994 年。
60. 荣静娴、钱舍：《微格教学与微格教研》，华东师范大学出版社 2000 年版。
61. 侯柏英：《〈春天来了〉教学实录及点评》，《新语文学习》2006 年第 2 期。

62. 苟芳琴：《实习教师教学语言中的几个问题》，《河西学院学报》2003 年。
63. 程培元：《教师口语教程》，高等教育出版社 2004 年版。
44. 王伟：《教师口语学》，河南大学出版社 2007 年版。
65. 刘伯奎等：《教师口语训练教程》，中国人民大学出版社 2000 年版。
66. 罗明东等：《教师口语技能训练教程》，云南大学出版社 2007 年版。
67. 陈国安等：《新编教师口语表达与训练》，华东师范大学出版社 2006 年版。
68. 胡淑珍：《教学技能》，湖南师范大学出版社 1996 年版。
69. 钟琴、朱再明、苑清仁：《教学口语训练教程》，辽宁师范大学出版社 2000 年版。
70. 王立青：《语文语言艺术》，赤峰市初中教师全员远程培训网。
71. 贺义康：《讲授语言及其表达流程》，《河北第二师范学院学报》2008 年第 9 期。

后　记

《教师口语新编》一书，是我们在总结多年教学实践经验与体会的基础上，借鉴许多专家、学者智力成果而形成的，凝聚了编写组全体同仁的辛勤与汗水。本书在撰写、出版过程中，得到了教育部语用司司长姚喜双教授的激励与引领，并于百忙之中拨冗赐序；得到了辽宁省语言文字应用中心姚建华主任不计个人得失的鼎力支持与帮助；得到了沈阳师范大学教师专业发展学院景敏院长、文学院于全有教授的热切关心与支持。正是这些领导、专家为我们编写教材的许多宝贵的意见和建议、支持与帮助，才使本书逐步完善，如期出版。千言万语不足以表达我们的感激之情。

全书除绪论部分外，共分三编。第一编，教师口语表达基础，主要训练普通话，这部分内容是教师口语训练的前提。第二编，教师通用口语表达，主要介绍日常交际中通用口才，这部分内容是教师口语训练的深化。第三编，教师教育教学口语表达，突出课程改革后教师教育教学语言的运用，这部分内容是教师口语训练的提高。三个部分，循序渐进、逐层深入，构成一个完整的内容体系。

全书由张华统稿，具体编写分工如下：

张华：绪论、第二章、第三章、第四章，第五章、第六章的第一节、第三节至第五节，第七章、附录；

杨薇：绪论、第八章第一节和第二节的部分内容，第九章；

冯涛 ：绪论、第六章的第二节、第八章、第十章、第十一章、第十二章；

刘yue：第一章；

程红、张鹏、桑秋红、徐丽琍：部分练习题。

由于时间、水平所限，书中难免有疏漏、不当之处，恳请读者赐教，以便不断完善。

作　者

2014 年 3 月 19 日